Ein Forschungsprojekt der Arbeitsgemeinschaft der Rudolf Steiner Schulen in der Schweiz und Liechtenstein (ARGE)

Wissenschaftliche Begleitung: Prof. Dr. rer. oec. Lars Petersen, Alanus Hochschule für Kunst und Gesellschaft, Fachbereich Wirtschaft, Alfter bei Bonn, Deutschland

Buchgestaltung, Grafik und Layout: Donat Fulda – webographie.ch
Lektorat und Korrektorat: Christina Hubbeling, Zürich
Umschlagfoto: Charlotte Fischer Fotografie – lottefischer.de

Heinz Brodbeck

Rudolf Steiner Schule im Elterntest

Lob – Kritik – Zukunftsideen

Ergebnisse einer empirischen Elternstudie an schweizerischen und liechtensteinischen Waldorfschulen

Bibliografische Information der Deutschen Nationalbibliothek: Die Deutsche Nationalbibliothek verzeichnet diese Publikation in der Deutschen Nationalbibliografie; detaillierte bibliografische Daten sind im Internet über dnb.dnb.de abrufbar.

ISBN	978-3-74586-979-8
E-ISBN	978-3-74586-973-6
DOI	https://dx.doi.org/10.22602/IQ.9783745869828.2
Herausgeber	Arbeitsgemeinschaft der Rudolf Steiner Schulen in der Schweiz und Liechtenstein (ARGE), Apfelseestrasse 9A, 4147 Aesch bei Basel, Schweiz. Copyright © Heinz Brodbeck.
Herstellung und Verlag	PubliQation – Academic Publishing, ein Imprint von Books on Demand (BoD), In de Tarpen 42, D-22848 Norderstedt bei Hamburg, Deutschland. 2. Auflage Mai 2018.
Schlüsselworte, key words	Bildungsforschung, Waldorfschule, Rudolf Steiner Schule, Pädagogik, Privatschule, Elternforschung, Schulzufriedenheit, Schuleltern, Schulinnovation, Reformpädagogik, pedagogy, parents in education research, waldorf school, Anthroposophie

Vorwort

In der vom deutschen Intellektuellen Hans Magnus Enzensberger mitgegründeten Kulturzeitschrift „Kursbuch" stellte Josef Huber 1979 in der Ausgabe 55 unter dem Titel „Astral-Marx" fest: „Als linke Hasen rennen wir uns nach den sozialistischen Träumen die Hacken ab, und wenn wir wo hinkommen, steht da oft ein anthroposophischer Igel und sagt: Ätsch, ich bin schon da: hier ein klassenloses Krankenhaus, dort eine Gemeinschaftsbank, da sind selbstverwaltete Schulen, Verlage, alternative Heil- und Therapieeinrichtungen, biodynamische Landwirtschaftsbetriebe und anderes."

Das Zitat wirkt zunächst schmeichelnd auf die Seele eines Steinerschullehrers, eines biodynamischen Demeter-Landwirts, auf die Mitarbeitenden einer anthroposophisch orientierten Bank, Klinik oder eines Heimes. Was liegt da vor? Zum einen liegt dieser Vergleich schon sehr lange zurück und ist heute wohl unzutreffend, zum anderen sind Anthroposophen keine merkwürdigen „Igel" oder Besserwisser; nein, sie versuchen lediglich, inspiriert durch die anthroposophische Geisteswissenschaft, dasjenige, was sie für den Menschen als sinnstiftend erachten, konsequent umzusetzen. Sie orientieren sich an ethischen Werten, ganzheitlichen Zusammenhängen und an der Annahme, dass der Mensch die Veranlagung zur individuellen, geistigen Freiheit besitzt.

Wenn Eltern in der Schweiz sich zu dem humanistischen, künstlerischen und offenen Bildungssystem der Rudolf Steiner Schule bekennen und die Last der Finanzierung und der anspruchsvollen Selbstverwaltung freiwillig in Kauf nehmen, muss das Interesse gross sein. Auch der Wert der Waldorfpädagogik scheint die Eltern zu überzeugen, denn die Steinerschule misst sich an der hohen Qualität der staatlichen und privaten Schulsysteme in der Schweiz.

Es ist der Initiative eines Schulvaters zu verdanken, dass die pädagogische Wirksamkeit der Steinerschulen in der Schweiz aus der Sicht der Eltern nun gründlich untersucht wurde. Während Jahrzehnten sammelte Heinz Brodbeck als Schulvater und Schulgrossvater seiner Kinder und Enkelkinder sowie als Schulvorstand zahlreiche und sehr unterschiedliche Erfahrungen, die ihm aber zunächst, aus eigenem Erleben, einfach ein allgemeines Gefühl über die Schule vermittelten. Durch eine Befragung mittels empirischer Sozialforschung gelang es nun, objektiv relevante Daten zu sammeln, zu ordnen und zu analysieren. Hunderte persönlicher Kommentare der Eltern ergänzten die Antworten auf viele skalierte Fragen im dreisprachigen Fragebogen. Eine Fülle aussagekräftiger, gut nachvollziehbarer Informationen steht jetzt der Schulbewegung für ihre Weiterentwicklung zur Verfügung.

Alle Lehrerinnen und Lehrer an Rudolf Steiner Schulen und Waldorfschulen, Mitarbeitende, Schuleltern und an Reformpädagogik interessierte Menschen sind eingeladen, sich mit diesem Buch zu beschäftigen. Man kann leicht selektiv darin lesen. Möge die sachliche und offene Darstellung der heutigen Situation der Steinerschulen, die Interpretationen und Vorschläge des Autors die Diskussion über die Waldorfschulen anregen.

Es ist höchste Zeit, alle wertvollen Rückmeldungen der Eltern nun gründlich zu evaluieren. In der hier vorliegenden Forschung wurde eine Reihe von Potenzialen, Anregungen, Ermutigungen, empathischen Stellungnahmen, konstruktiven Kritiken, direkten und klaren Ermahnungen und auch einseitige Tendenzen der Eltern verarbeitet. Im dialogischen Austausch zwischen der pädagogischen Tätigkeit der Lehrkräfte und der erzieherischen Verantwortung der Elternschaft bildet sich die Zukunft der Steinerschulen in der Schweiz. Diese Schulen sind gut, sie können aber auch noch besser werden, so dass die Rudolf Steiner Schulen auch in Zukunft viel erreichen und der Schmeichelei im Eingangszitat Genüge tun.

Robert Thomas
Internationale Konferenz der Waldorfpädagogischen Bewegung (Haager Kreis)

Inhalt

Vorwort   5

Inhaltsverzeichnis   7

Zusammenfassung   12

Einführung   15
Leserschaft   15
Gliederung des Inhalts   16
Gründungsimpuls und Ausbreitung der Waldorfschule   17
Rudolf Steiner und die Anthroposophie   18

1   Zweck dieses Buches   20

2   Methodik   23
2.1.   Gegenstand der Studie   23
2.2.   Erhebungskonzept   23
2.3.   Rücklauf   25
2.4.   Datenanalyse   26
2.5.   Struktur der verwertbaren Stichprobe   28

3	**Forschungsergebnisse Studie Schuleltern**	**31**
3.1.	Elternschaft an Rudolf Steiner Schulen	31
3.1.1.	Berufe und Erwerbstätigkeit der Schuleltern	31
3.1.2.	Ausbildungsprofil der Schuleltern	33
3.1.3.	Wirtschaftliche Situation der Schuleltern	34
3.1.4.	Wohnort und Schulweg	37
3.1.5.	Elternmitarbeit	38
3.1.6.	Interesse an der Anthroposophie	41
3.1.7.	Persönliche Mentalitäten und Lebensglück	43
3.1.8.	Loyalität zur Schule	46
3.2.	Schulfinanzierung und Solidarität	47
3.3.	Schüler und Schülerinnen	52
3.3.1.	Wohlfühlen in der Steinerschule	52
3.3.2.	Schulwechsel	54
3.3.2.1.	Von der Staatsschule an die Steinerschule	54
3.3.2.2.	Von der Steinerschule an die Staatsschule	56
3.3.3.	Bildungskarriere von Absolventen und Absolventinnen von Rudolf Steiner Schulen	58
3.3.4.	Beitrag der Steinerschule zur Meisterung des Lebens	60
3.4.	Profil und Reputation	61
3.4.1.	Profil der Steinerschule	61
3.4.2.	Reputation der Steinerschule	64
3.5.	Erwartete Schulangebote	67
3.5.1.	Klassen eins bis neun und Mittelschule	67
3.5.2.	Kindergarten und Spielgruppen	67
3.5.3.	Schulabschlüsse, Begabtenförderung und Nachhilfe	68
3.5.4.	Elternbildung und Gemeinschaftsbelebung	71
3.5.5.	Betreuungsangebote	72
3.6.	Wichtigkeit pädagogischer Merkmale der Rudolf Steiner Schule	72
3.7.	Erfüllungsgrad wichtiger Merkmale durch den Unterricht	79
3.8.	Entwicklung von Kompetenzen durch die Steinerschule	87
3.9.	Wahrnehmungen über die Schulsituation	91
3.9.1.	Unterricht, Zusammenarbeit Eltern und Schule, Konflikte	91
3.9.2.	Schulentwicklung und Lehrer-Eltern-Interaktion	101
3.9.2.1.	Aspekte der Erziehungspartnerschaft Eltern-Lehrer fokussiert betrachtet	103

3.9.3.	Schulentwicklung und Identifikation mit der Schule	106
3.9.4.	Schulentwicklung und Modernität der Schule	108
3.9.4.1.	Aspekte der Zeitgenossenschaft fokussiert betrachtet	110
3.9.5.	Empfindung mentaler Offenheit der Schule und ihrer pädagogischen Entwicklung	111
3.10.	Perspektiven für die zukünftige Schulgestaltung	113
3.10.1.	Fürsorglich-kritische Hinweise der Eltern	114
3.10.2.	Mundpropaganda und Identifikation	120
3.10.3.	Weiterempfehlung und Zufriedenheit	121
3.10.4.	Meinungen zur Zukunftssicherung	123
3.11.	Motivationen für die Wahl der Steinerschule	129
4	**Forschungsergebnisse Studie Kindergarten-Eltern**	**133**
4.1.	Struktur der Kindergarten-Eltern	133
4.2.	Eindruck von den pädagogischen Leistungen der Kindergärten	134
4.3.	Profil der Steinerschule aus der Sicht der Kindergarten-Eltern	136
4.4.	Vom Kindergarten in die erste Klasse	138
4.5.	Transparenz und Kommunikation im Kindergarten	140
5	**Konklusionen, Diskussion und Vorschläge**	**142**
5.1.	Schule des Bildungsbürgertums	144
5.2.	Damoklesschwert Finanzen	146
5.2.1.	Dauerbrenner Schulbeiträge	148
5.2.2.	Blindflug Kosten	149
5.3.	Organisatorischer Gestaltungsraum	150
5.3.1.	Leitende Lehrpersonen	151
5.3.2.	Transparente Strukturen	152
5.3.3.	Kontinuierliche Veränderung	153
5.3.4.	Konkrete Handlungsmöglichkeiten	154
5.4.	Brachliegendes Erfahrungspotenzial	156
5.5.	Wirkungsvolle Lehrpersonen	157
5.6.	Konservatives Schulprofil	160
5.7.	Entwicklungsfelder	162
5.7.1.	Erstes Entwicklungsfeld: Interaktion zwischen Lehrpersonen und Eltern	163
5.7.2.	Zweites Entwicklungsfeld: Qualitätsmanagement	165

5.7.2.1.   Die qualitative Weiterentwicklung des allgemeinen, betrieblichen Schulmanagements   166

5.7.2.2.   Die weitere Verstärkung des differenzierten und individualisierten Unterrichts für alle Schüler und Schülerinnen   166

5.7.2.3.   Die Weiterentwicklung und konsequente Handhabung des pädagogischen Qualitätsmanagements   166

5.7.3.   Drittes Entwicklungsfeld: Waldorfpädagogik in der heutigen Zeit   169

6   Fazit   174

Forschungsteam und Danksagung   178

**ANHANG I   180
Steinerschuleltern in der Schweiz,
Waldorfschuleltern in Deutschland – ein Vergleich   180**

1   Zwei empirische Studien   180

2   Vergleichbarkeit der Studien   181

3   Ausbreitung der Waldorfschulen   181

4   Soziodemographisches zur Elternschaft   183

5   Profil der Waldorfschulen und Zukunftsfähigkeit   186

6   Schulwechsel und Gründe   187

7   Beurteilung des Unterrichts   188

8   Eigenschaften der Schulen   190

9   Hohe Weiterempfehlung   191

10   Resümee   191

**ANHANG II   193
Kommentar und Statistik zur Faktorenanalyse** (Lars Petersen)   **193**

1   Konfirmatorische Faktoranalyse für eltern- und schulbezogene Konstrukte   194

2   Konfirmatorische Faktoranalyse für das Konstrukt Offenheit   203

Über den Autor von Anhang II   207

**ANHANG III   208
Waldorfschulen und ihre Pädagogik als Forschungsobjekt   208**

1   Lehrplanforschung   209

2   Aktionsforschung   211
3   Theorieforschung   212
4   Organisationsforschung   214
5   Bilanz   216

VERZEICHNISSE   218

Abkürzungs-, Symbole- und Begriffsverzeichnis   218
Abbildungsverzeichnis numerisch   224
Stichwortverzeichnis   226
Literaturverzeichnis   233
Homepages Schulen und Waldorfpädagogik   241

Über den Autor   243

Zusammenfassung

Etwa die Hälfte aller Schulfamilien an Rudolf Steiner Schulen (RSS) in der Schweiz und Liechtenstein beteiligte sich an einer empirischen Studie über Schulkonzept, Schulqualität und Schulzufriedenheit bezüglich ihrer Schule und der Steinerschulen insgesamt. Die Analyse der 2'500 ausgefüllten Fragebogen bestätigt, dass die Rudolf Steiner Schule die zentralen Erwartungen der Eltern gut erfüllt: Die Schuleltern gaben zu einem sehr hohen Grad an, sie würden die Steinerschule weiterempfehlen. Auch sind sie der Ansicht, dass die Fähigkeiten ihres Kindes sowie sein selbständiges Handeln und Denken durch die Schule sehr gut gefördert werden. Der Grossteil der Eltern (84%) berichtete, dass ihr Kind meist gern zur Schule geht und fröhlich wieder nach Hause kommt.

Etwas mehr als ein Drittel der Befragten haben Kinder, die von der Staats- an die Steinerschule wechselten. Bei nahezu allen erfüllten sich die Erwartungen, die sie mit dem Schulwechsel verbanden. Umgekehrt entschied sich ein kleiner Teil der Eltern (5.5%) für einen Wechsel von der Steinerschule an die staatliche Volksschule. Der Wechsel erwies sich für die Kinder in sozialer Hinsicht als einfach: Sie konnten sich gut in den neuen Klassenverband integrieren. Der direkte, wissensmässige Anschluss war hingegen manchmal nicht ganz nahtlos.

Die Elternschaft der Steinerschulen ist sehr bildungsaffin: Mehr als zwei Drittel der Schuleltern verfügen über eine abgeschlossene tertiäre Ausbildung. Das Berufsspektrum ist sehr breit, mit signifikanten Anteilen kaufmännischer und technischer, sozialer sowie akademischer Berufe. 12% der Schuleltern waren zur Zeit der Umfrage als Lehrpersonen tätig.

Die Identifikation mit der Schule, die finanzielle Solidarität und die freiwillige Mithilfe sind in der Elternschaft stark verankert. Allerdings wurde deutlich geäussert, dass die Steinerschulen wie in Deutschland finanzielle staatliche Unterstützung verdienten. Die Eltern empfanden die Schule als nicht besonders innovationsstark und schätzten sie eher als bewahrend ein, einige verspürten hin und wieder Dogmatisches.

Die Befragten sind der Ansicht, dass die Steinerschulen kognitive Kompetenzen, den sozialen Umgang, die Fähigkeit der Selbstführung sowie die individuelle Persönlichkeitsentwicklung der Schüler und Schülerinnen sehr gut fördern. Konkret ist darunter beispielsweise die Schulung des Selbstbewusstseins, des Vertrauens, der Kontaktfähigkeit, der Ausdrucksfähigkeit und des Willens zu verstehen. Die Rudolf Steiner Schulen erfüllen damit zentrale Erziehungsziele. Die hohe pädagogische Qualität der Waldorfschule zeigt sich letztlich auch darin, dass fast die Hälfte (45%) der erfassten Schulabsolventen über ein Hochschuldiplom verfügt und etwas mehr als ein Drittel (37%) einen beruflichen Fach- oder Meisterabschluss erworben hat.

Was sind die Beweggründe, dass Eltern sich für die Steinerschule entscheiden? Ausschlaggebend für die Wahl waren für die Eltern unter anderem folgende Kriterien: Das in der Waldorfpädagogik veranlagte ganzheitliche Erziehungskonzept, die positive Lernstimmung und das Bestreben nach Förderung der individuellen Möglichkeiten sowohl der stärkeren als auch der schwächeren Schüler. Die Eltern sind sehr davon überzeugt, ihr Kind auf die richtige Schule zu schicken, denn 87% erklärten, dass sie für ihre Kinder wieder die Steinerschule wählen würden.

> *„Die Rudolf Steiner Schule ist bestrebt, die Schüler und Schülerinnen in ihrer individuellen seelischen, geistigen und körperlichen Entwicklung maximal zu unterstützen. So werden sie zu selbstbewussten und eigenständig denkenden Menschen heranwachsen; sie lernen, ihr Leben zu gestalten und in der Welt positiv zu wirken." (Elternzitat)*

Aus der Studie ergaben sich als Arbeitsfelder für die weitere Entwicklung der Rudolf Steiner Schulen z.B.: Die Intensivierung der Kooperation zwischen Lehrpersonen und Eltern; die Waldorfpädagogik teilweise etwas zeitgemässer zu gestalten, um die Schüler und Schülerinnen noch gezielter, ihren heutigen, persönlichen Bedürfnissen entsprechend, zu fördern, und schliesslich die Professionalisierung im Rahmen der Selbstverwaltung.

Analog der Glücksforschung wurden die Schuleltern gefragt, wie zufrieden sie insgesamt mit ihrem Leben sind. Vielleicht macht die Rudolf Steiner Schule neben den Kindern auch die Eltern glücklich, denn die Steinerschul-Eltern erfreuen sich jedenfalls einer sehr hohen Lebenszufriedenheit.

Einführung

Leserschaft

Dieses Buch richtet sich einerseits an Steinerschuleltern sowie an alle Eltern, die sich für die Steinerschule interessieren und in Erwägung ziehen, für ihre Kinder die Rudolf Steiner Schule oder Waldorfschule zu wählen. Denn es bietet eine fundierte, objektive und kritische Entscheidungsgrundlage für eine allfällige Wahl dieser beliebten Privatschule. Andererseits vermittelt das Buch wichtige Erkenntnisse und Anregungen für die Steinerschullehrkräfte und die Mitarbeitenden der Schulen zur Weiterentwicklung ihrer Schulen. Es ist aber nicht nur für den engeren Steinerschul-Kreis gedacht, sondern wendet sich gezielt an alle Pädagogen und Pädagoginnen, an Forschende, Studierende der Erziehungswissenschaften, Bildungspolitiker und -politikerinnen und alle an pädagogischen Themen Interessierte. Waldorfschule, Rudolf Steiner Schule beziehungsweise Waldorfpädagogik und Steinerpädagogik stehen für das gleiche Schulkonzept.

Erstmals wurden mit dieser Studie die Steinerschulen in der Schweiz und in Liechtenstein aus der Sicht heutiger Eltern quantitativ und qualitativ untersucht. Die Studie erforschte, welche Erwartungen die Eltern an die Steinerschule haben, wie weit diese Erwartungen erfüllt werden, wie zufrieden die Eltern mit der Schule und der schulischen und persönlichen Entwicklung ihrer Kinder sind und in welchen Bereichen die Eltern Verbesserungspotenzial sehen. Die Studie erfasste auch die Ausbildungswege von Absolventen und Absolventinnen von Steinerschulen.

Gliederung des Inhalts

Das Buch ist in sechs grössere Kapitel und in einen Anhang unterteilt. Zahlreiche Querverweise und Verzeichnisse helfen dem Leser und der Leserin, sich im Text zu orientieren, so dass bequem selektiv gelesen werden kann. Die Kapitel 3 und 4 stellen die eigentlichen Forschungsergebnisse vor und besprechen sie. Zum einfacheren Lesen kann man die statistischen Daten im Lauftext überspringen und sich auf die kommentierende Prosa oder die Graphiken konzentrieren oder auch direkt in die Kapitel 5 und 6 schauen.

» Die Einführung wirft einen kurzen Blick auf die Geschichte der Waldorfschulbewegung, auf ihren Gründer und streift Aspekte der Philosophie Steiners.
» Kapitel 1 (Zweck) begründet, warum die Studie und das Buch initiiert wurden.
» Kapitel 2 (Methodik) gibt einen Einblick, wie die Eltern befragt und wie die Antworten ausgewertet wurden.
» Kapitel 3 (Forschungsergebnisse Schuleltern) analysiert die Struktur der Steinerschulelternschaft, erforscht ihre Anforderungen an die Steinerschule und rapportiert, wie sie die Leistungen der Steinerschule beurteilen. Neben kommentierten statistischen Angaben informiert der Text über Besonderheiten der Steinerschulen und schlägt die Brücke zu anderen Studien.
» Kapitel 4 (Forschungsergebnisse Kindergarten-Eltern) wirft mit denjenigen Eltern, die nur Kinder in einem Steinerschulkindergarten haben, einen Blick in den Alltag der Vorschulen.
» Kapitel 5 (Konklusionen, Diskussion und Entwicklungsvorschläge) interpretiert und diskutiert die Erkenntnisse aus der Elternbefragung und argumentiert für – aus der Studie abgeleitete – Vorschläge zur weiteren Entwicklung der Rudolf Steiner Schulen. Hier finden insbesondere Lehrkräfte und Vorstände Anregungen, praktische Ideen und konkrete Vorschläge zur Weiterentwicklung der Steinerschule.
» Kapitel 6 (Fazit) beurteilt die Studie in abschliessender Form und fasst die grossen Herausforderungen aus der persönlichen Sicht des Autors zusammen.
» Der Anhang enthält einen Vergleich der Waldorfschulen in Deutschland und der Schweiz aus Sicht der Eltern, für die Forscher vertiefende statistische Informationen zur konfirmatorischen Faktorenanalyse und einen Überblick über neuere Waldorfforschungen.

Gründungsimpuls und Ausbreitung der Waldorfschule

Wie viele sozial inspirierte Werke, so geht auch die Begründung der Rudolf Steiner Schule auf die Initiative eines Unternehmers, Emil Molt (1876–1936), zurück. Er war gelernter Kaufmann, Sozialgestalter, später Fabrikant und als solcher Inhaber der von ihm 1906 gegründeten Zigarettenfabrik Waldorf-Astoria in Stuttgart. Daher rührt die Bezeichnung Waldorfpädagogik und die Marke Waldorfschule oder Rudolf Steiner Schule. Durch die Jugendfreundschaft mit Hermann Hesse fand Emil Molt zur Philosophie und später, zusammen mit seiner Frau, in den Umkreis von Rudolf Steiner und zu Steiners Anthroposophie.

Aus dem Bedürfnis heraus, allen den Zugang zu einer humanistischen, umfassenden Bildung zu ermöglichen, bat Fabrikant Molt den Universalgelehrten Steiner, eine Schule für die Kinder seiner Fabrikmitarbeiter zu entwickeln. Es war sein Wunsch, dass Schulung und gute Erziehung nicht nur den Vermögenden, sondern eben auch der Arbeiterschaft zuteilwerde. Rudolf Steiner schuf in der Folge eine – für die damalige Zeit – völlig revolutionäre Pädagogik, für die der einzelne Schüler, die einzelne Schülerin als geistige Wesen im Zentrum stehen: Eine Schule, die nicht „Auslese", sondern Förderung des schon im Kinde Angelegten zum Prinzip erhebt (Steiner, 1969). Die Schüler und Schülerinnen sollten zu freien, selbsttätigen Menschen erzogen werden. Um diese hohen Ansprüche in der Schulpraxis auch erfüllen zu können, mussten bei den staatlichen Schulbehörden grosse gestalterische Freiheiten und Spielraum bezüglich Lehrinhalte, Methoden und Lehrplan errungen werden. Mühsam gelang das, und am 7. September 1919 wurde die erste Waldorfschule in Stuttgart eröffnet. (Esterl, 2012)

Dem in Deutschland aufkommenden Nationalsozialismus waren die freien Waldorfschulen aber gar nicht genehm. Wie Esterl (2012) beschreibt war ihre sich am einzelnen Menschen ausrichtende, freiheitliche Erziehungsmethode das Gegenteil nationalsozialistischer Erziehungsprinzipien, die gehorsame Volksgenossen formen wollten, die sich parolentreu verhalten. Molt und andere konnten nationalsozialistische Einflussnahme lange von ihren Schulen fernhalten. Trotzdem wurde der politische Druck übermächtig, und in der Zeit ab 1937 wurden Waldorfschulen verboten und konnten ihren Schulbetrieb erst nach dem Niedergang des nationalsozialistischen Terrorregimes wiederaufnehmen.

In der Schweiz werden die Waldorfschulen in der Regel Steinerschulen genannt, gemeint ist damit jedoch dasselbe. Die ersten Gründungen erfolgten in den zwanziger Jahren des letzten Jahrhunderts (Zimmermann & Thomas, 2007). Der Aufschwung der Steinerschulen begann nach dem Zweiten Weltkrieg, vor allem in Deutschland, der Schweiz, Holland und später weltweit. Heute gibt es in 64 Ländern 1'092 Waldorfschulen und 1'857 Waldorf-Kindergärten (Bund a). Die Waldorfschulbewegung wächst zurzeit vor allem ausserhalb Zentraleuropas, z.B. in den östlichen Weltregionen.

Bezüglich der Schülerzahlen ist die Waldorfschule trotzdem eine Nischenschule. In der Schweiz und in Liechtenstein besuchten im Schuljahr 2015/16 auf der obligatorischen Schulstufe (Kindergarten und 1. bis 9. Klasse) 5'010 Schüler und Schülerinnen eine Rudolf Steiner Schule. Das waren gerade mal 0.54% aller schweizerischen Schüler und Schülerinnen der obligatorischen Schule. Der schülermässige Anteil der Steinerschule am Privatschulmarkt in der Schweiz betrug 3.2% (BfS e; Aebersold & Fahrni, 2015/16).

In nun hundert Jahren wuchsen die Waldorfschulen und die Rudolf Steiner Schulen zu einer weltweit stark verbreiteten Schulbewegung heran. Die Waldorfpädagogik ist heute eine der bekanntesten und bewährtesten Alternative zur staatlichen Regelschule. Obwohl praxiserprobt und erfolgreich, ist ihr theoretisches Fundament teilweise umstritten. Die Waldorfpädagogik geniesst wohl deshalb noch wenig Raum im erziehungswissenschaftlichen Diskurs. Neue Veröffentlichungen haben vor einigen Jahren begonnen, das Konzept der Waldorfpädagogik in ihren verschiedenen Disziplinen wissenschaftlich zu erschliessen (siehe Anhang III).

Rudolf Steiner und die Anthroposophie

Rudolf Steiner wurde am 27. Februar 1861 im heutigen Kroatien geboren und verstarb am 30. März 1925 in Dornach in der Schweiz; er wirkte als Philosoph, Naturwissenschaftler und Goethe-Forscher, und seine Vorstellungen und Impulse für eine neue Pädagogik, Medizin, Landwirtschaft und soziale Gestaltung wirken in vielen praktischen Initiativen weltweit (Goetheanum b). Die Gesamtausgabe von Steiners schriftlichem Nachlass ist auf 354 Bände ausgelegt und besteht zum grössten Teil aus Vortragsmitschriften (Nachlassverwaltung).

Seine als Anthroposophie bezeichnete Geisteswissenschaft verstand Rudolf Steiner als „eine wissenschaftliche Erforschung der geistigen Welt, welche die Einseitigkeiten einer blossen Naturerkenntnis ebenso wie diejenigen der gewöhnlichen Mystik durchschaut und die, bevor sie den Versuch macht, in die übersinnliche Welt einzudringen, in der erkennenden Seele erst die im gewöhnlichen Bewusstsein und in der gewöhnlichen Wissenschaft noch nicht tätigen Kräfte entwickelt, welche ein solches Eindringen ermöglichen" (Goetheanum a).

Im Zusammenhang mit der Begründung der Waldorfschule betonte Steiner (1980, S. 206) aber: „Die Waldorfschule soll keine Weltanschauungsschule sein ... (und) Anthroposophie ist (dort) kein Lehrinhalt. ... Wir wollen umsetzen dasjenige, was auf anthroposophischem Gebiet gewonnen werden kann, in wirkliche Unterrichtspraxis", und er unterstreicht: „Uns liegt gar nichts daran, ... unsere Weltanschauung dem werdenden Menschen beizubringen" (Steiner, 1980, S. 15).

Eine Besonderheit der Waldorfpädagogik ist die ihr zugrunde liegende Menschenkunde. Stark verkürzt nach Schieren (2016, S. 157 ff.) beschreibt Steiner in seiner Anthropologie ein dreigliedriges Menschenbild, bestehend aus dem durch Vererbung gegebenen Leib mit seinen biologisch-physiologischen Möglichkeiten; weiter aus Seele, als seinem psychischen Teil, mit der Fähigkeit, zu denken, zu fühlen und zu wollen, und schliesslich bezeichnet Steiner als Geist denjenigen Teil des Denkens, der zusammen mit dem Seelischen die individuelle, autonome Persönlichkeit hervorbringt; dieser Persönlichkeitskern des Menschen sei von der Vererbung unabhängig. Funktionale Wesensglieder des Menschen sind: der physische Leib – die materielle, sichtbare Körperlichkeit, der Ätherleib – die Lebensprozesse, die organisierend das Physisch-Körperliche umhüllen und durchdringen, und schliesslich der Astralleib – die Kraft, welche Empfindungen ermöglicht; als viertes Glied bezeichnet Steiner das Ich, das denkend autonome Bewusstseinsleistungen erbringt und im Seelischen wirkt. Ziel der Waldorfpädagogik ist es nun, gesundend und entwickelnd alle Wesensglieder anzusprechen und zu stärken. Das ist ein anspruchsvolles Bild des Menschen, und Klingler (1989) schreibt, schon Rudolf Steiners Zeitgenossen hätten Mühe gehabt, seine philosophischen und okkulten Schilderungen des anthroposophischen Menschenbildes vollumfänglich zu verstehen. Auch heute wird noch darüber diskutiert, wie Steiners Anthropologie einzuordnen ist, was darauf hindeutet, dass es sich um ein neues, ungewohntes Konzept handelt.

1 Zweck dieses Buches

Aus diversen Forschungen über Waldorfschulen und Rudolf Steiner Schulen in verschiedenen Ländern weiss man schon viel über Lehrpersonen (Peters, 2013), Schüler und Schülerinnen und Absolventen und Absolventinnen (Liebenwein et al., 2012; Randoll & Barz, 2007). Ebenso sind Kultur und Management an Waldorfschulen empirisch durchleuchtet worden (Koolmann & Nörling, 2015). Ein breites Werk über den Stand der Forschung zum Thema Waldorfpädagogik und Erziehungswissenschaft hat Schieren (2016) veröffentlicht. Anhang III gibt einen kurzen Überblick zu Teilbereichen der Waldorfschul-Forschung.

Motivation, Werte, Verhalten und Erwartungen der Eltern heutiger Waldorfschüler und -schülerinnen sind noch weitgehend unerforscht. Deshalb führten Koolmann, Petersen & Ehrler (2016) im Auftrag des Bundes der freien Waldorfschulen in Deutschland eine empirische Elternstudie durch. Diese Studie inspirierte das Projekt einer umfassenden Elternbefragung an den Rudolf Steiner Schulen in der Schweiz und in Liechtenstein (RSS). Um deren Elternschaft besser kennen zu lernen, wurden die folgenden Komplexe untersucht:

» Soziodemographische Merkmale und Struktur der Elternschaft
» Lebenssituation, Engagement, Verhalten und Werte der Eltern
» Erwartungen der Eltern an die RSS und ihr Schulerleben
» Beurteilung der Unterrichtsqualität und der Entwicklung der RSS
» Weiterbildungs- und Berufskarrieren der RSS-Absolventen und -Absolventinnen

Dieses empirische Forschungsprojekt bezweckte auch zu zeigen, bei welchen Themen und an welchen Schulen es aus Elternsicht Potenzial für Veränderungen gibt. Weil die Erkenntnisse aus der Studie durch die Antworten hunderter befragter Eltern abgestützt sind, kann jetzt sowohl auf konservative, traditionelle Haltungen als auch auf erneuernde, modernistische Veränderungsinitiativen begründeter eingegangen werden. Das hilft, die Prioritäten für die Entwicklung der Rudolf Steiner Schulen auf einer fundierten Informationsbasis zu setzen, belebt die sachliche Diskussion über die Rudolf Steiner Schulen und gibt allen Schulinteressierten, aus der Perspektive von direkt Betroffenen, einen objektiven Einblick in die Rudolf-Steiner-Schulbewegung in der Schweiz und in Liechtenstein.

Eltern, die sich überlegen, ob sie ihre Kinder in die Staatsschule einschulen wollen oder doch lieber in eine Privatschule schicken möchten, werden auf ihrer Suche nach geeigneten Schulen mit grosser Wahrscheinlichkeit auch auf die Rudolf Steiner Schule stossen. Zur Entscheidungsfindung stehen ihnen mannigfaltige Informationsquellen zur Verfügung: Viele Bücher, welche die Waldorfpädagogik erklären, die Webseiten von Steinerschulen (siehe Seiten 241 und 242), Meinungen über die Schule vom Hörensagen und persönliche Gespräche mit Lehrpersonen an Steinerschulen. Was bis jetzt an Information fehlte, war die systematische, bei der Elternschaft erhobene Beurteilung der Steinerschule und die Analyse der Zufriedenheit mit ihr. Das liegt nun mit diesem Buch vor und verbreitert die Informationsgrundlage für potenzielle Eltern. Was andere über die Rudolf Steiner Schule sagen, kann aber auch für jene Eltern informativ sein, die aus irgendwelchen Gründen unsicher geworden sind, ob sie die richtige Schulwahl getroffen haben. Momente kognitiver Dissonanz können nach jeder Entscheidung auftreten. Die Stimmen der Miteltern in diesem Buch können solche temporäre Unsicherheit in ein anderes Licht rücken. So gesehen, sind die folgenden Kapitel Entscheidungshilfe sowohl für neue als auch für bisherige Eltern an Steinerschulen.

In den Bericht sind deshalb in kursiver Schrift Elternzitate eingestreut, die aus den Freitextfragen der Studie entnommen wurden. Aus Anonymitätsgründen sind diese Kommentare textlich, aber nicht inhaltlich verändert wiedergegeben. Sie sind trotzdem authentisch und in ihrer Tonalität ursprünglich. Die Platzierung der Zitate im Textablauf dieses Berichtes steht nicht immer im direkten inhaltlichen Zusammenhang mit dem jeweiligen Abschnitt.

Die an Waldorfschulen Tätigen erfahren ihre Schule aus dem Blickwinkel der Eltern der ihnen anvertrauten Kinder. Pädagogen und Pädagoginnen aller Richtungen und alle an Erziehung Interessierten bekommen mit diesem Buch Einblick in die Qualitäten der Rudolf Steiner Schulen aus der Sicht heutiger Schuleltern. Mit den im Bereich der Pädagogik Forschenden teilt dieses Buch das Wissen über Waldorfschulen, das aus der Befragung von 2'737 Eltern gewonnen wurde, und hofft damit, zum Diskurs über die Rudolf Steiner Schulen beizutragen. Die Studienergebnisse mögen die Steinerschulen auch zu ihrer fortwährenden Entwicklung ermutigen und die praktisch Handelnden bei ihren Veränderungsinitiativen unterstützen.

Die globalen Studienresultate werden hier auf der Basis der detaillierten statistischen Analysen des internen Forschungsberichtes (Brodbeck & Petersen, 2016) beschrieben. Das Forschungsprojekt strebte an, wissenschaftlichen Anforderungen gerecht zu werden. Deshalb werden hier zur transparenten Beweisführung auch forschungstechnische Informationen und statistische Messdaten mitgeteilt.

Das im Nachfolgenden Vorgelegte ist aber trotzdem nicht als akademische Abhandlung verfasst. Der Rapport will, ohne an Genauigkeit zu verlieren, gut lesbar und verständlich sein und ist für alle an Pädagogik und an der Waldorfschule Interessierten gedacht. Er eignet sich zum selektiven Lesen.

Die Studie und das Buch haben ihren Zweck erfüllt, wenn das hier präsentierte Bild der Rudolf Steiner Schulen die Kollegien und die Verantwortungsträger in der Schulbewegung dabei unterstützt, ihre Schulen kontinuierlich zu verbessern und weiterzuentwickeln. Erfreulich wäre es auch, wenn sich aus dieser Studie zusätzliche empirische Forschungen über die Rudolf Steiner Schulen – von innerhalb und ausserhalb der Waldorfschulbewegung – ergeben würden, um die Waldorfpädagogik weiter im Heute voranzubringen.

2   Methodik

2.1.   Gegenstand der Studie

Grundgesamtheit der Untersuchung waren die Mütter, Väter und sonstigen erziehungsberechtigten Personen aller Schul- und/oder Kindergartenkinder an den teilnehmenden 30 Schulstandorten in der Schweiz und im Fürstentum Liechtenstein. Sonderschulen, heilpädagogische und andere auf anthroposophischer Grundlage arbeitende Schulen wurden nicht befragt.

Angestrebt wurde eine Vollerhebung, indem jede der Schulen alle bei ihr registrierten Schulfamilien schriftlich über die Erhebung benachrichtigte und jeweils alle erziehungsverantwortlichen Personen zur Teilnahme aufforderte. Gleichzeitig wurden den Eltern die Internetadressen zum Aufrufen der elektronischen Fragebogen in deutscher, französischer und italienischer Sprache mitgeteilt.

2.2.   Erhebungskonzept

Zur Themen- und Fragebogenentwicklung dienten das Literaturstudium zur Waldorfschulforschung, Gespräche mit Eltern, Pädagogen und Forschern. Durch acht explorative Interviews wurde das Forschungskonzept validiert. Die Fragen und die Funktionalität des Fragebogens wurde mit zwölf Testpersonen, durch bis zu vier Iterationen, auf Verständlichkeit, Relevanz, Umfang und Handhabung geprüft und aufgrund der Rückmeldungen laufend verbessert.

Die Erhebung selbst fand in den Monaten Januar und Februar 2016 mittels eines selbstadministrierten Online-Fragebogens statt, den die Respondenten anonym nutzen konnten. Der Fragebogen mass hauptsächlich mit 4-, 5- oder 10-Punkt-Antwortskalen und stellte offene Freitextfragen. Er war so aufgebaut, dass jeweils nur die aufgrund vorheriger Antworten relevanten Folgefragen vorgelegt wurden. Die Reihenfolge der Fragen wurde für jeden Respondenten randomisiert. Die Eltern wählten als ihre Rudolf Steiner Schule jene, die zur Zeit der Umfrage von ihrem ältesten Kind besucht wurde. Einige Fragen mussten explizit in Bezug auf das älteste Kind an der Steinerschule beantwortet werden.

Während des Erhebungszeitraums fassten die Schulen, teilweise mehrfach, durch verschiedene schulinterne Medien unspezifisch bei den Eltern nach. Individuelle Rücklaufkontrolle und gezieltes Nachfassen waren nicht möglich, da kein zentraler Stichprobenrahmen vorhanden war, respektive weil dem Forschungsteam keine zentral greifbare Datenbank mit allen Eltern, Familien und Erziehungsberechtigten zur Verfügung stand.

Der Umfang der Grundgesamtheit war somit nicht exakt bekannt. Er musste aus der Zahl der jeweils registrierten Schulfamilien abgeleitet werden. Rücklauf- bzw. Ausschöpfungsquoten waren damit ebenfalls nur näherungsweise ermittelbar. Aufgrund des aller Wahrscheinlichkeit nach unvollständigen Rücklaufs stellten die erhobenen Daten trotz der Konzeption als potenzielle Vollerhebung eine Stichprobe dar.

Die hieraus entstehende Unsicherheit der Daten wird im Folgenden bei der Angabe von Mittelwerten (μ oder M) und Anteilssätzen (%) dadurch zum Ausdruck gebracht, dass die punktuellen Schätzwerte jeweils durch die Angabe des zugehörigen Standardfehlers ergänzt sind (angegeben als ± Wert nach dem Symbol μ oder M). Der Standardfehler drückt aus, in welchem Ausmass die Schätzwerte schwanken würden, wenn man, hypothetisch, die Befragung wiederholt durchführen könnte, wobei jedes Mal eine andere, zufallsbestimmte Auswahl von Befragten antworten würde, so dass auch entsprechend unterschiedliche Antworten einträfen. Der Standardfehler stellt somit ein Mass für die Zuverlässigkeit der berichteten Schätzwerte dar: Je geringer er ausfällt, desto präziser ist die Schätzung.

Neben der zufallsbedingten Streuung bringt der unvollständige Rücklauf auch die Gefahr einer systematischen Verzerrung, so genannte Schweigeverzerrung (Non Response Bias), mit sich. Als grober Anhaltspunkt für den Einfluss möglicher Antwortausfälle kann insoweit der Vergleich zwischen frühen und späten Rückläufen dienen, als spät Antwortende ein höheres Mass an Ähnlichkeit mit gar nicht Antwortenden aufweisen (Armstrong & Overton, 1977; Filion, 1976). Dieser Vergleich war bei den allermeisten Fragen der Elternstudie statistisch nicht signifikant, was die Zuverlässigkeit der Antworten positiv beeinflusste.

2.3. Rücklauf

Bei einer geschätzten Grundgesamtheit von ca. 6'400 Schulkinder-Elternteilen ergab sich eine Rücklaufquote bei den Schuleltern von ca. 40%. Die Rücklaufquoten der 30 teilnehmenden Schulen variierten von 27% bis 55%. Als Rücklauf gezählt wurden hierbei alle Antwortdatensätze, die über den elektronischen Fragebogen abgesandt wurden. Fragebogen, deren Beantwortung zwar begonnen, aber nicht abgeschlossen wurde, gingen nicht in die Auswertung ein. Aus den Daten ging einerseits hervor, dass etwa 60% der Eltern die Beantwortung des Fragebogens begannen, sich also explizit dafür interessierten. Andererseits zeigte sich, dass es Abbrecher gab. Meistens wurde die Beantwortung in den ersten Abschnitten des Fragebogens abgebrochen. Der Anteil der nicht beantworteten Teilfragen war sehr klein und lag vielfach unter einem Prozent.

Der totale Rücklauf verwertbarer Fragebogen betrug 2'737. Davon wurden 2'471 Fragebogen von Eltern zurückgeschickt, die zum Zeitpunkt der Umfrage mindestens ein Kind in der 1. bis 13. Klasse einer RSS hatten. Diese Eltern werden in der Folge als Gruppe Schuleltern bezeichnet. Die Analyse der Antworten dieser Schuleltern rapportiert Kapitel 3. Zusätzlich nahmen 266 Eltern an der Studie teil, die zum Umfragezeitpunkt lediglich Kinder im Kindergarten einer RSS hatten. Sie werden hier als Nur-Kindergarten-Eltern bezeichnet, und ihre Ergebnisse sind im Kapitel 4 dieses Buches dargestellt. Beide Gruppen wurden also separat ausgewertet. Eltern, die zum Zeitpunkt der Umfrage sowohl Schulkinder als auch Kindergartenkinder an einer RSS hatten, wurden der Gruppe der Schuleltern zugerechnet.

Das Engagement der Probanden und die erreichte Rücklaufquote waren für eine schriftliche Befragung sehr hoch. So investierten die Antwortenden im Schnitt netto 57 Minuten, um die Fragen zu beantworten (Median 43 Minuten). Das grosse Interesse der Teilnehmer und Teilnehmerinnen zeigte sich auch in den vielen Hunderten von ausführlichen Kommentaren zu den offenen Fragen. Die Eltern informierten 4'287-mal freitextlich mit Kommentaren von durchschnittlich ca. 30 Wörtern, was total ungefähr 300 Seiten qualitative Daten ergab. Die hohe Ausschöpfung, die sehr vollständige Beantwortung des Fragebogens und die reichen, qualitativen Informationen machen die Ergebnisse der Studie aussagekräftig und vertrauenswürdig. Die Umfrage wurde von den Eltern überaus gut angenommen.

> *„Eure Umfrage fand ich absolut klasse. Ich freue mich sehr über die Offenheit, welche die Schulen den Eltern damit zeigen. Die Fragen sind gut gestellt, das Antworten fällt leicht und verschafft auch dem Befragten Klarheit."*
> *(Elternzitat)*

Sehr viele Umfrageteilnehmer und -teilnehmerinnen wünschten explizit, über die Resultate informiert zu werden, und drückten ihre Hoffnung aus, dass die Resultate auch zu Weiterentwicklungen an ihrer Schule führen.

2.4.   Datenanalyse

Die Rücklaufdaten wurden einerseits global (akkumulierte Daten aller Schulen) für die Gruppen Schuleltern (n=2'471) und Nur-Kindergarten-Eltern (n=266) analysiert, die Daten der Gruppe Schuleltern andererseits zusätzlich für jede teilnehmende Schule einzeln. Die Gruppe Schuleltern umfasst also jene RSS-Eltern, die zum Zeitpunkt der Umfrage mindestens ein Kind in der 1. bis 13. Klasse einer RSS hatten. Die quantitative Analyse umfasste deskriptiv statistische Berechnungen wie: Prozentanteile, Durchschnittswerte (symbolisiert als M oder μ) und dazugehöriger Standardfehler ($\pm$), Median, Perzentile, Gesamtheit der Eltern, die die jeweilige Frage beantwortet haben (symbolisiert als n), und Non-response-Anteile in Prozent (kA) sowie Signifikanztests (p-Werte). Zusätzlich wurden für die meisten Fragen graphische Darstellungen der Antworten angefertigt. Zur qualitativen Analyse wurden die Kommentare der Freitextfragen inhaltlich kodiert, gezählt und thematisch zusammengefasst. In den folgenden Kapiteln verdeutlichen viele Elternzitate das in Worten und graphisch Dargestellte.

Auf globaler Ebene wurden die Gruppe Schuleltern zur Analyse in Subgruppen aufgeteilt und bei einigen Fragestellungen auf Unterschiede hin untersucht. Dazu wurden folgende Subgruppen gebildet:

» Dauer der RSS-Erfahrung: „RSS-Veteranen" (n=927), Schuleltern mit mindestens einem Schulkind seit über sechs Jahren an der RSS, vs. „RSS-Novizen" (n=1'506), Schuleltern mit keinem Kind seit über sechs Jahren an der RSS
» Eigener RSS-Besuch: „RSS-Ehemalige" (n=445), Schuleltern, die zumindest zeitweise selbst eine RSS/Waldorfschule besuchten, vs. „Nicht–RSS-Ehemalige" (n=2'014), Schuleltern, die selbst nie eine RSS/Waldorfschule besucht hatten
» Berufstätigkeit: „RSS-Lehrerinnen und -Lehrer" (n=100) vs. „andere Berufsgruppen" (n=2'351)
» Geschlecht: „Frauen" (n=1'534) vs. „Männer" (n=912)
» An „Anthroposophie interessierte" Schuleltern (n=2'279) vs. „Nicht-Anthroposophie-Interessierte" (n=179)

Die Analyse der Subgruppen unter den Schuleltern ist in diesem Bericht nur teilweise wiedergegeben. Meist dann, wenn signifikante Unterschiede resultierten. Die Signifikanz der Unterschiede ist mit den in der Statistik üblichen Sternchen angegeben (siehe Abkürzungsverzeichnis).

Mit einigen korrelierenden Items (Teilfragen) wurden durch konfirmatorische Faktorenanalyse (CFA) latente Konstrukte identifiziert und mittels Strukturgleichungsmodellierung (SME) Zusammenhänge erforscht. Zur Untersuchung von Beziehungen wurden auch multiple Regressionsanalysen durchgeführt. Resultate der analytischen Statistik finden sich im Kapitel 3.9. und im Anhang II.

Für jede teilnehmende Schule wurde eine separate Analyse aller Fragen erstellt. Obwohl die gemessenen Antwortwerte von Schule zu Schule etwas differierten, waren die Unterschiede zu den globalen Werten bei vielen Fragen statistisch nicht signifikant. Das Forschungsteam bot den Schulen an, die schulspezifischen Ergebnisse der Studie vor den Eltern und den Kollegien zu präsentieren. Die meisten Schulen nutzten diese Offerte. Die Reaktionen der Anwesenden erlaubten die Annahme, dass die Studienresultate zustimmend zur Kenntnis genommen wurden. Damit die Schulleitungen die Ergebnisse vertiefter, im Kontext ihrer Schulsituationen prüfen und ihre Entwicklung darauf aufbauen können, wurden ihnen die Statistiken in gedruckter Form übergeben.

Wie erwähnt, wurde eine Vollerhebung bei allen aktiven Schuleltern angestrebt. Sie wurde erwartungsgemäss nicht erreicht. Im statistisch strengen Sinne können deshalb die Resultate auch nicht als repräsentativ für die Gesamtheit der RSS-Elternschaft interpretiert werden. Das trifft im Prinzip auch auf Zufallsstichproben zu, die auch immer mit Unsicherheit behaftet sind, umso mehr, wenn nicht alle Stichproben-Probanden antworten.

Aufgrund von Expertengesprächen, qualitativen Strukturvergleichen und Reaktionen anlässlich der Resultatpräsentationen vor den Schuleltern darf man annehmen, dass die Studie trotzdem ein zutreffendes, allgemeines Bild der Situation der Rudolf Steiner Schulen abgibt. Die Umfrage zeigt zweifellos auf, bei welchen Themen praktische Entwicklungsmassnahmen ansetzen könnten, um die Qualität der Rudolf Steiner Schule schweizweit und auf individueller Schulebene weiter zu fördern. Die Stärken und pädagogischen Besonderheiten der Steinerschulen werden durch die Studie, aus Elternsicht, qualitativ und quantitativ erhärtet.

2.5.   Struktur der verwertbaren Stichprobe

Die Strukturen der Rückläufe bei der Gruppe der Schuleltern der einzelnen Schulen sind der globalen Struktur der antwortenden Schuleltern sehr ähnlich. Die globale Struktur der Schuleltern an Rudolf Steiner Schulen hat folgende Merkmale (n=2'471):

» 63% Frauen, 37% Männer
» 57% wohnen auf dem Land, 43% in der Stadt
» 78% Schweizerinnen und Schweizer, 20% übrige Europäerinnen und Europäer, 2% andere Nationalitäten
» 37% haben mindestens zwei Jahre im Ausland gelebt

- » 53% bewohnen ein eigenes Haus oder eine eigene Wohnung, 47% sind Mieter
- » 78% betrachten sich als ökonomisch gut oder sehr gut situiert
- » 39% haben mindestens ein Kind, das seit über sechs Jahren eine RSS besucht
- » 18% haben selbst eine RSS besucht
- » 17% haben auch noch Kinder, die die RSS schon absolviert haben
- » 67% haben einen tertiären Ausbildungsabschluss
- » 38% haben eine pädagogisch orientierte Ausbildung oder Zusatzausbildung

- » 16% haben ein Kind
- » 43% haben zwei Kinder
- » 27% haben drei Kinder
- » 14% haben vier oder mehr Kinder
- » 85% der Schuleltern haben alle ihre Kinder an der RSS

- » 0.2% der Schuleltern sind unter 30 Jahre alt
- » 16.3% der Schuleltern sind 30- bis 39-jährig
- » 56% der Schuleltern sind 40- bis 49-jährig
- » 27.5% der Schuleltern sind 50-jährig oder älter

Die Schuleltern (n=2'460) haben Kinder in den folgenden RSS-Klassen: 16.2% im Kindergarten, 63.2% in der 1. bis 6. Klasse, 35.8% in der 7. bis 9. Klasse, 24.1% in der 10. bis 13. Klasse.

Steinerschulen sind eigentliche Familienschulen. Meistens gehen alle Kinder einer Familie zur selben Schule. Nur 15.4% (n=2'438) der Schuleltern an Steinerschulen haben auch Kinder, die nicht auf eine RSS zur Schule gehen. Bei der Schulelterngruppe der RSS-Ehemaligen sind dies nur 8.7% (n=439) und bei der Gruppe der Nicht-RSS-Ehemaligen 16.9% (n=1'991). Als Begründung dafür, Kinder in verschiedene Schulen zu schicken, wird etwa angeführt:

„Unseres Erachtens gibt es nur individuell richtige Schulen. Unsere Kinder sind sehr verschieden, und während die Steinerschule für die einen die beste Schule ist, gilt dies für andere nicht." (Elternzitat)

Ein Grossteil der Schuleltern hat Kinder, die schon mehrere Jahre an der Steinerschule sind, und auch Kinder, die eine solche Schule abgeschlossen haben. Diese Eltern haben eine langjährige, breite Erfahrung mit der Steinerschule, meistens auch einen hohen Bildungsstand, und viele davon haben eine Affinität zu pädagogischen Fragen. Die Schulen verfügen damit über ein Elternpotenzial, das teilweise zur Mitarbeit bei Fragen der Schulentwicklung prädestiniert und dabei allenfalls behilflich sein könnte.

Dass fast zwei Drittel Frauen in der Stichprobe sind, stützt die Annahme, dass die Mütter allgemein mehr in die Schulerziehung ihrer Kinder involviert sind und dem Schulgeschehen näherstehen als die Väter. 13% der Schuleltern geben an, alleinerziehend zu sein. Das ist weniger als der gesamtschweizerische Anteil Alleinerziehender von 17% (Amaker et al., 2015). Aufgrund der Elternnationalitäten an der RSS, 78% Schweiz und 20% übriges Europa, dürfte der Anteil fremdsprachiger Schüler und Schülerinnen an der RSS wesentlich tiefer sein als an anderen Schulen. Dort betrug der Anteil fremdsprachiger Schüler und Schülerinnen im Schuljahr 2015/16 auf den obligatorischen Schulstufen 36% (BfS e).

Die bisher umfangreichste empirische Forschung über die Steinerschulen in der Schweiz wurde von Randoll und Barz im Jahre 2007 zum Thema Bildung und Lebensgestaltung ehemaliger Schülerinnen und Schüler von Rudolf Steiner Schulen durchgeführt. In einer schriftlichen Befragung mit skalierten, geschlossenen und offenen Fragen erhoben sie Karrieredaten und Meinungen von 622 Probanden. Verschiedentlich wird in diesem Buch die Studie von Randoll und Barz (2007) zitiert und es werden Vergleiche zu den Ergebnissen der damaligen Untersuchung gezogen, sie haben qualitativen Wert. Interessant ist, dass Randoll und Barz zu Schlussfolgerungen kommen, die auch durch die hier vorliegende Elternstudie explizit oder implizit bestätigt werden. Zum Beispiel die hohe pädagogische Leistungsfähigkeit der Schulen, die u.a. dazu führt, dass der grösste Teil der Schülerinnen und Schüler nach der Steinerschule auf weiterbildende Schulen gehen, dann die pädagogisch wache Elternschaft, die verhindert, dass die Schulen in der Qualität ihrer pädagogischen Leistung nachlassen können. Zu den eher zurückhaltenden Ergebnissen gehören in beiden Studien z.B. die öffentlich weniger sichtbare Weiterentwicklung und die ungenügenden wirtschaftlichen Rahmenbedingungen. Der grundsätzliche Ruf nach weiterführender Arbeit an der guten Qualität der Waldorfschulen hallt gleichermassen aus beiden Studien.

3 Forschungsergebnisse Studie Schuleltern

Dieses Kapital präsentiert und kommentiert die globalen Forschungsresultate für die Gruppe der Schuleltern, also derjenigen antwortenden Eltern, die mindestens ein Kind in einer Schulklasse 1 bis 13 einer RSS haben. Die Abbildungen enthalten, meistens auf der linken Seite, die entsprechende Frage im Originalwortlaut oder in abgekürzter Form; unten oder seitlich sind jeweils die Skalenwerte und die Bedeutung der Farben angegeben. Die Graphiken zeigen auch die in Kapitel 2 beschriebenen statistischen Angaben.

3.1. Elternschaft an Rudolf Steiner Schulen

3.1.1. Berufe und Erwerbstätigkeit der Schuleltern

Das Spektrum der ausgeübten Erwerbstätigkeiten der Steinerschuleltern ist breit. Der Berufsspiegel in Abbildung 1 zeigt allerdings bei sozialen (19.8%) und akademischen (15.1%) Berufen höhere Anteile als bei den übrigen Berufsgruppen. Kaufmännische und technische oder handwerkliche Berufe sind mit je ca. 10% vertreten. Interessant ist, dass 8.3% der antwortenden Eltern Lehrpersonen ausserhalb der Steinerschulen sind, die ihre Kinder an die RSS schicken. Auch externe Erziehungsfachleute scheinen demnach die Pädagogik und die Qualität der Steinerschulen zu schätzen.

Selbständig erwerbend sind 25.1%, und 23.2% der Schuleltern haben vollzeitliche Anstellungen (Männer 46.4%, Frauen 22.2%). 42.6% sind teilzeitlich (Männer 21%, Frauen 55.5%), 9.2% gar nicht erwerbend. Letzteres trifft auf 13.0% der Frauen, die ja üblicherweise den grössten Teil der häuslichen Erziehungsarbeit und das Hausmanagement leisten, und auf 2.8% der Männer zu. Auf Schulebene beeinflusst die Erwerbstätigenstruktur die Möglichkeiten der Eltern, finanzielle Beiträge an die Schule zu leisten (siehe Kapitel 3.2.).

Die Berufsstruktur der Schuleltern ist an allen Rudolf Steiner Schulen sehr ähnlich.

Abbildung 1: Berufsstruktur der Schuleltern

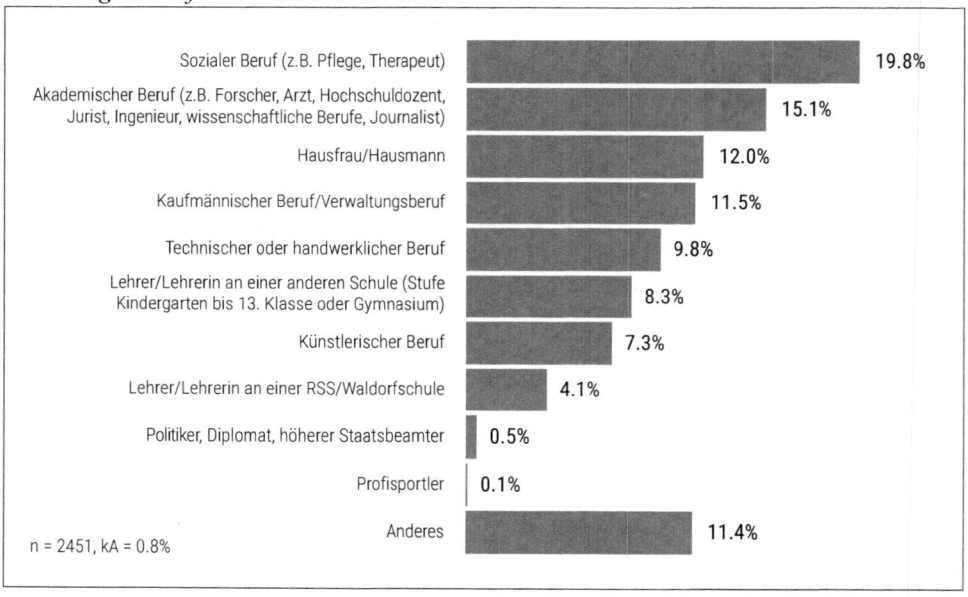

Das abgebildete Berufsspektrum widerspricht der Meinung, die Rudolf Steiner Schule sei eine Schule der Künstler und Künstlerinnen und für Künstler und Künstlerinnen; lediglich 7.3% der Antwortenden üben einen künstlerischen Beruf aus. Auf Gruppenebene finden sich bei den RSS-Ehemaligen nur 7.4% (n=445) Künstler und Künstlerinnen. Bei den RSS-Ehemaligen ist, verglichen mit den nicht-RSS-Ehemaligen Schuleltern, der Anteil der Lehrer und Lehrerinnen etwas grösser (18.8.% vs. 11.0%) und jener der technischen und kaufmännischen Berufe etwas kleiner (17.3% vs. 22.3%). Die Häufigkeitsverteilung der Berufe ist in diesen Gruppen signifikant unterschiedlich.

Auch die Verteilung der Art der Erwerbstätigkeit ist bei den Schuleltern, die selbst eine Steinerschule besuchten, und den übrigen Schuleltern signifikant unterschiedlich. Bei den RSS-Ehemaligen sind 25.2% (n=440) selbständig erwerbend vs. 25% (n=1'989) bei den Nicht-RSS-Ehemaligen, vollzeitlich unselbständig arbeiten 18.9% der RSS-Ehemaligen (vs. 24.1%), teilzeitlich unselbständig arbeiten 47.7% der RSS-Ehemaligen (vs. 41.5%), und gar nicht erwerbstätig sind 8.2% der RSS-Ehemaligen (vs. 9.4%).

Im qualitativen Vergleich mit der Ehemaligen-Studie von Randoll & Barz (2007) hat sich die relative Gewichtung innerhalb des Berufsspektrums der Absolventen und Absolventinnen von Rudolf Steiner Schulen nicht gross verändert.

3.1.2. Ausbildungsprofil der Schuleltern

Die Frage nach der höchsten Ausbildungsstufe haben die Schuleltern wie in Abbildung 2 dargestellt beantwortet. Je etwa hälftig sind die Anteile „akademische Abschlüsse" (48.1%) und die Anteile „fachliche Berufsabschlüsse" (46.2%), sofern man zum letzteren auch die Eltern mit Maturazeugnis ohne Weiterstudium zählt (7.9%). Der Anteil der Eltern mit Tertiärabschluss ist an den RSS mit 67% sehr viel höher als in der schweizerischen Gesamtbevölkerung, wo er nur 34% beträgt (BfS b). Zur Tertiärstufe zählen in der Schweiz Meisterdiplome, eidgenössische Fachausweise, Diplome höherer Fachschulen, Fachhochschulen (FH) und Universitäten.

Gemäss den mehrheitlich hohen Berufs-, Studien- und Ausbildungsabschlüssen der Antwortenden sind es also überwiegend überdurchschnittlich gut ausgebildete Schuleltern, die ihre Kinder an die Rudolf Steiner Schulen schicken. Dass Kinder aus bildungsnahen Familien im Allgemeinen bessere Voraussetzungen haben, bildungsmässig tendenziell erfolgreicher zu sein als Kinder aus bildungsfernen Milieus, ist mehrfach untersucht worden. Die bildungsaffine Elternschaft erhöht somit die Chance, dass auch Absolventinnen und Absolventen von Steinerschulen Ausbildungskarrieren auf überdurchschnittlich hohem Niveau verfolgen können (siehe Kapitel 3.3.3.). Trotzdem ist es schliesslich eine Frage der Pädagogik, der Lehrerinnen und Lehrer, ob die individuellen Potenziale der Schülerinnen und Schüler durch die Schule erschlossen werden können.

Abbildung 2: Ausbildungsabschluss der Schuleltern

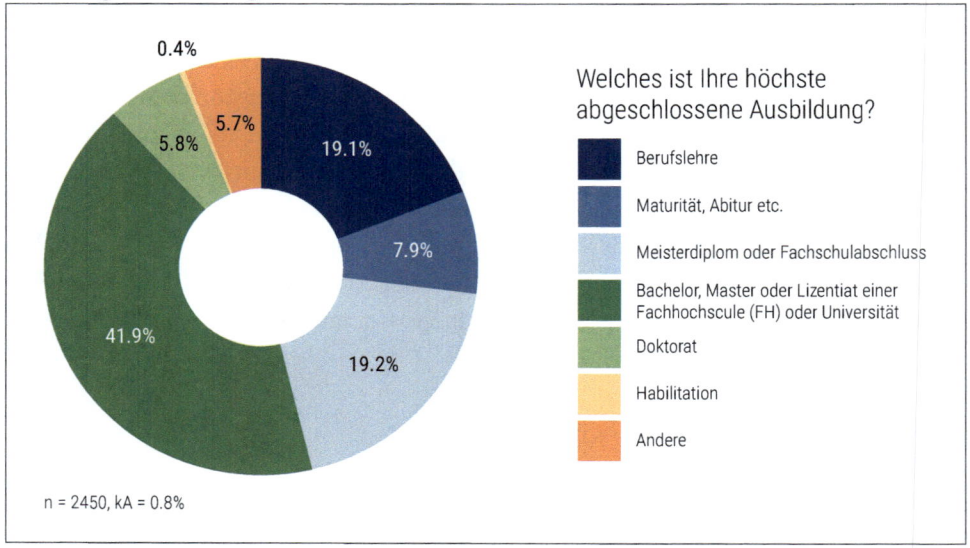

Von den Frauen haben 64.8% (n=1'523) einen Tertiärabschluss und von den Männern 71.0% (n=909). Bei der Gruppe der RSS-Ehemaligen haben 64.9% (n=444) eine tertiäre Ausbildung; bei den Nicht-RSS-Ehemaligen deren 67.9% (n=2'000). Einen Lehrabschluss als höchste Ausbildungsstufe haben 17.6% der RSS-Ehemaligen. Von den RSS-Lehrpersonen, die gleichzeitig Schuleltern sind, besitzen 58.0% (n=100) einen Abschluss auf Universitäts- oder Fachhochschulstufe, und insgesamt 73.0% (n=100) geben einen Tertiärabschluss als höchste Ausbildung an.

3.1.3. Wirtschaftliche Situation der Schuleltern

Aus einer qualitativen Selbsteinschätzung der antwortenden Schuleltern geht, wie Abbildung 3 zeigt, hervor, dass sich die meisten ökonomisch gut situiert fühlen. Grundsätzlich ist es das Ziel einer Rudolf Steiner Schule, allen Kindern diese Pädagogik zu ermöglichen. Damit dies mehr oder weniger gelingen kann, muss das Beitragssubstrat einer RSS genügend stark und ausgewogen strukturiert sein. Es hilft einer Schule, wenn ein guter Teil der Eltern, aufgrund ihrer Einkünfte, höhere Beiträge bezahlen kann und so die finanziell Schwächeren mittragen hilft (siehe Kapitel 3.2. und 5.2.1). Bezüglich ihrer Wohnsituation geben 52.9% (n=2'439) an, Eigentümer oder Eigentümerin des bewohnten Hauses oder der bewohnten Wohnung zu sein. 46.8% wohnen zur Miete, und 0.3% geniessen bei jemandem Gastrecht.

Abbildung 3: Wirtschaftliche Situation der Schuleltern

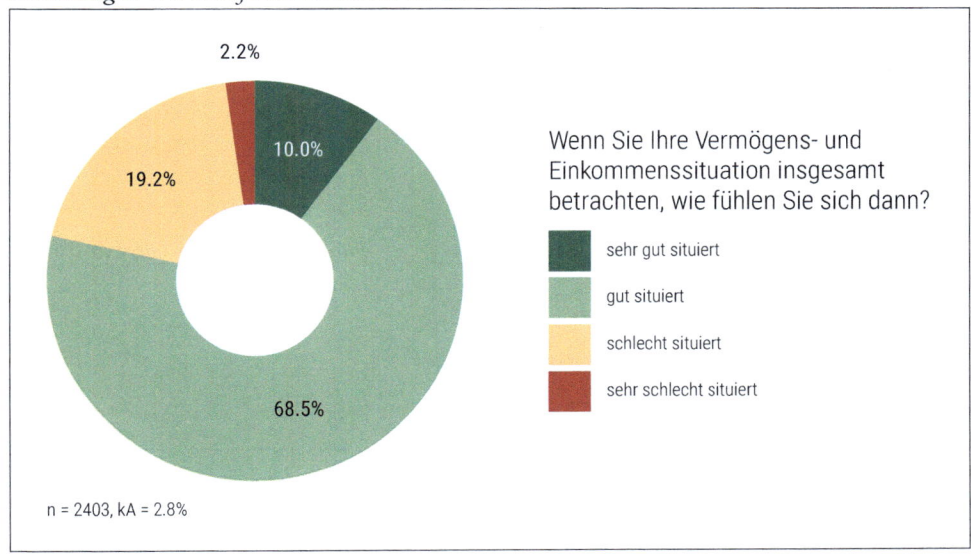

In der Einschätzung der ökonomischen Situation gibt es beträchtliche Unterschiede zwischen der Gruppe der RSS-Lehrer und -Lehrerinnen und den anderen Berufsgruppen. So fühlen sich 34.3% (n=99) der RSS-Lehrer und -Lehrerinnen schlecht situiert bezüglich ihrer Vermögens- und Einkommensverhältnisse. Bei den anderen Berufsgruppen trifft das nur auf 18.5% (n=2'297) zu. Allerdings sind die statistischen Schätzfehler (Standardfehler) hier relativ hoch.

Die RSS-Schuleltern wurden auch gebeten, ihr monatliches Haushalts- respektive Familien-Bruttoeinkommen anzugeben. Solche persönlichen, quantitativen Fragen sind heikel, und die Antworten könnten deshalb, in positiver und negativer Richtung, verfälscht sein. Dies u.a. wegen bewusster Falschangaben, unterschiedlicher Deutung des Begriffs Bruttoeinkommen, ungenauem Wissen der Probanden und hier wegen

Doppelzählungen von Antwortenden aus der gleichen Familie, was zu falschen Gewichtungen führen könnte. Trotz kritischer Interpretation darf man vermutlich davon ausgehen, dass die Verteilung der Einkommen bei den Steinerschuleltern der Einkommensverteilung in der schweizerischen Wohnbevölkerung (BfS c) nicht drastisch unähnlich ist. Gemäss Abbildung 4 sind die hohen Einkommen von über Fr. 10'000 in der RSS-Elternschaft allerdings deutlich weniger vertreten (26%) als in der gesamten Wohnbevölkerung (38%). Schwergewichtig scheinen die Eltern an den Rudolf Steiner Schulen hingegen über „mittlere" Einkommen zu verfügen.

Abbildung 4: Haushaltseinkommen der Schuleltern

Brutto-Haushaltseinkommen pro Monat			
Einkommensklassen in Franken	RSS-Eltern	RSS-Lehrkräfte	Schweiz (BfS c)
bis 3'500	7%	6%	
3'501 bis 6'000	25%	39%	29%
6'001 bis 10'000	42%	43%	33%
10'001 bis 14'000	18%	9%	21%
14'001 bis 18'000	5%	3%	9%
über 18'000	3%	0%	8%

Die Gruppenanalyse bestätigt die obige Selbsteinschätzung der Berufsgruppe RSS-Lehrer und -Lehrerinnen, die gleichzeitig Schuleltern sind, bezüglich ihrer angespannteren ökonomischen Situation. Es fällt bei der quantitativen Einkommensangabe auf, dass von den RSS-Lehrern und -Lehrerinnen 38.9% (n=95) in die untere Klasse von 3'501 bis 6'000 Franken monatlichem Bruttoeinkommen fallen, hingegen nur 24.5% (n=2'242) bei den anderen Berufsgruppen dieser Einkommensklasse angehören. Viele RSS-Lehrer und -Lehrerinnen arbeiten in Teilpensen und sind nur teilzeitlich erwerbstätig, was ihr Einkommen und die Klassierung beeinflusst.

Die Verdienstmöglichkeiten an Rudolf Steiner Schulen sind anscheinend vergleichsweise bescheiden. Die in der Schulstatistik RSS (Aebersold & Fahrni, 2014/15; Aebersold & Fahrni, 2015/16) ausgewiesenen monatlichen lohnbezogenen Kosten für ein Vollpensum sind tiefer als der mittlere Bruttoverdienst eines staatlich angestellten Primarlehrers von ca. Fr. 8'100 (Wilhelm, 2015). Das ist ein etwas oberflächlicher, rein frankenmässiger und mit viel Unsicherheit behafteter Grössenvergleich. Mögliche Unterschiede in der Anzahl Unterrichtsstunden, die teilweise Gratisbeschulung der RSS-Lehrer-Kinder an der Schule und qualitativen Besonderheiten des Arbeitsplatzes sind hier nicht aufgerechnet. Zu Letzterem gehören z.B. die pädagogische Freiheit in der Gestaltung des Unterrichts, die Mitbestimmung bei der kollegialen Schulführung und die Mitentscheidung bei der Aufnahme von Schülern und Schülerinnen, welche die Lehrpersonen an den Steinerschulen geniessen. Trotzdem, Lehrerinnen und Lehrer an Rudolf Steiner Schulen haben meist viel Idealismus für ihre Aufgabe und sind eher wenig pekuniär motiviert.

Die Festlegung der Bezüge der Lehrpersonen wird an den Rudolf Steiner Schulen unterschiedlich gehandhabt. Einige folgen zum Beispiel dem Pensenprinzip, wonach die Anzahl Unterrichtsstunden tarifmässig vergütet wird, andere dem moralisch sehr anspruchsvollen Bedürfnisprinzip. Danach teilt das Kollegium die zur Verfügung stehende Honorarsumme, unter Berücksichtigung der individuellen geldlichen Bedürfnisse, solidarisch unter sich auf. Bei den meisten Schulen bestehen Mischformen der Honorierung. Eine Besonderheit mancher Steinerschulen ist auch, dass viele Lehrpersonen selbständig Erwerbende sind.

3.1.4. Wohnort und Schulweg

Etwas mehr RSS-Eltern wohnen auf dem Land (57.1%, n=2'442) als in der Stadt (42.9%). Gemäss Abbildung 5 wohnen die Schulfamilien relativ nahe bei ihrer jeweiligen Steinerschule. Den gesamten, einfachen Schulweg der Kinder von Tür zu Tür beziffern die meisten Eltern mit weniger als 40 Minuten (74.3%, n=2'456). 57,6% (n=2'450) der Eltern sagen, dass ihr Kind mit öffentlichen Verkehrsmitteln in die Schule fährt. Die übrigen Schüler und Schülerinnen gehen zu Fuss, per Velo oder Moped oder werden privat hingefahren.

Der durchschnittliche Schulweg in der Schweiz beträgt zehn Minuten Fussmarsch (VCS). Die grossen regionalen Einzugsgebiete und die teilweise komplizierten Anbindungen der Steinerschulen an öffentliche Verkehrsmittel bringen längere Schulwege und häufige Elterntaxifahrten mit sich.

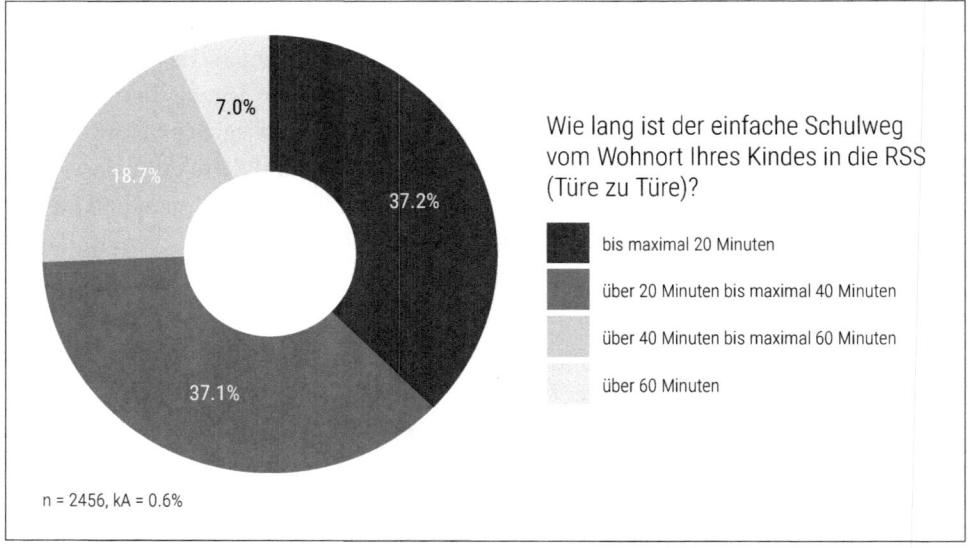

7.0%

18.7%

37.2%

37.1%

Wie lang ist der einfache Schulweg vom Wohnort Ihres Kindes in die RSS (Türe zu Türe)?

■ bis maximal 20 Minuten

■ über 20 Minuten bis maximal 40 Minuten

□ über 40 Minuten bis maximal 60 Minuten

□ über 60 Minuten

n = 2456, kA = 0.6%

3.1.5. Elternmitarbeit

Ein Charakteristikum einer RSS-Schulgemeinschaft ist, dass die Eltern unentgeltlich verschiedene Dienstleistungen für die Schule verrichten (Abbildung 6). 38.1% der Eltern schenken der Schule monatlich mindestens zwei Stunden Freiwilligenarbeit. Sie reicht von Hilfsarbeiten im Hausdienst, über Mithilfe bei Festen und Veranstaltungen bis zum Tätigwerden beim Spendensammeln, im Elternrat oder im Vereinsvorstand. Dieses Elternengagement ist an den einzelnen Schulen unterschiedlich ausgeprägt.

> *„Elternmitarbeit: Ein Wildwuchs von Gruppen und Komitees – nicht immer gut koordiniert und oft unprofessionell." (Elternzitat)*

Der freiwillige Elterndienst spart der Schulgemeinschaft aber in jedem Fall Kosten. Ohne diese Mithilfe müssten die finanziellen Elternbeiträge bei den meisten Schulen höher ausfallen.

„Der Schulbazar ist ein toller Anlass, da packt man gerne mit an, auch wenn's zwei Wochenenden im Jahr ‚kostet'. Dass dann noch Klassenämtli, Schulhausputzen und eine Sponsoringaktion auf mich zukommen könnten, hat mich vorerst überrascht. Für die Putzaktion fühlte sich dann niemand verantwortlich, und es wurde unsorgfältig gearbeitet. Die Verwaltung muss sich überlegen, welche Arbeiten sie sinnvoller extern vergibt." (Elternzitat)

Das Soziale des Elterndienstes ist für die Schulgemeinschaft ebenso bedeutungsvoll wie das Materielle. Er unterstützt die Gemeinschaftsbildung und kann die Identifikation der Eltern mit der Schule stärken. Wie Abbildung 7 aufzeigt, schätzen die mitarbeitenden Schuleltern die Möglichkeit der Freiwilligenarbeit zugunsten ihrer Schule. Sie sehen darin eine persönliche Bereicherung und erleben es nicht als Pflicht.

Abbildung 6: Zeitaufwand für die freiwillige Elternmitarbeit

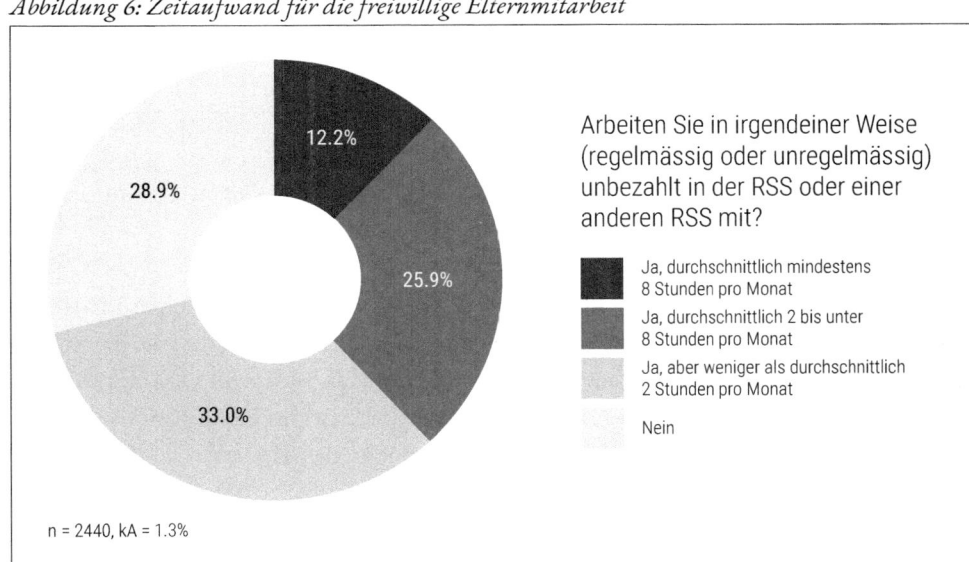

Neben viel temporärer Freiwilligenarbeit sind die permanenten Elternämter, z.B. die Mitgliedschaft im Vorstand des Trägervereins, in der Elternbeitragskommission und im Elternrat, fachlich und menschlich sehr anspruchs- und verantwortungsvoll.

Abbildung 7: Einstellungen zur freiwilligen Elternmitarbeit

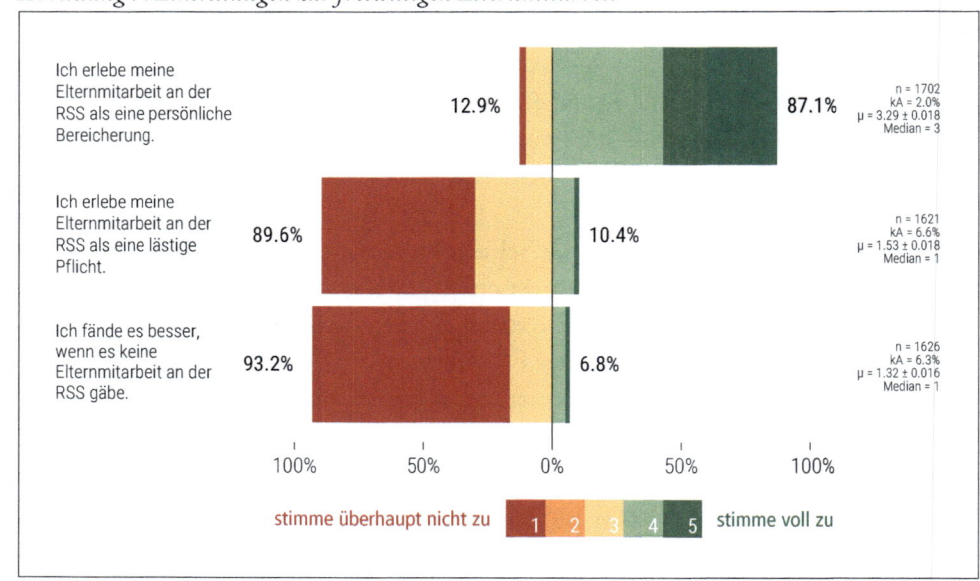

„Durch das gemeinschaftliche Arbeiten an den Schulveranstaltungen konnte ich viele und wertvolle Freundschaften schliessen." (Elternzitat)

Die Möglichkeiten, die Schule mitzugestalten, sind aber unterschiedlich. So trifft für 90.7% (n=2'428, M=4.55/5) der Schuleltern zu oder sogar voll zu, dass sie das soziale Leben der Schule, im oben beschriebenem Sinne, mitprägen können. Dies ist zweifellos nützlich für den Schulbetrieb und teilweise entlastend für das Kollegium. Nur mehr 51.4% (n=2'337, M=3.41/5) der Eltern sind der Ansicht, dass sie, wenn sie dies wollten, das Organisatorische der Schule mitprägen könnten; also z.B. Strukturen, Prozesse, Zuständigkeiten, Personelles.

Für nur 14.1% (n=2'278, M=2.25/5) der Eltern trifft zu oder voll zu, dass sie das Unterrichtswesen, z.B. Fächer, Methoden, Lehrerwahl, Schulzeiten, Lehrziele, Projekte, mitgestalten könnten. Dass die Pädagogik in der alleinigen Verantwortung der Lehrpersonen liegt und sich die Eltern nicht einmischen sollten, sofern es nicht um individuell ihr Kind betreffende pädagogische Fragen geht, wird von 60.6% (n=2'401, M=3.65/5) der

Eltern befürwortet. Die RSS-Ehemaligen stimmen dem Prinzip der Nichteinmischung stärker zu als die Nicht-RSS-Ehemaligen (M RSS-Ehemalige=3.87/5 ±0.05, n=433 vs. M Nicht-RSS-Ehemalige=3.60/5 ±0.03, n=1'960; p<0.0001***). Der höchste Mittelwert für die Nichteinmischung der Eltern findet sich bei der Gruppe der RSS-Lehrer und -Lehrerinnen (M=3.97/5 ±0.11, n=99 vs. M übrige Schuleltern=3.63 ±0.02, n=2'288; p=0043**).

Die Daten widerspiegeln, dass an Rudolf Steiner Schulen traditionell und konzeptgetreu das Pädagogische die Domäne und Verantwortung des sich selbst konstituierenden Kollegiums ist. Die Verantwortung für die Bereitstellung der wirtschaftlichen Ressourcen liegt hingegen meistens beim Schulvorstand und bei der im Schulverein organisierten Elternschaft.

Angesichts dieser Ergebnisse und des sehr hohen Bildungsniveaus, der Berufserfahrung und der Affinität für Pädagogik aufseiten der Eltern (siehe Kapitel 3.1.1. und 3.1.2.), stellt sich die Frage, ob dieses Wissens- und Erfahrungspotenzial teilweise stärker verfügbar gemacht werden könnte, einmal für den pädagogischen Diskurs über die Weiterentwicklung der Schulen und dann insbesondere auch hinsichtlich Fragestellungen organisatorischer und betriebswirtschaftlicher Art (siehe Kapitel 5.3.).

3.1.6. Interesse an der Anthroposophie

Wie in Kapitel 1 beschrieben, sind die Rudolf Steiner Schulen anthroposophisch inspirierte, reformpädagogische Bildungsinstitutionen, an denen aber nicht Anthroposophie gelehrt wird. Die Steinerschulen verstehen sich als freie Schulen in privater Trägerschaft, die allen Kindern und Jugendlichen offenstehen sollen.

Weil die Anthroposophie eine Grundlage der Waldorfpädagogik ist, kennen in der Regel die Lehrer und Lehrerinnen ihre Inhalte sehr gut, und viele Eltern haben Interesse am Werk Rudolf Steiners. Allerdings ist es keineswegs Voraussetzung und auch nicht die Erwartung der Schulen, dass man sich als Eltern für Anthroposophie interessieren muss. Wie Abbildung 8 zeigt, ist das Interesse an der Philosophie Rudolf Steiners unter der Elternschaft trotzdem weit verbreitet; nur gerade 7.3% interessieren sich gar nicht

dafür. Allerdings geben auch nur 12% der Schuleltern ein sehr starkes Interesse für Anthroposophie an. Der Rest der Schuleltern scheint eine marginale Neigung zu anthroposophischen Themen zu haben.

Bei den RSS-Lehrpersonen ist das Interesse hingegen besonders ausgeprägt: 86%
(n=100) interessieren sich sehr stark oder stark für Anthroposophie. Auch bei den
RSS-Ehemaligen ist ein sehr starkes oder starkes Interesse an Anthroposophie mit
50.8% (n=445) ausgeprägter als bei den Nicht-RSS-Ehemaligen mit 40.0% (n=2'007).
Die Mittelwerte der Gruppen RSS-Lehrpersonen und übrige Schuleltern unterscheiden sich höchst signifikant. Das gilt auch für die Mittelwerte der Gruppen RSS-Ehemalige und Nicht-RSS-Ehemalige.

Abbildung 8: Anthroposophie-Interesse

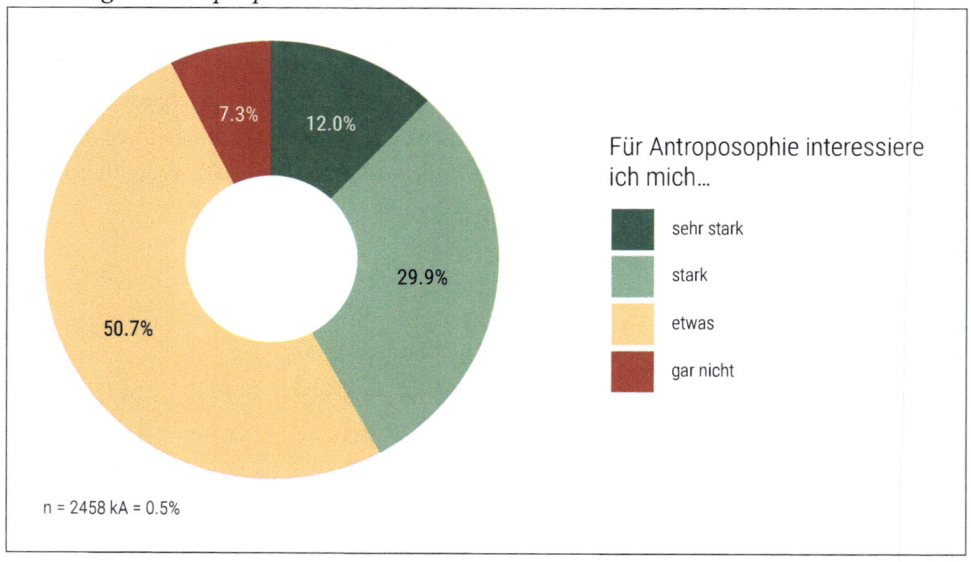

Dieses Interesse äussert sich in vielen Bereichen. Die meisten an Anthroposophie Interessierten kaufen regelmässig biologisch-dynamische Produkte (78.6%, n=2'267)
und gehen, wenn sie krank sind, zu einem anthroposophisch orientierten Arzt oder
Therapeuten (62.8%, n=2'252). Von den 92.6% (n=2'458) an Anthroposophie interessierten Schuleltern sagen 37.7% (n=2'252), sie würden regelmässig Veranstaltungen für

Erwachsene an der Schule besuchen, bei denen anthroposophische Themen behandelt werden. Verglichen mit den „gefühlten" Besucherzahlen an solchen Veranstaltungen, erscheint dieser Prozentsatz eher hoch.

Tendenziell neigen sehr stark und stark an Anthroposophie interessierte Schuleltern (n=1'030) auf einer Skala von 1 bis 10 (10=positives Ende) zu etwas wohlwollenderen Beurteilungen der Schulen als jene mit geringem oder gar keinem Interesse an der Anthroposophie (n=1'428). So empfehlen Erstere die RSS stärker weiter als die Letzteren (M Anthroposophie-Interessierte=8.48 ±0.057 vs. M übrige=8.11 ±0.051; p<0.0001***).

Das Gleiche gilt für die Einschätzung der Fähigkeitsentwicklung der Kinder (M Anthroposophie-Interessierte=8.12 ±0.046 vs. M übrige=7.92 ±0.036; p=0.0005***). Obwohl die Anthroposophie-Interessierten die Selbsterneuerungskraft der Steinerschulen auch nur als relativ mittelmässig einschätzen, trauen sie den Schulen auch diesbezüglich mehr zu als die übrigen Schuleltern (M Anthroposophie-Interessierte=6.75 ±0.060 vs. M übrige=6.45 ±0.052; p=0.0002***).

3.1.7.   Persönliche Mentalitäten und Lebensglück

In Anlehnung an eine periodische Umfrage des schweizerischen Forschungsinstituts Demoscope wurden die Eltern gebeten, sich bezüglich ihrer allgemeinen Einstellungen als Person auf Zehnerskalen wie folgt einzuordnen:

Ich bin eher progressiv (z.B. dem Unbekannten, Neuen, Verändernden zugewandt) oder eher konservativ (z.B. eher dem Bekannten, Bewährten und Traditionellen zugewandt). Und ich bin eher aussengerichtet (z.B. dem Sichtbaren, Aktiven, Erfolg, Materiellen, Extravertierten, Eigenen zugewandt) oder eher innengerichtet (z.B. dem Ideellen, Ruhigen, Emotionalen, Sozialen, Introvertierten, Bescheidenen zugewandt).

Wie Abbildung 9 zeigt, ist die psychologische Positionierung der Elternschaft der einzelnen Schulen unterschiedlich ausgeprägt. Die globalen Mittelwerte (grosser Punkt) betragen 6.59 (1=völlig aussengerichtet bis 10=völlig innengerichtet) und 3.99 (1=völlig progressiv bis 10=völlig konservativ).

Abbildung 9: Psychologische Positionierung der Elternschaft

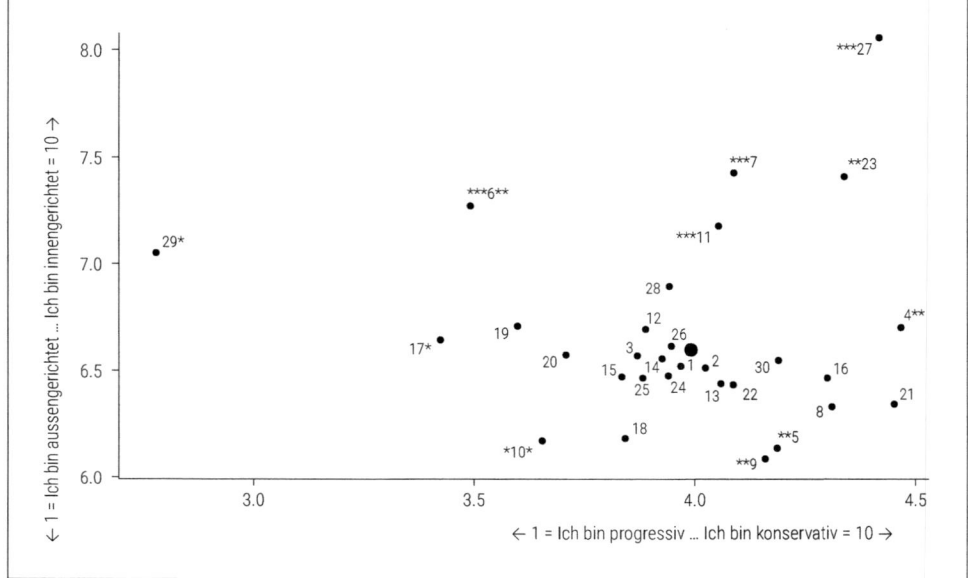

Legende zu Abbildung 9: Der Between-Korrelationskoeffizient rb = - 0.318. Diese schwach negative Korrelation bedeutet, dass an Schulen, die im Mittel überdurchschnittlich stark inneren Werten zuneigende (innengerichtete) Eltern haben, diese eher progressiv sind. Die Variablen Innen-/ Aussengerichtetheit und progressive/konservative Einstellung sind gesamthaft personenbezogen, allerdings voneinander unabhängig (rt=0.044). Das Gleiche gilt auch innerhalb der Schulen (rw=0.049).

Der grosse Punkt markiert den globalen Mittelwert. Die kleinen, schwarzen Punkte geben die aufgrund der Mittelwerte errechneten Positionen der einzelnen Schulen an. Die zugehörige Zahl steht für die (hier anonymisierte Schule). Die Sternchen links der Zahlen geben das Signifikanzniveau des Unterschiedes des jeweiligen Mittelwertes auf der Achse aussengerichtet - innengerichtet (Ordinate) verglichen mit dem globalen Mittelwert (grosser Punkt) an. Die Sternchen rechts der Zahlen geben analog das Signifikanzniveau für die Werte auf der Achse progressiv - konservativ (Abszisse) an. Bei Punkten mit Zahlen ohne Sternchen ist der Unterschied zum globalen Mittelwert zufällig und somit nicht signifikant.

Es ist ersichtlich, dass die Steinerschulen eher progressive und innengerichtete Elternschaften haben. Die Frauen sind noch etwas stärker innengerichtet als die Männer

(M Frauen=6.79 ±0.05, n=1'461 vs. M Männer=6.26 ±0.06, n=858; p<0.0001***).
Weil manchmal vermutet wird, die Steinerschulen würden nur innere Werte pflegen,
mag es erstaunen, dass sich die RSS-Ehemaligen sogar als etwas weniger innengerichtet
empfinden als die Nicht-RSS-Ehemaligen unter den Schuleltern (M Ehemalige=6.35
±0.09, n=416 vs. M nicht Ehemalige=6.65 ±0.04, n=1'915; p=0.0043**).

Demoscope (2013) erforschte das „psychologische Klima der Schweiz" und illustrierte
es mittels der gleichen Achsenpaare (aussengerichtet - innengerichtet und progressiv -
konservativ). Demoscope studierte und erhob diese Dimensionen allerdings nicht nur
rudimentär wie die vorliegende Studie, sondern verwendete dazu mehrteilige Fragebat-
terien.

Ein qualitativer Vergleich des „psychologischen Klimas der Schweiz" von Demoscope
mit der Position der RSS-Elternschaft lässt vermuten, dass die RSS-Eltern tendenziell
vielleicht etwas progressiver und innengerichteter sind als das Mittel der schweizerischen Gesamtbevölkerung.

Mit einer aus der Glücksforschung entliehenen Frage wurde die allgemeine Lebenszufriedenheit auf einer Skala von 1=ich bin völlig unzufrieden bis 10=ich bin völlig
zufrieden abgefragt (Frey, 2011). Am zufriedensten sind die ehemaligen RSS-Schüler
und -Schülerinnen (M=8.19 ±0.08, n=435) und die Frauen (M=8.15 ±0.04, n=1'509),
leicht schwerer scheinen es die RSS-Lehrpersonen zu haben (M=8.08 ±0.16, n=99). Die
mittlere Lebenszufriedenheit aller Schuleltern erreichte den hohen Wert von M=8.11
±0.03 und einen Median von 8.5 (n=2'426). Die Unterschiede der aufgeführten Mittelwerte der genannten Gruppen zum jeweiligen Rest der Schuleltern sind allerdings
nicht signifikant.

Ob für das hohe Glücksgefühl der Eltern die Steinerschule verantwortlich ist oder ob
sie ohne Steinerschule noch glücklicher wären, enträtselt die Studie nicht. Immerhin
sind die Steinerschuleltern mit ihrem Leben mindestens so zufrieden wie die schweizerische Gesamtbevölkerung, wo 70% ihre Zufriedenheit mit hoch bis sehr hoch angeben
(BfS f). Das ist nicht verwunderlich, ist die Schweiz doch gemäss Helliwell et al. (2017)
das viertglücklichste Land der Welt. Noch glücklicher als in der Schweiz sind die Menschen in Norwegen, Dänemark und in Island.

3.1.8. Loyalität zur Schule

Loyalität und Identifikation sind vielschichtige Begriffe, die schwerlich mit einer Frage zu messen sind. Die Studie versuchte sich mit Teilfragen, die aus der markenbezogenen Identitätsforschung entnommen wurden (Brodbeck, 2013, S. 41ff), daran heranzutasten. Aus Abbildung 10 kann man schliessen, dass sich die RSS-Eltern gut mit ihrer Schule identifizieren und ihr loyal gegenüberstehen. Auch dass 87% der Eltern ihre Kinder wieder an eine Rudolf Steiner Schule schicken würden und nur 5.1% dies eher nicht täten, zeugt von sehr hoher Zufriedenheit und Treue zur Steinerschule. Bei den Frauen ist diese Haltung zur Wiederwahl der RSS noch ausgeprägter als bei den Männern (M Frauen=4.54/5 ±0.02, n=1'522 vs. M Männer=4.37/5 ±0.03, n=910; p<0.0001***).

Abbildung 10: Identifikation und Loyalität

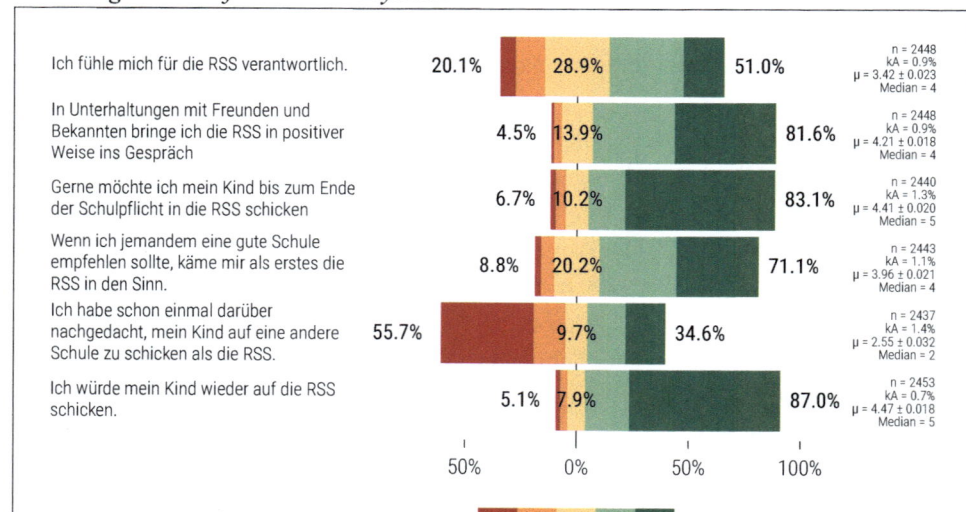

Es ist verständlich, dass sich die RSS-Lehrerinnen und -Lehrer in weit höherem Masse für die Schulen verantwortlich fühlen als die übrigen Schuleltern, allerdings auch nur mit 74% Zustimmenden (M Lehrpersonen=4.17/5 ±0.10, n=100 vs. M übrige=3.39/5 ±0.02, n=2'332; p<0.0001***). Die RSS-Lehrerinnen und -Lehrer sind insofern bescheiden, als nur 40.2% die Erfolge der RSS als ihre eigenen Erfolge betrachten (M=3.06/5 ±0.14, n=97). Die klare Übereinstimmung ihrer persönlichen Werte mit den Werten der RSS erachten 77.8% der RSS-Lehrer und -Lehrerinnen und 69.1% der übrigen Schuleltern als gegeben (M Lehrpersonen=4.05/5 ±0.10, n=99 vs. M übrige=3.82/5 ±0.02, n=2'332; p=0.0295*). Auch dieser Wertefit ist bei den Frauen höher als bei den Männern (M Frauen=3.93/5 ±0.02, n=1'517 vs. M Männer=3.67/5 ±0.03, n=909; p<0.0001***).

> *„Ich bin selbst viele Jahre zur Steinerschule gegangen und bin gut ‚herausgekommen'. Es ist eine wunderbare Schule, die das Kind stets ganz wahrnimmt." (Elternzitat)*

Als weitere Indizien für eine positive Verbundenheit der Eltern mit der Schule kann man werten, dass 72.1% (n=2'452) pädagogische Grundlagenarbeit, z.B. durch Vorträge über Erziehungsfragen, wünschen (siehe Kapitel 3.5.4.) und es für 78.8% (n=2'434) der Eltern wichtig ist, den Lehrplan ihrer Steinerschule zu verstehen (siehe Abbildung 31). Die Prozentsätze schliessen die Skalenwerte „stimme zu" und „stimme voll zu" ein.

3.2.   Schulfinanzierung und Solidarität

Die Rudolf Steiner Schulen in der Schweiz sind als Vereine organisiert und als gemeinnützig anerkannt. Die Vereine sind für die Finanzierung und die Infrastruktur verantwortlich. Die Kollegien verwalten den pädagogischen Schulbetrieb weitgehend autonom, und viele Lehrpersonen arbeiten als selbständig Erwerbende. Zum Selbstverständnis einer Rudolf Steiner Schule gehört auch, dass sie Menschen unterschiedlicher gesellschaftlicher Herkunft aufnehmen will. Das kann gelingen, wenn die Kosten tief gehalten werden. Dazu verhilft die soziale Grundstimmung in einer Steinerschulgemeinschaft. Sie zeigt sich z.B. in den finanziellen Gaben der Eltern, in Sparsamkeit und in viel Freiwilligenarbeit, z.B. in Küchen, in administrativen Gremien und an Veranstaltungen. Eine bedeutende ehrenamtliche Tätigkeit ist die Arbeit im Vereinsvorstand. Vor allem im Präsidenten- und Quästorenamt schenkt ein engagiertes, gestaltendes Vorstandsmitglied der Schule ein Arbeitspensum von gut und gerne 20 bis 30 Prozent. Die Schulfinanzierung durch die finanziellen Elternbeiträge, durch Freiwilligenarbeit und gelegentliche Spendeneinnahmen ist ein ideelles, solidarisches, eigenverantwortliches und gemeinsinniges Konzept.

In der Regel erhalten die Steinerschulen keine finanziellen Beiträge des Staates. Im Gegenteil, er profitiert davon, dass er 5'500 Schüler und Schülerinnen nicht beschulen muss, aber von deren Eltern trotzdem das volle Steuergeld kassiert. Mit nach Einkommen gestaffelten Schulbeitragssystemen sorgen die Schulvereine dafür, dass der Schulbetrieb weitestgehend aus eigener Kraft finanziert werden kann.

„Weil die Rudolf Steiner Schulen unabdingbar zum schweizerischen Bildungssystem gehören, sollten sie vom Staat, ganz selbstverständlich, finanzielle Beiträge erhalten." (Elternzitat)

Jährlich bezahlen 4'500 Elternhäuser rund 60 Millionen Franken an die Rudolf Steiner Schulen. Der Gesamtaufwand pro Schüler und Schülerin beläuft sich auf ca. 10'400 Franken, der Kollegiumsaufwand auf ca. 7'800 Franken pro Schüler und Schülerin pro Jahr (Aebersold & Fahrni, 2014/15). Das ist wesentlich weniger als die rund 13'100 Franken durchschnittlicher Personalaufwand, der pro Schüler und Schülerin an staatlichen Schulen in der Schweiz anfällt (BfS d). Die Gesamtkosten an Steinerschulen sind so tief, weil einerseits die Lehrpersonen meist bescheidenere Löhne akzeptieren als ihre Kollegen und Kolleginnen an staatlichen Schulen und andererseits von der Schulgemeinschaft viel Freiwilligenarbeit geleistet wird. Zudem werden nicht immer die vollen Immobilienkosten ausgewiesen.

Was die wahren Kosten einer privaten und öffentlichen Schule sind, lässt sich am Beispiel der 21'600 Franken pro Schüler und Schülerin und Jahr ablesen, welche eine kleine Schweizergemeinde an eine an einen privaten Betreiber ausgelagerte Volksschule bezahlt (Burri, 2017). Auch im Vergleich mit anderen Privatschulen schneiden die Steinerschulen sehr günstig ab. Dort werden für die Eltern pro Kind und Jahr rasch 15'000 Franken bis über 30'000 Franken Schulgeld fällig. Die durchschnittlichen, pro Kind heruntergerechneten, jährlichen Elternbeiträge betragen bei den RSS lediglich 8'800 Franken, respektive 13'500 Franken pro Familie (Aebersold & Fahrni, 2015/16). Noch wesentlich günstiger ist der Besuch der Waldorfschulen in Deutschland, weil sie von den Ländern mitfinanziert werden. Die Schulkosten für die Eltern an deutschen

Waldorfschulen betragen pro Kind und Jahr durchschnittlich 2'340 Franken (Bund b), also nur ungefähr ein Viertel des Beitrags in der Schweiz.

Mit diesen Vergleichen wird auch die konstant schwierige Situation vieler Steinerschulen in der Schweiz verständlich. Solange es keine substanzielle staatliche Bezuschussung von privaten Schulen in der Schweiz gibt, wird das finanzielle Überleben kleinerer und mittelgrosser Steinerschulen eine ständige Herausforderung bleiben. Deshalb ist eine intensive pädagogische und administrative Kooperation unter den Steinerschulen in der Zukunft so wichtig. Sie kann bis zu Zusammenschlüssen, insbesondere in RSS-Mittelschul-Verbünden, führen. Das verlangt von den einzelnen Schulen Bereitschaft zur Flexibilität in der Gestaltung der eigenen Schulautonomie. Aber grundsätzlich gilt auch hier: Gemeinsamkeit stärkt.

Ein Blick in die Schulstatistik der Rudolf-Steiner-Schulbewegung in der Schweiz offenbart, dass es nicht jedes Jahr allen Schulen gelingt, ihre Rechnung positiv abzuschliessen. Kann nicht auf Reserven zurückgegriffen werden, sind Fundraisingkampagnen nötig, oder die Eltern stimmen zu, die Verluste anteilsmässig abzudecken. Die Stärke und der Zusammenhalt der Gemeinschaft einer Rudolf Steiner Schule zeigen sich auch in der Art und Weise, wie mit schwierigen finanziellen Situationen umgegangen wird. Insbesondere bei der Tilgung potenzieller Jahresverluste kommt die solidarische Haltung der Eltern zum Tragen. Mit einem gut durchdachten Beitragssystem können im Normalfall allerdings ausgeglichene Jahresrechnungen erreicht werden.

Die Beitragssysteme an einer RSS tragen der Idee Rechnung, dass ich als Vater oder Mutter nicht eine pädagogische Dienstleistung beanspruche und bezahle, welche von meinem Kind „konsumiert" wird, sondern dass ich einen Teil meiner Einkünfte der Steinerschule schenke; ich will dadurch das freiheitliche Wirken einer Erziehungskunst ermöglichen, die ich für die heutige Zeit als notwendig erachte. Die meisten Schulen sind aber von völlig freien Elternbeiträgen, nach dem Motto „Man gibt so viel, wie man kann", abgekommen und haben sozial gestaffelte, verpflichtende Beitragstabellen geschaffen. Die Beiträge werden in der Regel pro Familie erhoben, ungeachtet, ob ein Kind oder mehrere Kinder der Familie in die Steinerschule gehen. Die Studie wollte herausfinden, welche Art Beitragssystem die Eltern bevorzugen. Abbildung 11 zeigt die Meinungen der Schuleltern zur Ausgestaltung des Beitragssystems.

Abbildung 11: Präferenzen finanzielles Beitragssystem

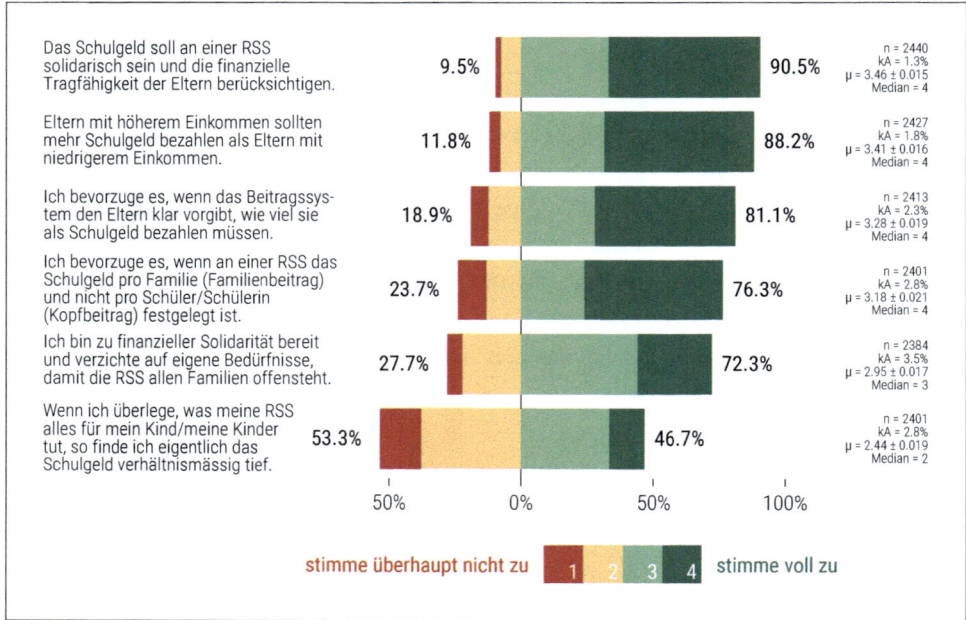

Aus der Graphik kann man ablesen, dass die Steinerschuleltern sehr solidarisch gesinnt sind. Es gibt eine hohe Präferenz für einkommensabhängige Beiträge, für Beiträge pro Familie und nicht pro Kind sowie für klare, allgemeinverbindliche Vorgaben, wie viel die Eltern, entsprechend ihrem Einkommen, bezahlen müssen. Die Selbstverantwortung der Eltern, den für sie richtigen Beitrag festzulegen, ist nicht erwünscht. Der unterste Balken zeigt quasi die Empfindung der Schuleltern, wie sich der Preis, hier der bezahlte Schulbeitrag, zur erhaltenen Leistung verhält. Diese Beurteilung fällt nicht hervorragend aus. Es bleibt allerdings offen, ob sich die Eltern dabei bewusst waren, was Schulen, wie weiter oben dargestellt, üblicherweise kosten. Gleichzeitig kann diese Einschätzung auch darauf hinweisen, dass es für viele Familien schwierig ist, die Beiträge aufzubringen.

> „Ich bin klar für einen solidarischen Schulbeitrag. Allerdings geht es auf Dauer nicht an, dass wenige ganz viel zahlen und viele fast nichts. Es muss überwacht werden, ob die bezahlten Beiträge statistisch ungefähr normalverteilt

sind. Aus Unausgewogenheit entstehen für die Schule finanzielle Probleme."
(Elternzitat)

Weil Abbildung 11 Auskunft gibt über globale Werte, liegt die Frage nahe: Bekennen sich denn die Eltern mit kleinen Familien oder solche mit hohen Einkünften auch zu einem solidarischen Beitragssystem? Dies kann eindeutig mit Ja beantwortet werden.

Dem Prinzip, dass Eltern mit höherem Einkommen mehr bezahlen sollen als solche mit tiefem Einkommen, stimmen auch die Schuleltern in der hohen Einkommensklasse mit monatlichen Einkünften von Fr. 14'000 bis Fr. 18'000 mit 79.6% (n=118) zu oder voll zu; bezüglich Familiengrösse liegt die Zustimmung zu einkommensabhängigen Beiträgen bei 91.8% (n=388) bei den Ein-Kind-Eltern und 89.8% (n=98) bei den Eltern mit fünf und mehr Kindern. Die meisten Eltern haben zwei Kinder; auch diese Gruppe will mit 87.5% (n=1'031) ein Beitragssystem, wonach die Eltern mit höherem Einkommen mehr bezahlen.

Das Prinzip, dass die Schulbeiträge pro Familie erhoben werden, wird grossmehrheitlich von den Eltern aller Einkommensklassen und von den Eltern mit wenigen und vielen Kindern gleichermassen befürwortet. Familienbeiträge bedeuten, dass die Zahl der RSS-Schulkinder einer Familie den Beitragssatz nicht beeinflusst. Die Zustimmung zum Familienbeitragssystem nimmt allerdings von der tiefsten Einkommensklasse (monatliches Einkommen bis Fr. 3'500) von 82.3% (n=158) bis zur höchsten Einkommensklasse (monatliches Einkommen über Fr. 18'000) auf 64.1% (n=67) kontinuierlich ab. Die Zustimmung verändert sich auch mit der Familiengrösse. So befürworten 90.7% (n=97) der Eltern mit fünf und mehr Kindern Familienbeiträge, wogegen dem Familienbeitragssystem nur noch 59.3% (n=381) der Eltern mit einem Kind zustimmen.

> *„Als finanziell gut situierte Eltern finden wir es grundsätzlich gut, dass die Schulpreise Unterschiede im Salär berücksichtigen; auch stimmen wir überein, dass ‚Familienpreise' besser zur Rudolf Steiner Schule passen als ‚Kopfpreise'. Es müsste aber eine solide untere Grenze geben, nicht dass z.B. das dritte Kind aus einer Familie praktisch gratis ist." (Elternzitat)*

Aufgrund dieser Analysen könnte sich ein kombiniertes System als ideal erweisen. Dabei würden die Schulbeiträge nach Einkommen, progressiv gestaffelt, pro Familie berechnet und für jedes Schulkind zusätzlich eine kleine Prämie erhoben. Für die Eltern in den hohen Einkommensklassen und für die Ein-Kind-Eltern könnte das Beitragssystem Preisobergrenzen für die obligatorischen Beiträge vorsehen.

3.3.   Schüler und Schülerinnen

Gemäss Aebersold & Fahrni (2014/15) beschulen die schweizerischen Rudolf Steiner Schulen und die Schule in Schaan im Liechtensteinischen zusammen rund 7'000 Kinder und Jugendliche. Davon gehen 1'500 Kinder in die Kindergärten und Spielgruppen. 5'500 Schüler und Schülerinnen besuchen die Klassen 1 bis 13. Total bestehen 100 Vorschulklassen und 270 Schulklassen mit je durchschnittlich 19 Schüler und Schülerinnen. Sie werden von insgesamt 1'300 Lehrpersonen betreut.

Die Studie stellte Fragen zur Befindlichkeit der Schüler und Schülerinnen, zu Schulwechseln während der Schulkarriere und zum Leben nach der Steinerschule. Die Ergebnisse werden nachfolgend vorgestellt.

3.3.1.   Wohlfühlen in der Steinerschule

Der Volksmund sagt, es sei eine gute Voraussetzung für erfolgreiches Lernen, wenn ein Kind morgens frohgemut in die Schule aufbricht und glücklich wieder heimkehrt. Inwieweit Steinerschuleltern dies bei ihren Kindern als Realität erleben, veranschaulicht Abbildung 12.

Wie Schüler und Schülerinnen ihre Schulzufriedenheit selbst beurteilen, zeigt ein kurzer Exkurs nach Deutschland. Liebenwein et al. (2012) haben dort Waldorfschüler der 9. bis 13. Klasse befragt und mit Schülern der Regelschule verglichen: Danach stimmen 79.4% der Waldorfschüler zu, dass ihnen in der Schule zu lernen Freude macht, wogegen dies nur für 67.2% der Regelschüler gilt; dass ihre Lehrer den Unterricht spannend gestalten finden 50.4% Waldorfschüler und 23.3% Regelschüler; 64.8% Waldorfschüler und 30.5% Regelschüler finden, dass ihre Lehrer sich für den Lernfortschritt des einzelnen Schülers interessieren; 73.0% Waldorfschüler und 55.5% Regelschüler meinen ihre Lehrer tun viel, um den Schülern zu helfen. Die Resultate der schweizerischen Elternstudie bestätigen u.a. solche Kriterien ebenfalls in positiver Weise (siehe Kapitel 3.7.).

Abbildung 12: Zufriedenheit der Schulkinder

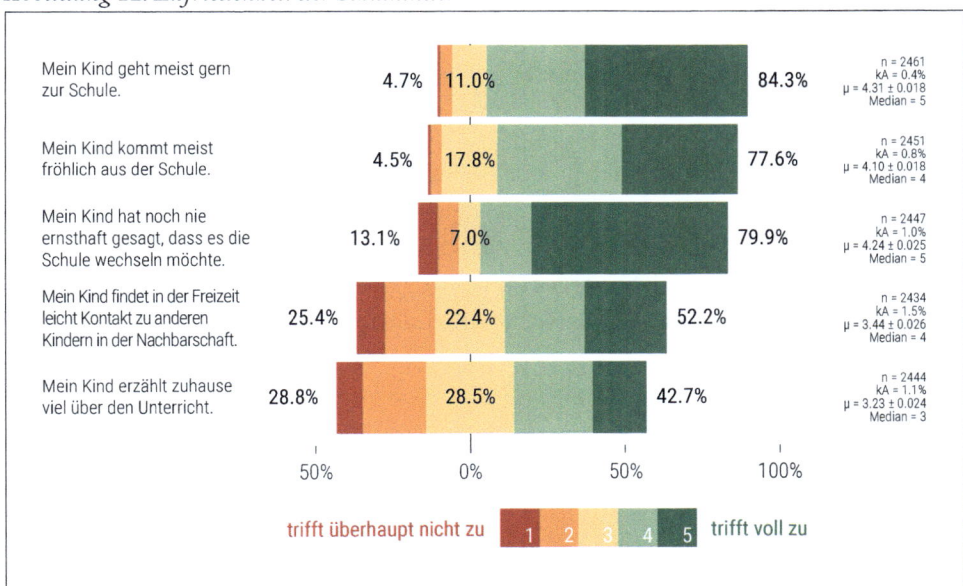

Eine latente Furcht von Eltern ist manchmal, dass ihr Kind weniger leicht Anschluss an Gleichaltrige im Wohnquartier finden würde, wenn es nicht in die örtliche Schule ginge. Diese Befürchtung bewahrheitet sich meistens nicht.

Auch auf dem Land ist die Gesellschaftsstruktur heute heterogener als früher, und der Nichtbesuch der örtlichen Schule macht Kinder kaum mehr zu Aussenseitern. Wenn sie wollen und wenn die Eltern gute nachbarschaftliche Beziehungen pflegen, finden Kinder überall passende Spielkameraden. Oft wird aber der Anschluss von den Schülerinnen und Schülern der Steinerschule gar nicht gesucht, weil sie ihre Peergroups häufiger auch ausserhalb des Wohnquartiers haben.

3.3.2. Schulwechsel

36.4% (n=2'449) der Steinerschuleltern haben Kinder, die von der Staatsschule an eine Rudolf Steiner Schule wechselten. In umgekehrter Richtung sind es 5.5%. Von Steiner- zu Steinerschule wechselten Kinder von 2.8% der Eltern, an eine andere Privatschule Kinder von lediglich 1.1% der Eltern.

3.3.2.1. Von der Staatsschule an die Steinerschule

Kinder, die von der Staatsschule an eine Steinerschule wechselten, gehören meistens zu Eltern, die selbst nicht zur Steinerschule gingen. So wechselten Kinder von 41.5% (n=2'000) der Eltern, die selbst nicht in die RSS gingen, aber von nur 14.2% (n=443) der Eltern, die selbst in die RSS gingen. Erfahrungsgemäss entscheiden sich diejenigen Schuleltern, die selbst an die RSS gingen, dafür, alle ihre Kinder von Anfang an in die Steinerschule einzuschulen.

Von den Eltern mit Kindern, die von der Staatsschule in die Steinerschule wechselten, brachten 67.9% ihre Kinder in die Unter- und Mittelstufe der Steinerschule (1. bis 6. Klasse), 19.9% in die Oberstufe (7. bis 9. Klasse) und 6.2% in die Mittelschule (10. bis 13. Klasse), 6% schickten ihre Kinder neu in einen Steinerschul-Kindergarten. Die Eltern wählen also meist schon in den Anfängen der Staatsschulkarriere ihrer Kinder die Steinerschule als Alternative.

> *„Unsere Kinder gingen früher in die Steinerschul-Spielgruppe und in den ‚Steinsgi'-Kindergarten. Weil wir den Wohnort wechseln mussten, besuchten sie nachher die Staatsschule. So haben wir beides kennen gelernt. Bald wurde klar, dass wir trotz des längeren Schulweges zur Steinerschule zurückwechseln." (Elternzitat)*

Die von den Eltern genannten Gründe für einen Wechsel ihrer Kinder von der Staatsschule zur Steinerschule zeigt Abbildung 13.

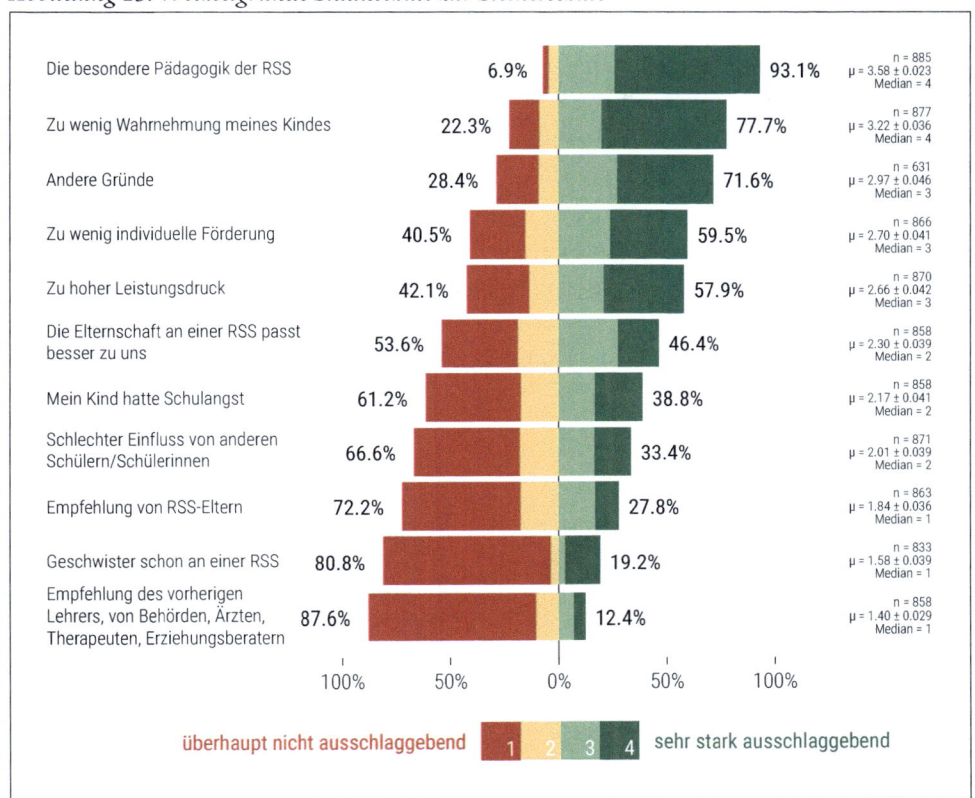

„An der Steinerschule wird nicht nur die Schülerleistung beurteilt, sondern der ganze Mensch gefördert. Es ist eine Schule des Herzens, wogegen die Staatsschule doch eher eine Kopfschule ist." (Elternzitat)

In praktisch allen Fällen war die ganzheitliche, individuelle Pädagogik, die an der Rudolf Steiner Schule gepflegt wird, für die Eltern ausschlaggebend für einen Schulwechsel zur Steinerschule. Einen positiven, allerdings untergeordneten Einfluss hatten auch die Empfehlungen von Fachleuten und von RSS-Eltern. Auch Lehmann (2014) fand in ihrer Studie Themen wie Wahrnehmung, individuelle Förderung und Lernatmosphäre als allgemeine Gründe für einen Schulwechsel.

„Unser Kind wechselte an eine Rudolf Steiner Schule. Seitdem leidet es nicht mehr unter Schlafstörungen und Nervosität. Schade, dass ich nicht selbst in eine solche Schule gehen konnte." (Elternzitat)

Wie Abbildung 14 zeigt, erfüllten sich die Wechselerwartungen der Eltern in den allermeisten Fällen in sehr hohem Mass.

„Unsere Kinder sind seither glücklicher und blühen auf; jedes entwickelt sich auf seine eigene Weise vorteilhaft." (Elternzitat)

Abbildung 14: Zufriedenheit mit dem Schulwechsel an die Steinerschule

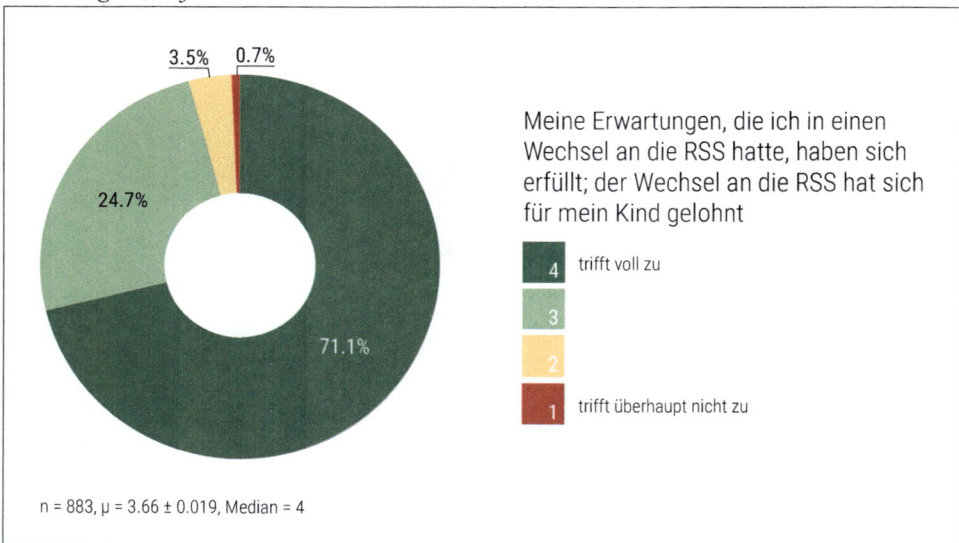

3.3.2.2. Von der Steinerschule an die Staatsschule

Nur 5.5% der gegenwärtigen und antwortenden RSS-Schuleltern haben auch Kinder, die von der Steinerschule zu staatlichen Schulen wechselten. Weil mit dieser Studie jene Eltern, welche die RSS wegen des Schulwechsels an die Staatsschule verlassen haben, nicht befragt werden konnten, gibt diese Zahl ein unvollständiges Bild. Die praktische Beobachtung an den Schulen deutet aber klar darauf hin, dass die Bewegung zur Staatsschule entschieden kleiner ist als die umgekehrte Bewegung hin zur Steinerschule. Als Anhaltspunkte für die Entscheidung der Eltern, an eine Staatsschule zu wechseln, wurden u.a. beobachtet: Organisatorische Krise an einer Schule, schwächeres pädagogisches Qualitätsmanagement und ungelöste Konflikte in der individuellen Lehrer-Eltern- oder Lehrer-Kind-Beziehung. Solche Situationen führen zu gegenseitigem Vertrauensverlust und enden vielfach mit einer Trennung von der Schule. Eine Trennungssituation ergibt sich oft auch dann, wenn eine Familie den Wohnort wechselt und es keine Steinerschule in gut erreichbarer Nähe gibt. Vielfach sind überdies spezielle heilpädagogische Bedürfnisse einzelner Schüler und Schülerinnen für das Verlassen der Steinerschule massgebend. Diese Begründungen basieren, wie oben erwähnt, nur auf anekdotischer Evidenz.

Schulwechsel können für ein Kind einerseits sozial problematisch sein, z.B. mit Blick auf die Integration in den neuen Klassenverband, andererseits kann es Differenzen bezüglich Wissensstand und Können geben, z.B. kann das Kind im Stoff weiter oder weniger weit sein als die neue Klasse. 62.2% der Eltern (M=2.82/4 ±0.10, n=125) bestätigen, dass der Wechsel von der RSS an die Staatsschule für ihr Kind schulisch und wissensmässig problemlos war. Für 81.7% der Eltern (M=3.33/4 ±0.08, n=126) trifft zu, dass der Wechsel für ihr Kind sozial problemlos war.

> „Ich habe die Steinerschule nach der 10. Klasse verlassen, niemand und nichts hätte mich zurückgehalten. In der Mittelschule atmete ich auf. Ich war ein unbeschriebenes Blatt. Ich konnte mich ganz neu zeigen. Hier erlebte ich auch, welch ein Glück ich hatte, dass ich in die Rudolf Steiner Schule gehen durfte. Gerade zu Beginn der Mittelschule bemerkte ich einen grossen Unterschied zwischen mir und meinen Kolleginnen, ich äusserte mich viel freier und unbefangener gegenüber den Lehrern, widersprach und diskutierte." (Elternzitat)

Der Lehrplan einer Steinerschule ist auf die Entwicklungsprozesse des Kindes ausgerichtet (Röh & Thomas, 2015). Verglichen mit dem Lehrplan der Staatsschule ist deshalb die Parallelität nicht zu jedem Zeitpunkt gegeben. In den unteren Klassen betonen die Steinerschulen stärker das unbeschwerte, spielerische Lernen und sprechen weniger den Intellekt an. Die Steinerschulen haben untereinander vereinbart, in der zweiten, sechsten und neunten Klasse mit den Schülern und Schülerinnen Standortbestimmungen durchzuführen, um Entwicklung und Lernvoraussetzungen zu erfassen, dabei wird auch auf die Arbeitshaltung sowie die Selbst- und Sozialkompetenz geschaut (ARGE a).

Die Suche nach weiteren, robusten Informationen zum Schulwechsel von Schülern und Schülerinnen von der Waldorfschule in ein anderes Schulsystem führten zu einer qualitativen Studie von Lawton (2016) aus den USA. Er erforschte die Transitionserfahrungen und Anpassungsprozesse von über 18-jährigen Absolventen und Absolventinnen von Waldorf-Grundschulen in non Waldorf High Schools. Die Probanden berichteten, dass sie sich von den künstlerischen und experimentellen Lehrmethoden an der Waldorfschule auf mehr visualisierende, neue Formen des Lehrens und Lernens umstellen mussten. Die Umstellung habe sich aber weniger auf akademische Inhalte bezogen. Die Wechselschüler und -schülerinnen erfuhren an sich, dass die geringere Leidenschaft der Lehrpersonen für den Stoff und die abstrakteren Lehrmethoden ihre intrinsische Verbindung mit dem Stoff verringerten, sie aber ihre Motivation, gute Leistungen zu erbringen, trotzdem beibehielten. Als grösste Herausforderung schilderten sie den Anschluss an bestehende soziale Gruppen oder Cliquen von Mitstudenten und -studentinnen. Die Qualität der Klassengemeinschaft und die persönliche Beziehung zu den Lehrpersonen wurden im Vergleich zur früheren Waldorfschule allgemein als weniger ausgeprägt erlebt.

3.3.3. Bildungskarriere von Absolventen und Absolventinnen von Rudolf Steiner Schulen

Von den antwortenden Schuleltern haben 17.4% (n=2'471) auch noch jugendliche Kinder, welche die Steinerschule nach der obligatorischen Schulpflicht verlassen haben. Abbildung 15 zeigt, wie diese Jugendlichen ihre Ausbildung fortsetzten. Die obligatorische Schulzeit in der Schweiz umfasst die ersten neun Schuljahre. Diese werden von allen Steinerschulen abgedeckt oder geplant. Viele RSS gehen darüber hinaus, und ein Grossteil der 19.7% Schülerinnen und Schüler, die weiterbildende Schulen besuchen, gehen in die höheren Klassen einer Steinerschule.

Abbildung 15: Weiterbildungen von Steinerschülern

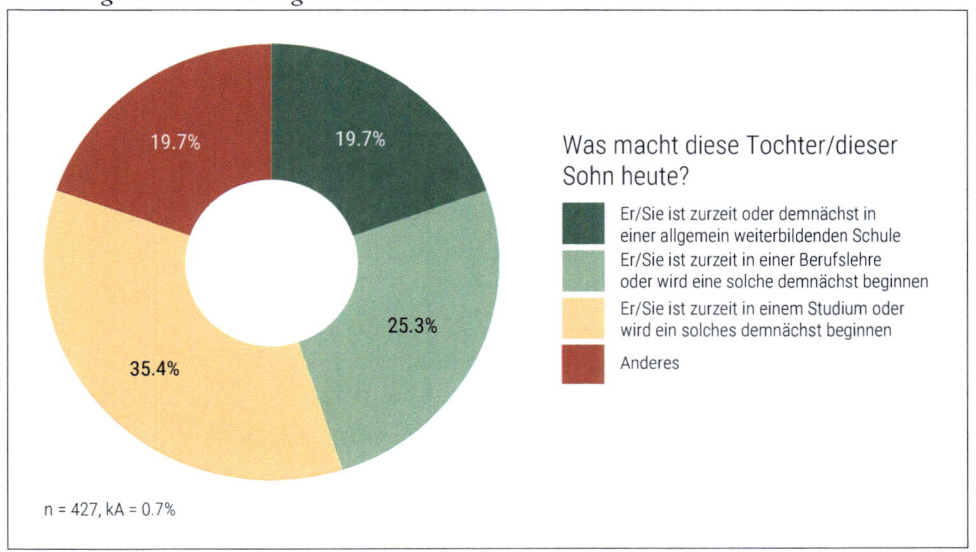

Was macht diese Tochter/dieser Sohn heute?

- Er/Sie ist zurzeit oder demnächst in einer allgemein weiterbildenden Schule
- Er/Sie ist zurzeit in einer Berufslehre oder wird eine solche demnächst beginnen
- Er/Sie ist zurzeit in einem Studium oder wird ein solches demnächst beginnen
- Anderes

n = 427, kA = 0.7%

Denjenigen Jugendlichen, die nach der obligatorischen Schulzeit in der Steinerschule weiter zur Schule gehen wollen, stehen die Mittelschulstufen (10. bis 12. oder 13. Klasse) von Rudolf Steiner Schulen offen. Diese bereiten die Schüler und Schülerinnen auf anerkannte Abschlüsse der steinerschuleigenen Integrativen Mittelschulen (IMS) (Schulkreis, 2017), auf steinerschulinterne Maturitätsprüfungen, externe eidgenössische Maturitätsprüfungen oder das International Baccalaureate (IB) vor. Die Abschlüsse der Rudolf Steiner Schulen erlauben den Jugendlichen Berufslehren sowie Ausbildungs-, Weiterbildungs- und Studienmöglichkeiten auf der Tertiärstufe (ARGE b). Die Webseiten der einzelnen Rudolf Steiner Schulen informieren darüber, welche Schulstufen und Abschlüsse jeweils angeboten werden (siehe Verzeichnis der Homepages).

In der Schweiz absolvieren gemäss Schöchli (2015) rund zwei Drittel aller Jugendlichen eine Berufslehre, ca. 20% eine gymnasiale Matura und etwa 13% eine Berufsmatur. Demnach ist die Quote der Berufslehre an der Steinerschule tiefer als im schweizerischen Durchschnitt. Die Maturaquote von Schülerinnen und Schülern von Steinerschulen scheint vergleichsweise höher, weil die 35.4% Studierenden in der Regel auch ein Maturadiplom besitzen. Von den 19.7%, die sich nach der obligatorischen Schulpflicht an der Steinerschule weiterbilden, gehen viele an die Mittelschulen der Rudolf Steiner Schulen und beginnen später eine Lehre, ein Fachstudium oder absolvieren die Maturitätsprüfung.

Die Schuleltern (n=66) mit schon im Berufsleben stehenden Söhnen und Töchtern mit Steinerschulabschluss gaben als deren gegenwärtig höchste Ausbildung an: 33% Lehrabschluss, 12% Meisterprüfung oder beruflicher Fachabschluss, 23% Hochschulabschluss, 15% Maturität ohne höheren Abschluss, Rest Sonstiges.

Von allen in der Studie erfassten Absolventen und Absolventinnen von Steinerschulen, d.h. heutige Schuleltern plus deren im Berufsleben stehende Söhne und Töchter (n=573), gaben als ihre höchste Ausbildung an: 19% Berufslehre, 18% berufliche Meisterausbildung, 8% Maturität ohne höhere Weiterbildung, 45% Hochschule, Rest Sonstiges.

3.3.4. Beitrag der Steinerschule zur Meisterung des Lebens

Diejenigen Schuleltern, die schon Kinder mit abgeschlossener Steinerschule haben, finden, dass die Schule ihren erwachsenen Kindern geholfen habe, stark im Leben stehen zu können. Abbildung 16 zeichnet den Einfluss der Steinerschule auf drei persönliche Wirkbereiche ehemaliger Steinerschüler und -schülerinnen nach.

Randoll und Barz (2007) formulieren in den Schlussbetrachtungen zu ihrer Studie über Ehemalige an Steinerschulen in der Schweiz: „Die Rudolf Steiner Schulen entlassen ihre Schüler mit einem unerhörten Repertoire an Erfahrungen, Fertigkeiten und Erkenntnissen, mit mannigfaltigen sozialen Fähigkeiten, zudem neugierig und seelisch-geistig bereichert." Nicht Lernerfolg und Feilschen um gute Noten stünden im Vordergrund, sondern die menschliche Begegnung. Nach Beendigung der Schule müssten sich aber die Schülerinnen und Schüler ausserhalb des „Schonraums Schule" in einer durch Wettbewerb, Konkurrenz und Leistungsdruck geprägten Welt bewähren. Anhaltspunkte, dass dies den Absolventinnen und Absolventen von Steinerschulen durchaus auch gelingt, geben hier die Kapitel 3.3.3. und 3.3.4. Und wie ihre Söhne und Töchter in der Welt zurechtkommen, beantworten die Schuleltern in Abbildung 16.

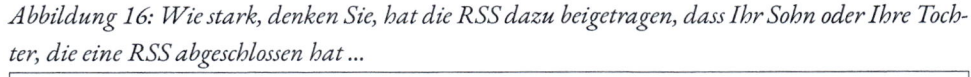

Abbildung 16: Wie stark, denken Sie, hat die RSS dazu beigetragen, dass Ihr Sohn oder Ihre Tochter, die eine RSS abgeschlossen hat ...

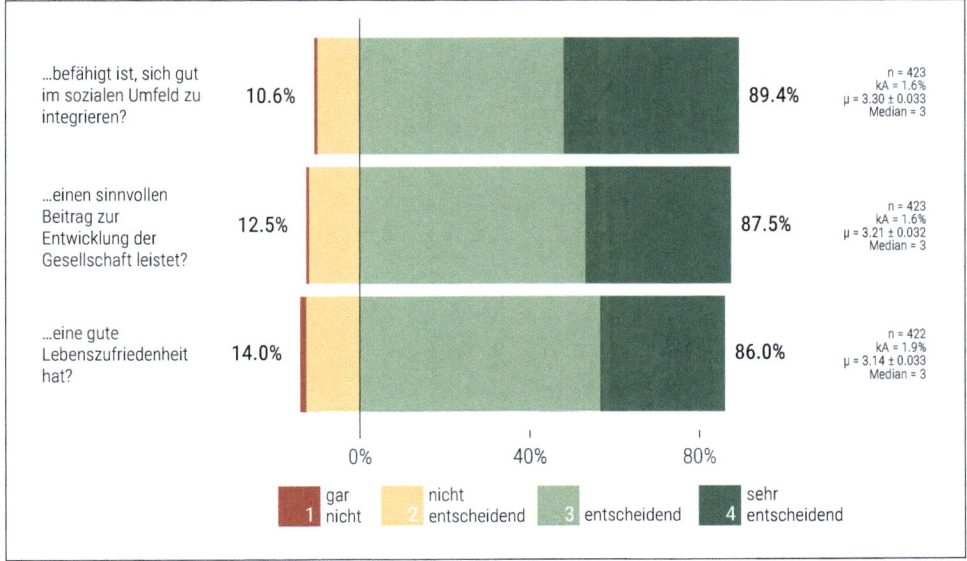

Dass Waldorfschulen auch eine stattliche Anzahl weltweiter Berühmtheiten wie z.B. Meret Oppenheim, surrealistische Künstlerin, Stan Wawrinka, mehrfacher Tennis-Grand-Slam-Sieger, Jennifer Aniston, Schauspielerin, Wolfgang Porsche, Manager und Aufsichtsrat Volkswagen Gruppe, Jens Stoltenberg, NATO-Generalsekretär, oder Thomas C. Sudhof, Nobelpreisträger, hervorgebracht haben und berühmte Eltern ihre Kinder auf die Waldorfschule schickten, ist eindrücklich dokumentiert (The Waldorfs).

3.4. Profil und Reputation

3.4.1. Profil der Steinerschule

Mithilfe einer Anzahl gegenteiliger Begriffspaare versuchte die Studie, in Erfahrung zu bringen, wie die Schuleltern die vorgegebenen, allgemeinen Charakteristika bezüglich der Rudolf Steiner Schule einordnen. Das in Abbildung 17 gezeigte Profil stellt dar, wie die Schuleltern die Steinerschule empfinden. Die meisten Eltern erleben die Steinerschule als sehr oder ziemlich offen. Sie wird von der Mehrheit der Eltern auch als fortschrittlich, beweglich und volksnah charakterisiert. Ein Fünftel der Antwortenden meint, die Schule sei altmodisch, und ein gutes Drittel der Schuleltern empfindet die Schule sogar als dogmatisch und nicht innovativ. Gerade bei diesen eher negativ assoziierten Charakteristika gibt es viele Eltern, welche die Schule als „weder noch" einordnen. Über alles gesehen, zeichnen die Eltern ein positives, aber eher konservatives Profil der Rudolf Steiner Schule.

Abbildung 17: Profil der Steinerschule

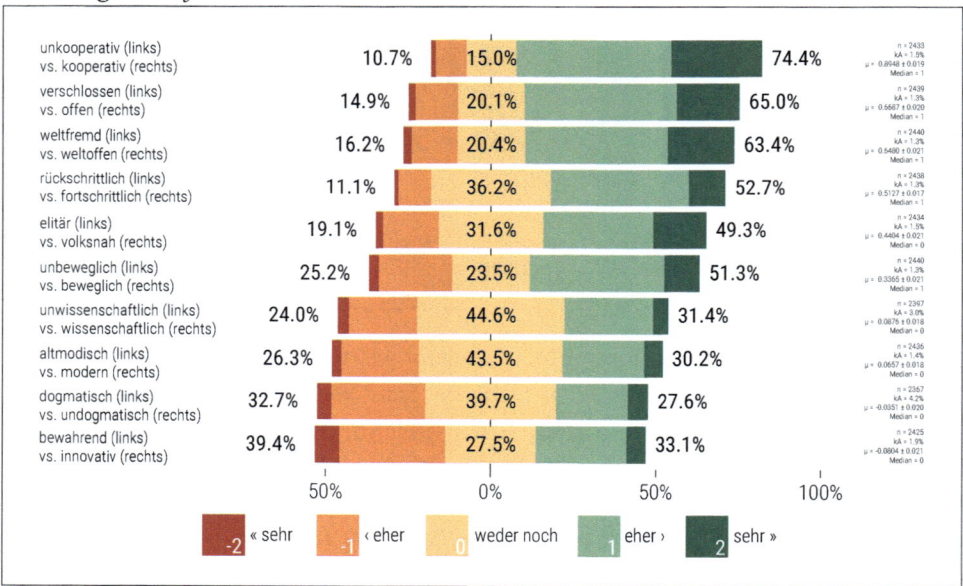

Legende zu Abbildung 17: Rechts der Nulllinie steht der prozentuale Anteil der Schuleltern, die dem positiv konnotierten Teil des jeweiligen Wortpaares (z.B. kooperativ) zustimmen (grün eingefärbte Fläche), links der Nulllinie ist der prozentuale Anteil der Schuleltern abgetragen, die der negativen Assoziation des Wortpaares (z.B. unkooperativ) zustimmen (rötlich eingefärbte Fläche). Das hell gelbliche Feld markiert den Anteil der unschlüssig Antwortenden.

Dieses Profilbild ist das Ergebnis der Empfindungen aller Schuleltern aller Schulen. Die Analyse wird aussagekräftiger, wenn man jene Elterngruppen, die über lange Steinerschulerfahrung verfügen, und jene Schuleltern, die auch an der Steinerschule unterrichten, separat anschaut. Abbildung 18 rapportiert, welche Elterngruppen sich in der Profileinschätzung signifikant von den übrigen Schuleltern unterscheiden. Die Prozentzahlen beziehen sich auf die Beurteilung „eher" plus „sehr". Wie in Kapitel Datenanalyse (2.4.) erklärt, bezeichnet „Veteranen" Schuleltern, die mindestens ein Kind seit über sechs Jahren an der RSS haben; „Ehemalige" sind jene Schuleltern, die früher selbst Schüler oder Schülerinnen an der Steinerschule waren.

Abbildung 18: Profil der Steinerschule bei verschiedenen Elterngruppen

Ich empfinde die RSS allgemein als eher oder sehr ...	Veteranen / Novizen	Andere Berufe / RSS-Lehrkräfte	Männer / Frauen	Ehemalige / Nicht-Ehemalige	Alle Schuleltern
kooperativ	71% / 76%			69% / 77%	74%
offen	63% / 66%				65%
fortschrittlich		52% / 64%		57% / 52%	53%
beweglich	48% / 53%				51%
volksnah	45% / 52%		47% / 51%	42% / 51%	49%
unwissenschaftlich			27% / 22%	26% / 23%	24%
altmodisch	35% / 27%	27% / 19%			26%
dogmatisch		33% / 25%	35% / 31%	29% / 34%	33%
bewahrend	36% / 41%	40% / 30%			39%

Legende zu Abbildung 18: Fette Zahlen markieren die positiv konnotiert zustimmende Gruppe. Lesebeispiel: Von den Veteranen finden 71% die RSS eher oder sehr kooperativ, von den Novizen 76%. Die Werte der jeweiligen Gruppenpaare sind signifikant unterschiedlich.

Es fällt auf, dass diejenigen Eltern, die weniger Erfahrung mit der Steinerschule haben (Novizen und Nicht-Ehemalige), ihr oft ein positiveres Profil geben. Allerdings empfindet die Gruppe der Novizen die RSS, aus der Perspektive eher kurzer Steinerschulerfahrung, als deutlich bewahrender, als dies bei den Veteranen der Fall ist (41% vs. 36%). Demgegenüber empfindet die Gruppe der ehemaligen RSS-Schüler und -Schülerinnen die RSS als fortschrittlicher (57% vs. 52%) und weniger dogmatisch (29% vs. 34%), als es die Gruppe der Nicht-Ehemaligen tut. Tendenziell lassen die Ergebnisse vermuten, dass das Urteil über die Schule mit der Dauer der RSS-Elternschaft und durch eigene Schulerlebnisse eher etwas ablehnender respektive kritischer, aber auch informierter wird.

> *„Die Schule könnte sich da und dort etwas zeitgemässer entwickeln. Rudolf Steiner selber wäre wohl nicht stehengeblieben." (Elternzitat)*

Gemäss den pädagogisch Verantwortlichen der Steinerschule, den RSS-Lehrern und -Lehrerinnen, ist das Profil der RSS merklich innovativer, als das im Empfinden der Schuleltern aus anderen Berufsgruppen der Fall ist. Die bei allen Kriterien hohen und zustimmenden Prozentzahlen aus der RSS-Lehrerschaft lassen vermuten, dass die eher negativ prägenden Aspekte der RSS auch ihren Lehrpersonen gut bekannt sind.

> *„Die Steinerschule hat eher wenig ‚Erneuerungskraft', das ist meist positiv. Es ist nämlich wichtig, dass die guten Grundsätze der Steinerschule bewahrt werden." (Elternzitat)*

Die Frauen haben allgemein ein positiveres Bild der Steinerschule als die Männer. Da die Mütter einen Grossteil der Erziehungsverantwortung tragen, stehen sie dem Schulbetrieb meist sehr nahe und haben häufiger Kontakt zu den Lehrpersonen als die Väter. Die Frauen wissen somit vermutlich auch besser über das Schulgeschehen Bescheid als die Männer. Ihre Beurteilungen und Empfindungen sind deshalb manchmal vielleicht differenzierter und informierter als jene der Männer.

3.4.2. Reputation der Steinerschule

Weil sich die Studie nur an Schuleltern richtete, konnte der öffentliche Ruf der Steinerschule nur indirekt, über die Schuleltern, abgefragt werden. Dazu wurden die Eltern gebeten, auf einer Skala von 1 (trifft überhaupt nicht zu) bis 5 (trifft voll zu) einerseits folgende Aussage zu bewerten: „Die RSS hat allgemein einen guten Ruf in der Öffentlichkeit"; andererseits die Aussage: „Meine Umgebung (z.B. Bekannte, Verwandte, Nachbarn) reagiert positiv auf die Tatsache, dass mein Kind in der RSS ist." Abbildung 19 stellt den vermuteten Ruf der einzelnen Schulen im Streudiagramm als Durchschnittswerte dar. Der Ruf der RSS in der Öffentlichkeit und der Ruf der RSS bei Bekannten der Eltern hängen stark miteinander zusammen und beeinflussen sich gegenseitig, d.h., eine Veränderung des Wertes einer Schule auf einer Achse verändert wahrscheinlich den Wert auf der anderen Achse gleichgerichtet. Statistisch gesehen, besteht hier eine Beziehung. Ein kausaler Zusammenhang ist damit noch nicht nachgewiesen.

Der Abstand zwischen den Schulen kann als qualitatives Indiz für eine Variation der Werte interpretiert werden. Die Schulen mit unterdurchschnittlichen Werten und signifikanten Abweichungen zum globalen Mittelwert könnten daran interessiert sein, zu versuchen, ihre Reputation zu erhöhen. Sie befinden sich in der Abbildung 19 unten links im Südwest-Quadranten der Graphik.

Abbildung 19: Reputation der Steinerschulen bei externen Bezugsgruppen

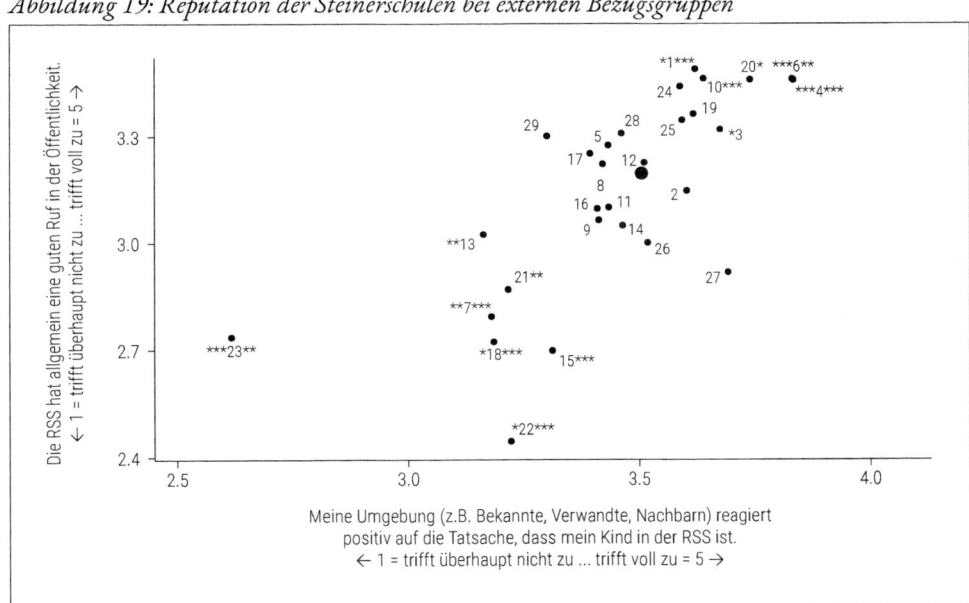

Legende zu Abbildung 19: Der Between-Korrelationskoeffizient rb= 0.852. Der grosse Punkt markiert den globalen Mittelwert der Werte aller Schuleltern. Die kleinen, schwarzen Punkte geben die Positionen der einzelnen Schulen und ihre Mittelwerte an. Die zugehörige Zahl steht für die (hier anonymisierte) Schule. Die Sternchen links der Zahlen geben das Signifikanzniveau des

Unterschiedes des jeweiligen Mittelwertes auf der Achse „Ruf in der Öffentlichkeit" (Ordinate) verglichen mit dem globalen Mittelwert (grosser Punkt) an. Die Sternchen rechts der Zahlen geben analog das Signifikanzniveau für die Werte auf der Achse „Ruf in meiner Umgebung" (Abszisse) an. Bei Punkten mit Zahlen ohne Sternchen ist der Unterschied zum globalen Mittelwert zufällig und somit nicht signifikant.

Die Schuleltern meinen also, dass die Steinerschulen in der Öffentlichkeit einen recht guten Ruf haben (M=3.19/5, n=2'438, Median=3.0) und einen noch etwas besseren Ruf in ihrer näheren Umgebung geniessen (M=3.51/5, n=2'438, Median=4.0). Die RSS-Ehemaligen beurteilen den Ruf, den die Steinerschule bei ihren Bekannten hat, als klar besser, als das die übrigen Schuleltern tun (M Ehemalige=3.79/5 ±0.04, n=439 vs. M übrige=3.44/5 ±0.02, n=1'992; p<0.0001***). Mit ein Grund dafür könnte sein, dass die RSS-Ehemaligen ihren Bekannten die Steinerschule besser erklären können als die übrigen Eltern. Vielleicht sind die Bekannten auch einfach angetan von der Lebensführung der Ehemaligen und schreiben dies ihrer Schulbildung zu.

> *„Manchmal wird man gefragt, ob denn das eigene Kind wegen Lernschwierigkeiten an der Steinerschule sei. Dieses falsche Image einer leichten Schule ist abzulegen. In Wahrheit ist die RSS eine leistungsstarke Schule, die auf gesundheitsfördernde Weise Persönlichkeit, Kreativität, Wissen und Können schult. Die Steinerschulen dürfen es sich leisten, in der Öffentlichkeit bewusst und aktiver aufzutreten." (Elternzitat)*

Die Elternschaften der einzelnen Schulen schätzen den Ruf ihrer Schulen sehr unterschiedlich ein. Die Einschätzung ist bei den wenigen Schulen, die in den letzten Jahren Schulkrisen durchlebten oder zur Zeit der Umfrage in einer schwierigen Situation steckten, weniger optimistisch als bei den übrigen Schulen. Schulkrisen sind meist auch öffentliche Angelegenheiten, über die in den Medien negativ berichtet wird. Manchmal sind Unstimmigkeiten innerhalb der Kollegien, zwischen den Schulgremien oder mit der Elternschaft schädigend am Werk. So belasten Schulkrisen einerseits die Zuversicht der Eltern, ihr Vertrauen in die und die Identifikation mit der Schule. Andererseits sind Krisen positiver Anstoss für längst notwendig gewordene Veränderungen und stärken die Schule nachhaltig, sofern sich die betroffene Schule aufrafft, sich auch tatsächlich und wenn nötig radikal zu verändern.

3.5. Erwartete Schulangebote

In diesem Teil der Umfrage ging es darum, von den Eltern zu erfahren, wie wichtig für sie die verschiedenen Angebote einer Steinerschule sind. 18 Angebotselemente wie Schulstufen, Vorschule, Abschlüsse, Elternbildung und Betreuung wurden nach deren Wichtigkeit aus Elternsicht eingestuft. Nicht abgefragt wurde, ob die Eltern auch bereit wären, gewünschte Angebote, welche ihre RSS noch nicht hat, zu finanzieren.

3.5.1. Klassen eins bis neun und Mittelschule

Für beinahe alle Schuleltern ist es sehr wichtig oder wichtig, dass eine Rudolf Steiner Schule die folgenden Klassen führt:
Unterstufe und Mittelstufe, Klassen 1 bis 6 (99.8%, n=2'434); Oberstufe, Klassen 7 bis 9 (99.3%, n=2'430); d.h., dass die ganze obligatorische Schulzeit am gleichen Ort von der Steinerschule abgedeckt wird. 92.9% (n=2'407) der Schuleltern wünschen, dass die Steinerschule auch Mittelschulstufen mit den Klassen 10 bis 13 anbietet.

3.5.2. Kindergarten und Spielgruppen

RSS-Kindergärten sind für 94.5% (n=2'420) der Schuleltern wichtig oder sehr wichtig. Spielgruppen an Steinerschulen sind für 35.9% (n=2'326) der Schuleltern hingegen völlig unwichtig oder unwichtig. Das mag daran liegen, dass viele dieser Schuleltern keine Kinder mehr im Spielgruppenalter haben. Die Vorschulangebote der Rudolf Steiner Schulen sind trotzdem sehr gefragt, denn 22% aller Kinder an schweizerischen und liechtensteinischen Steinerschulen besuchen deren Vorschulbereich; nämlich 680 die RSS-Spielgruppen und 850 die RSS-Kindergärten (Aebersold & Fahrni, 2014/2015).

> *„Als Mutter mit Kindern im Kindergarten und als frühere Staatsschullehrperson sehe ich mit Freude, dass an der Rudolf Steiner Schule vieles, ganz ohne Aufheben, gelebt wird, worüber die Regelschule immer noch nur schönfärberisch spricht." (Elternzitat)*

Für viele Kinder beginnt die RSS-Schulkarriere schon in der Spielgruppe und führt bis zur 13. Klasse. Der Vorschulbereich ist für viele Eltern der erste Kontakt mit der Waldorfpädagogik. Sie erleben dort praktische Waldorfpädagogik und lernen die Gepflogenheiten einer Steinerschule kennen. So bestätigen denn auch 86.6% (n=261) der Eltern, die nur Kindergartenkinder haben, dass sie ihr Kind ganz sicher oder sicher in die 1. Klasse der Steinerschule einschulen werden. 13.4% der Nur-Kindergarten-Eltern sagen, sie werden ihr Kind nicht in die Steinerschule schicken. Für viele davon sind die Schulkosten oder der weite Schulweg ein Problem (siehe Kapitel 4.3.).

3.5.3. Schulabschlüsse, Begabtenförderung und Nachhilfe

Für jede Schule sind die Qualität ihrer Abschlüsse und die Anschlussmöglichkeiten an praktische Berufsausbildungen und weiterbildende Schulen ein Erfolgsmerkmal. Aus Abbildung 20 geht klar hervor, dass die Eltern von den Steinerschulen wünschen, dass die Schüler und Schülerinnen auch auf weitere schulische Ausbildungen vorbereitet und entsprechende Anschlüsse ermöglicht werden. Die Rudolf Steiner Schulen haben deshalb mit einigen höheren Fach- und Fachhochschulen Übertrittsregelungen vereinbart und veröffentlicht (ARGE b).

Der Übertritt in eine Berufslehre ist nach der 9. Klasse oder später möglich. Der integrative Mittelschul- (IMS), Maturitäts- oder Baccalauréat-Abschluss eröffnet weitere Berufs- und Studienmöglichkeiten (siehe steinerschule.ch/kompass).

Das Problem des Anschlusses an weitere Ausbildungen wurde schon bei der Gründung der Waldorfschulen im Jahre 1919 von Rudolf Steiner bedacht, so verlangte er von seiner Schule: „Wir müssen also unsere Waldorfschüler dahin bringen, dass sie beim Abgang die Lehrziele erreicht haben, die von ihnen gefordert werden, wenn sie dann draussen im Leben eine ihrem Alter entsprechende Bildungsanstalt betreten werden" (Steiner, 1981).

Wichtig ist den Eltern auch, dass ihre Kinder praktisch arbeiten lernen, Nachhilfe in den Kernfächern angeboten wird und dass auch höher Begabte individuell gefördert werden. Der letzte Punkt wird auch in vielen verbalen Kommentaren angemerkt.

Abbildung 20: Wichtigkeit von Schulabschlüssen und Förderung

Es ist sehr wichtig oder wichtig, dass die RSS anbietet ...	Veteranen / Novizen	Andere Berufe / RSS-Lehrkräfte	Männer / Frauen	Ehemalige / Nicht-Ehemalige	Alle Schuleltern
einen anerkannten Abschluss für den Übertritt in weiterbildende Schulen und in Berufslehren		97% / **94%**	97% / 98%	**95%** / 98%	98%
Projektarbeiten und Praktika zur Entwicklung und Erprobung der Fähigkeiten		97% / **100%**	96% / 97%		97%
Eine interne Maturität oder leichter Übertritt an ein Gymnasium		95% / **85%**	94% / 95%	**92%** / 95%	95%
Nachhilfeunterricht in den Kernfächern	**84%** / 82%		82% / 83%		83%
Förderunterricht für Hochbegabte	**58%** / 63%	61% / **53%**	56% / 64%	**57%** / 62%	61%

Legende zu Abbildung 20: Fette Zahlen markieren die Gruppen, denen aufgrund ihrer längeren Steinerschulerfahrung eine höhere Beurteilungskompetenz zugetraut wird. Lesebeispiel: Von den Veteranen finden 84%, Nachhilfeunterricht in den Kernfächern anzubieten, sei für die RSS sehr wichtig oder wichtig, von den Novizen finden das nur 82%. Die Werte der jeweiligen Gruppenpaare sind signifikant unterschiedlich.

Für die weiblichen Elternteile sind die in Abbildung 20 aufgeführten Angebote noch etwas wichtiger als für die männlichen Elternteile. Das mag wiederum darauf zurückzuführen sein, dass die Frauen im Allgemeinen das Schulleben intensiver miterleben als die Männer und deshalb die Bedürfnisse der Schüler und Schülerinnen vielleicht besser kennen.

„Alle Schüler und Schülerinnen sollten generell bis zur Matura oder bis zu einem gleichwertigen Abschluss an einer Steinerschule bleiben können." (Elternzitat)

Den RSS-Lehrpersonen scheint es etwas weniger wichtig zu sein, den Schülern und Schülerinnen mit der Staatsschule „kompatible" Abschlüsse anzubieten, als dies von den übrigen Eltern gewünscht wird. Aus Sicht der RSS-Lehrer und -Lehrerinnen ist Förderunterricht für Hochbegabte an der RSS eher nicht notwendig. Die ehemaligen RSS-Schüler und -Schülerinnen und die RSS-Veteranen, d.h. Schuleltern mit über 6-jähriger RSS-Erfahrung, sehen dies ähnlich.

Aufgrund der Wichtigkeitsbewertung gehören für alle Elterngruppen alle in der Abbildung 20 genannten Punkte (mit Ausnahme vielleicht der Hochbegabtenförderung) zum zwingenden Angebot einer Steinerschule. Insbesondere Praktika sind den RSS ein Anliegen, und sie sind deshalb seit jeher ein sorgsam gepflegter Teil des Curriculums jeder „richtigen" Steinerschule. Dazu wurde 2004 sogar ein eigener Waldorfschul-Typus entwickelt: die ROJ Mittelschulen Regio Jura Südfuss in Solothurn. Sie praktizierte duale Bildung in der Allgemeinbildung, indem eine Verbindung zwischen konventionellem schulischem Lernen und Lernen in der Praxis der Berufswelt angestrebt wurde. Dadurch wurde die Persönlichkeit gebildet, und die Schüler und Schülerinnen erlernten Handlungskompetenzen für ein selbständiges Leben. Dieses privat finanzierte Experiment wurde 2016 aufgrund mangelnder Nachfrage und fehlender Lehrpersonen abgebrochen. Eine wissenschaftliche Fallstudie von Stöckli (2011) zum Thema Lebenslernen zeichnete das waldorfpädagogische Projekt ROJ nach.

Die Forderung nach Nachhilfeunterricht wird gestützt durch die Tatsache, dass viele Schüler und Schülerinnen heute Nachhilfeunterricht nehmen, und zwar an der Staatsschule wie an Rudolf Steiner Schulen. Gemäss der PISA-Zusatzbefragung sind das in der Schweiz 34% der Acht- und Neuntklässler, wobei 12% der Acht- und Neuntklässler auch schon in früheren Klassen Nachhilfeunterricht genossen (Tages-Anzeiger, 2014). Diese hohe Zahl wird allerdings durch eine wissenschaftliche Studie zur Verbreitung und Wirkung von Nachhilfe von Grunder et al. (2013) bestritten. Danach erhalten in der Deutschschweiz nur 17% der Fünft- bis Neuntklässler Nachhilfe (Von Ah).

An den Rudolf Steiner Schulen scheint die Situation ähnlich zu sein. Gemäss der Elternstudie haben 15.7% (n=2'471) der Schuleltern Kinder, die zur Zeit der Umfrage Nachhilfeunterricht beanspruchten. 67.8% (n=388) von ihnen belegen Nachhilfe in Mathematik, 26.3% (n=388) im Fach Deutsch, 24% (n=388) im Fach Französisch, und 15.2% (n=388) lassen sich gar in Lerntechnik instruieren. Die Schuleltern mit Kindern, die seit über sechs Jahren an der Steinerschule sind (RSS-Veteranen), haben auffallend mehr Kinder in der Nachhilfe als andere Eltern (19.2% ±1.3, n=957 vs. 13.5% ±0.9, n=1'506; p=0.0001***). Das lässt darauf schliessen, dass für die Betroffenen Nachhilfe erst auf der Mittelstufe und höher nötig wird. Im qualitativen Vergleich zur Ehemaligen-Studie von Randoll & Barz (2007) hat sich der Anteil von Nachhilfebezügern an der RSS von 23% auf heute etwa 15% verringert. Ob auch häusliche Lernunterstützung durch Eltern und Verwandte geleistet wird und wie umfangreich diese potentielle Nachhilfe ist, wurde nicht ermittelt.

3.5.4. Elternbildung und Gemeinschaftsbelebung

Für 72.1% (n=2'452) der Schuleltern ist es wichtig oder sehr wichtig, dass die Steinerschule den Eltern Informationen über die pädagogischen Grundlagen, z.B. in Form von Vorträgen zu Erziehungsfragen, anbietet. Insbesondere die RSS-Veteranen (M=3.02/4, n=950) und die RSS-Lehrpersonen (M=3.39/4, n=99) finden dies noch signifikant wichtiger als die jeweils übrigen Schuleltern. Nur 52.6% (n=2'451) der Schuleltern ist es hingegen wichtig oder sehr wichtig, dass sie durch die Schule in die Philosophie von Rudolf Steiner eingeführt werden. Die RSS-Lehrpersonen finden dies allerdings wichtiger als die übrigen Schuleltern anderer Berufsgruppen (M Lehrpersonen=2.91/4 ±0.09, n=100 vs. M übrige=2.56/4 ±0.02, n=2'336; p=0.002***).

Für eine Steinerschule ist eine Schulgemeinschaft, in der Eltern, Lehrpersonen, Schüler und Schülerinnen sich verbunden fühlen, lebenswichtig. So erklären 86.1% (n=2'446) der Schuleltern, Veranstaltungen zur Integration der Schulgemeinschaft wie z.B. Bazare und Schulfeste seien sehr wichtig oder wichtig. Dazu zählt auch eine regelmässig erscheinende Schulzeitung. Sie ist für 70.8% (n=2'451) der Eltern wichtig oder sehr wichtig.

In einer durch die Schulgemeinschaft verwaltete Schule sollte es auch einen Elternrat geben. Er soll partnerschaftlich mit dem Kollegium und mit der Schulleitung sowohl auf die schulisch-organisatorischen wie auch auf die schulisch-pädagogischen Belange Einfluss nehmen können. Und er soll als Partner auf Augenhöhe von Schulleitung und Kollegium und nicht nur als freiwilliger Assistent zum Kuchenbacken und Kaffeekochen an Festen etc. wirken. 84% (n=2'451) der Schuleltern finden es sehr wichtig oder wichtig, dass ihre Rudolf Steiner Schule ein solches Elterngremium hat. Alle Elterngruppen, inklusive der RSS-Lehrpersonen, stimmen im Prinzip darin überein.

3.5.5. Betreuungsangebote

Dazu zählen: Mittagstisch, Hort und ein Ganztagesangebot. Ohne das gemeinsame Mittagessen kommt heute wohl keine Schule mehr aus. 84.1% (n=2'443) der Eltern finden es wichtig, dass sich ihre Kinder in der Schule am Mittag verpflegen können. 62.2% (n=2'421) der Eltern meinen auch, dass ein Hort zu einer Steinerschule gehört. Dort können die Kinder die Wartezeit, bis sie von der Schule abgeholt werden, sinnvoll verbringen, teilweise begleitet Hausaufgaben machen und spielen. Für viele Eltern wäre auch ein Ganztagesangebot wünschenswert (62.7%, n=2'438), so dass die Kinder während des ganzen Arbeitstages der Eltern von der Schule betreut würden. Alle Betreuungsangebote werden von den Frauen signifikant stärker verlangt als von den Männern.

3.6. Wichtigkeit pädagogischer Merkmale der Rudolf Steiner Schule

Es ist unmöglich, der Fülle der Waldorfpädagogik mit wenigen Worten gerecht zu werden. Die vielen Versuche, von Befürwortern und von Gegnern, Waldorfpädagogik darzustellen, blieben bruchstückhaft und konzentrierten sich auf einzelne ihrer Ausprägungen. Wember (2015) bemühte sich durch einen neuen Forschungsansatz, die Waldorfpädagogik umfassend zu beschreiben, indem er ihre Dimensionen untersuchte. In diesem Sinne ergaben sich aus dem Werk Rudolf Steiners fünf Reichweiten der Waldorfpädagogik: ihre konkreten Strukturen, ihre didaktischen Methoden, ihre fundamentalen Leitlinien und das darin liegende Veränderungspotential, ihre spirituelle

Dimension und die Implementierung der Waldorfpädagogik durch begeistertes Tun. Selbstverständlich konnte auch die Elternstudie nicht alle Bereiche der Waldorfpädagogik und der Schulen ausloten. Die Abbildungen 21 bis 23 analysieren Teilaspekte der Waldorfpädagogik und der Steinerschulen. Die 18 Fragen versuchten, die Wichtigkeit verschiedener pädagogischer Merkmale der Rudolf Steiner Schule aus Sicht der Eltern zu eruieren. So wurde deutlich, dass zentrale Aspekte der Waldorfpädagogik auch für die Schuleltern bedeutungsvoll sind. Es zeigt sich demnach eine grundsätzliche Übereinstimmung zwischen dem, was die Waldorfpädagogik will und als ihre Maximen versteht, und dem, was für die Schuleltern eine Steinerschule ausmachen sollte.

Abbildung 21: Wichtigkeit pädagogischer Merkmale I

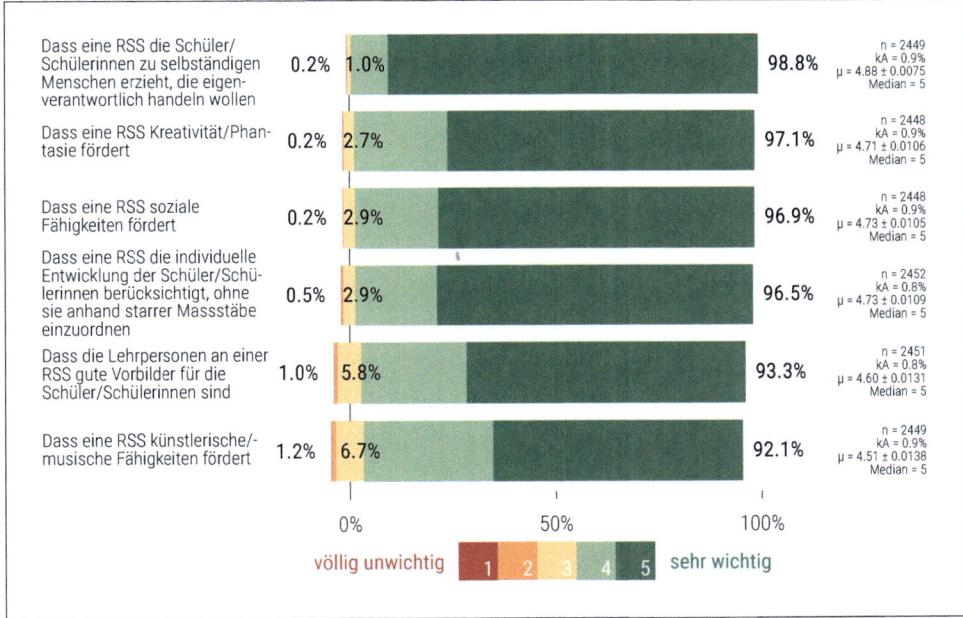

An erster Stelle und mit Zustimmungsraten von über 95% wollen die Eltern, dass die RSS ihre Kinder zu selbständigen, eigenverantwortlich handelnden Menschen erzieht und ihre sozialen Fähigkeiten entwickelt, dass sie individuell gefördert und nicht kategorisiert beurteilt werden. Fast gleichermassen wichtig ist es den Schuleltern, dass Kreativität, Phantasie und künstlerische Fähigkeiten angeregt werden. Weil die Waldorfpädagogik auch auf der Beziehung zwischen Lehrperson, Schüler und Schülerin fusst, ist das Lehrervorbild sehr wichtig. So ist für 92% der Eltern sehr wichtig oder wichtig, dass die Lehrer und Lehrerinnen gute Vorbilder für die Schüler und Schülerinnen sind.

Was auffällt, ist, dass die Förderung des Verstandes und des Intellekts in der Wichtigkeitsrangfolge der antwortenden Eltern erst an 11. Stelle erscheint (siehe Abbildung 22). Die Förderung kognitiver Fähigkeiten wird vermutlich von jeder Schule als Selbstverständlichkeit erwartet. Trotzdem betonen weit mehr RSS-Schuleltern, dass ihnen die Erziehung zu selbständigen Menschen sehr viel wichtiger ist als die Förderung des Intellekts (89.8% sehr wichtig vs. 43.2% sehr wichtig). Auch das Fördern handwerklicher Fähigkeiten der Schüler und Schülerinnen kommt, in der Wichtigkeitsskala der Schuleltern, vor dem Schärfen des Verstandes. Natürlich ist Verstand ein wichtiges Persönlichkeitsmerkmal und ihn gut zu trainieren, ist für jede Schule unabdingbar.

Abbildung 22: Wichtigkeit pädagogischer Merkmale II

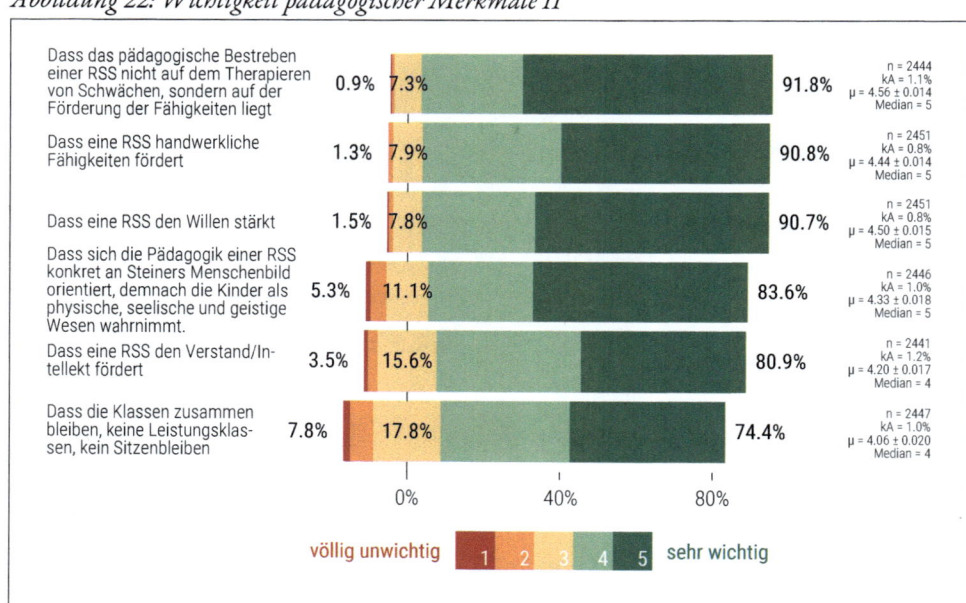

Die Schuleltern finden es ganz wichtig, dass die Schüler und Schülerinnen in der Schule ihren Willen stärken können. Das geht einher mit der Forderung, dass sich die Lehrpersonen in ihrer erzieherischen Aufgabe konkret an dem von Rudolf Steiner beschriebenen Menschenbild (siehe Kapitel Einführung) orientieren sollen. Die Lehrperson soll im Schüler und in der Schülerin das Individuelle seines respektive ihres geistigen, seelischen und physischen Wesens zu erkennen suchen. Daraus kann Hingabe und Ehrfurcht für die zu Unterrichtenden entstehen.

> *„Die Bildung und Erziehung geschieht in der Steinerschule anhand eines sinnvollen, gesamtheitlichen Menschenbildes und folgt, kindergerecht, der Entwicklung des Schülers. In den Unterricht ist auch viel Handwerk, Kunst und Musik eingebaut. Das ist sehr wichtig in einer technisierten Welt, wie wir sie heute haben."* (Elternzitat)

Der junge Mensch wirkt und entwickelt sich während des Schulalters auf unterschiedliche Weise. Für eine altersgemässe Pädagogik, wie sie die Waldorfschule vertritt, ist diese Erkenntnis wichtig. In ihrem Lehrplan orientieren sich die Rudolf Steiner Schulen deshalb an den Entwicklungsstufen der individuellen, menschlichen Biographie.

Der Lehrplan der Steinerschulen ist als flexibles Schema ausgelegt. Davon ausgehend sind die Lehrpersonen bestrebt, den Unterricht möglichst entsprechend den Bedürfnissen der Schülerinnen und Schüler zu gestalten. Die ursprünglichen Angaben für einen Waldorfschul-Lehrplan gehen auf Vorträge von Steiner zurück. Ihm nachfolgende Autoren (z.B. Von Heydebrand, Stockmeyer, Richter, Röh & Thomas) haben ergänzte Übersichten des Waldorf-Lehrplanes vorgelegt. Röh und Thomas (2015) betonen, dass Waldorflehrpläne aber nie als starre Vorlagen gedacht sind, sondern als Inspiration für die pädagogische Phantasie der Lehrpersonen. So bezweckt jede Idee zum Inhalt eines Waldorflehrplanes einerseits den Erwerb des entsprechenden Lehrstoffes durch den Schüler, die Schülerin und andererseits, durch das Lehren und Lernen des Stoffes, die Entwicklung von Fähigkeiten der Schulkinder wie Denken, Vorstellen, Fühlen, Wollen. Richter (2016) beschreibt als Basis der dem Waldorflehrplan zugrunde liegenden Pädagogik Steiners Menschenkunde. Danach kann der Mensch auf drei Arten betrachtet werden: Einmal als etwas Leibliches, sinnlich Erfassbares, dann als ein seelisches, gefühlvolles, psychologisches Phänomen und weiter als geistiges, immaterielles Ich. Es bedient sich des Leibes, beeinflusst das Seelische und wird von diesem beeinflusst. Gemäss Steiner soll sich die Pädagogik auf alle Wesensglieder des Menschen ausrichten.

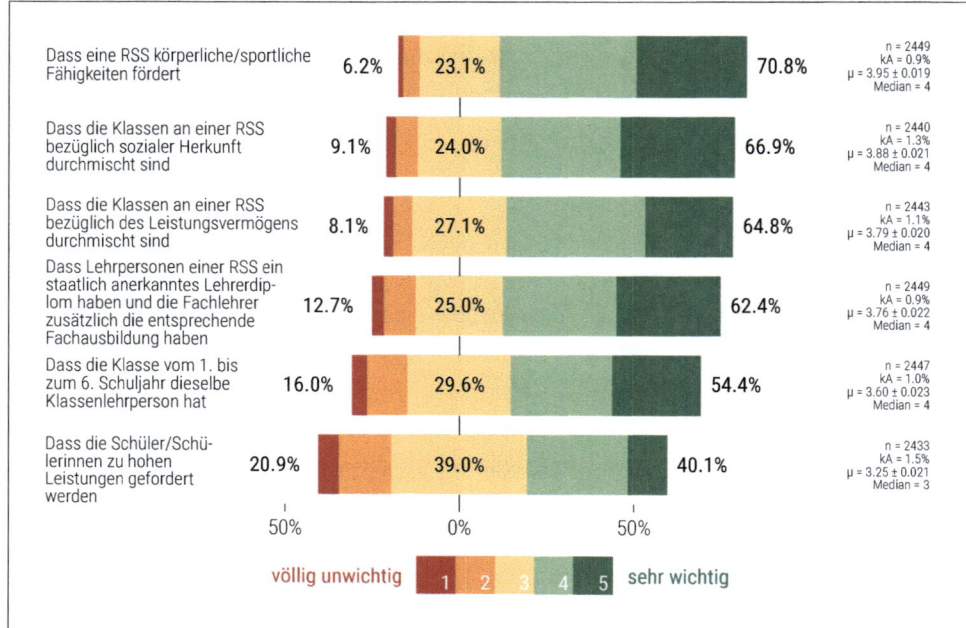

Auch die restlichen in Abbildung 22 und 23 analysierten Merkmale einer Rudolf Steiner Schule sind für die Schuleltern grösstenteils wichtig. Leistungsmässig und sozial durchmischte Klassen sind für die Lehrer und Lehrerinnen wichtiger als für die übrigen Schuleltern. 77.7% (n=99) der RSS-Lehrpersonen meinen, leistungsdurchmischte Klassen seien sehr wichtig oder wichtig. Bei den übrigen Schuleltern sind nur 64.3% (n=2'329) dieser Meinung. Sehr wichtig oder wichtig sind für 76% (n=96) der RSS-Lehrpersonen auch sozial heterogene Klassen, während dies nur für 66.7% (n=2'329) der übrigen Schuleltern wichtig oder sehr wichtig ist. Die Unterschiede der Beurteilung zwischen der Gruppe der Lehrpersonen und der Gruppe der übrigen Schuleltern sind signifikant. Lediglich für 11.3% (n=2'433) der Schuleltern ist es sehr wichtig, dass hohe Leistungen gefordert werden. Diesbezüglich wurden keine signifikanten Unterschiede in der Beurteilung durch die Elterngruppen festgestellt. Die schwache Zustimmung zum Leistungsprinzip könnte auf eine klare Ablehnung intra-schulischen Wettbewerbs unter den Schülern und Schülerinnen, insbesondere in den unteren Klassenstufen, hinweisen. Es heisst keineswegs, dass die Eltern generell wünschen, an Steinerschulen sollten von den Schülern und Schülerinnen keine Anstrengungen verlangt werden. Das altersgerechte Schulen von Leistungs- und Durchhaltevermögen gehört klar zur schulischen und häuslichen Erziehung.

Der junge Mensch entwickelt sich während des Schulalters individuell unterschiedlich. Für eine altersgemässe Pädagogik, wie sie die Waldorfschule vertritt, ist diese Erkenntnis zentral. In ihrem Lehrplan orientieren sich die Schulen deshalb an den Entwicklungsstufen der menschlichen Biographie. Rudolf Steiner hat sie in "Jahrsiebten" dargestellt und beschreibt damit die Entwicklung des Kindes in 7-Jahr-Perioden. Die Art und Weise der altersmässigen, fächerübergreifenden Stoffvermittlung an den Waldorfschulen baut darauf auf (Brodbeck-Berger, 2018).

Das Klassenlehrerprinzip, wonach die Schüler und Schülerinnen von der 1. bis zur 6. Klasse die gleiche Lehrperson haben, ist für 68% (n=100) der RSS-Lehrpersonen sehr wichtig oder wichtig, wohingegen dies nur 53.9% (n=2'332) der übrigen Eltern wichtig oder sehr wichtig erscheint. Dieser Unterschied in der Beurteilung ist höchst signifikant. Dieses Klassenlehrerkonzept (siehe z.B. Wiechert, 2010; Loebell, 2011) hat sich im Verlauf der Zeit stark gewandelt und wird an den Schulen unterschiedlich gestaltet.

Die Veränderung des Modells Klassenlehrer belegt z.B. Kindt (2014) mit einer Studie über die Länge der Klassenlehrerzeit an Waldorfschulen in verschiedenen Ländern. Von 556 teilnehmenden Waldorfschulen in 16 Ländern hielten nur noch 63% am traditionellen 8-Jahr-Klassenlehrer-Modell fest. In der Schweiz waren das gemäss Kindt fünf Schulen. Zehn Rudolf Steiner Schulen in der Schweiz wechselten den Klassenlehrer nach sechs Jahren und vier nach weniger als sechs Jahren. In den Niederlanden wurde die Klassenlehrerzeit am stärksten verkürzt. Dort wurde der Klassenlehrer spätestens nach dem dritten Schuljahr gewechselt (Kindt, 2014). Lange Klassenlehrerzeiten sind, sowohl bezüglich der Kompetenzen der Klassenlehrer für die verschiedenen Fächer als auch für die Empathie von Lehrperson und Schüler und Schülerin, eine grosse Herausforderung.

Eine staatlich anerkannte Ausbildung der Steinerschullehrer und -lehrerinnen wird von knapp zwei Dritteln der Schuleltern verlangt. Die Lehrer selbst finden es weniger wichtig, dass die RSS-Lehrpersonen staatliche Diplome haben, als dies die übrigen

Schuleltern tun (M Lehrpersonen=3.09/5 ±0.12, n=99 vs. M übrige=3.79/5 ±0.02, n=2'335; p<0.0001***). Ebenso ist es für die Eltern mit wenig Erfahrung als Steinerschuleltern (RSS-Novizen) wichtiger, dass die Unterrichtenden staatlich anerkannte Lehrerdiplome haben, als für die Eltern mit langer Schulerfahrung (RSS-Veteranen) (M Novizen=3.83/5 ±0.03, n=1'496 vs. M Veteranen=3.66/5 ±0.04, n=948; p=0.0001***).

Die Eltern haben offenbar die Empfindung, dass Diplome allein noch keinen guten Lehrer, keine gute Lehrerin ausmachen, sondern dass zu Recht andere Qualifikationen, wie z.B. Persönlichkeit, Vorbild, Empathie, Begeisterung, Lehrerfahrung, das In-der-heutigen-Zeit-Stehen, Liebe und Vertrauen zu den Kindern, mit Herzenswärme unterrichten können, hinzukommen müssen. In der Steinerschule geht es ja auch darum, der Schülerin und dem Schüler zu helfen, den Sinn der eigenen Existenz auf dieser Welt zu finden, oder darum, überhaupt erst richtig auf die Welt zu kommen und sich selbst zu entfalten.

> *„Die Waldorfpädagogik an sich ist so gut, dass sie für das Kind auch erfolgreich wirkt, wenn die Lehrer nicht ‚die Besten' sind." (Elternzitat)*

> *„Die Waldorfpädagogik ist wunderbar für die ganzheitliche Entwicklung; aber sie steht und fällt mit dem Lehrer." (Elternzitat)*

> *„Die Lehrer gehen auf besondere Stärken und Schwächen des Kindes ein. Sie erhalten die Freude am Lernen, können den Unterricht ganzheitlich ausrichten und pflegen auch Tanz, Musik, Handwerk." (Elternzitat)*

Wie eine interne Umfrage ergab (ARGE c), sind die an den schweizerischen und liechtensteinischen Rudolf Steiner Schulen unterrichtenden Klassenlehrer und Klassenlehrerinnen und Fachlehrer und Fachlehrerinnen gut mit formalen Ausbildungsdiplomen ausgestattet. So haben 51% der Klassenlehrer und Klassenlehrerinnen eine waldorfspezifische pädagogische Ausbildung, dazu kommen 24% dual – staatlich und waldorf – ausgebildete Lehrpersonen. Somit sind drei Viertel der Lehrer und Lehrerinnen an den Rudolf Steiner Schulen waldorf-ausgebildet. 15% haben nur eine staatliche Lehrerausbildung, und 10% besitzen Lehrzertifikate und sind in Ausbildung. Bei den Fachlehrern ist es ähnlich, wobei dort der Anteil der Lehrer und Lehrerinnen mit einer waldorfspezifischen Lehrerausbildung kleiner und der Anteil der Lehrer und Lehrerinnen, die eine staatliche Ausbildung haben, grösser ist. Wie andere Berufsleute auch, so sind Waldorflehrer und -lehrerinnen bestrebt, sich permanent praxisbezogen weiterzuentwickeln. Das geschieht zum Beispiel durch kollegiale Konferenzarbeit, Kinderbesprechungen (Wiechert, 2012), Selbstreflexion (Rawson, 2015), menschenkundliche Studien, formale Weiterbildungen und zum Teil durch individuelle, systematische Praxisforschung (Stöckli, 2012).

3.7.   Erfüllungsgrad wichtiger Merkmale durch den Unterricht

Ging es im vorhergehenden Kapital um die Wichtigkeit pädagogischer Merkmale von Steinerschulen, beschreibt dieses Kapitel, welchen Eindruck die Schuleltern von der pädagogischen Leistung ihrer Rudolf Steiner Schule haben. Den Probanden wurden 22 Aussagen zur Bewertung vorgelegt. Sie sollten mit einer 4er-Skala, aufgrund ihrer Beobachtungen und Erfahrungen mit der Rudolf Steiner Schule sowie aus dem Erleben ihrer Kinder, ihre Zustimmung oder Nichtzustimmung zu den Aussagen ausdrücken. Die Analyse der Eindrücke der Schuleltern ist in den Abbildungen 24 bis 27 dargestellt. Es zeigt sich, dass diejenigen pädagogischen Merkmale, welche die Eltern als wichtig erachten (siehe Kapitel 3.6.), von der Steinerschule ihrer Meinung nach auch gut erfüllt werden. Die Schuleltern sind also im Allgemeinen mit den Unterrichtsleistungen der Schule sehr zufrieden. Die Antworten dürfen die Kollegien weitgehend als Lob der Schuleltern für ihre pädagogische Arbeit verstehen.

> *„Die gelebte Pädagogik übertrifft meine Vorstellungen und Wünsche, und man bekommt täglich mit, dass sie auf verschiedenen Ebenen wirkt. Der Nutzen der Waldorfpädagogik ist für den Schüler und die Familie sehr gross."*
> *(Elternzitat)*

Auch mit der Ehemaligenstudie von 2007 (Randoll & Barz) wurde bereits festgestellt, dass gerade persönlichkeitsbezogene Erziehungsziele durch die Steinerschulen ausgeprägt gut erfüllt werden. In ihrem späteren Leben sahen sich Absolventinnen und Absolventen im Vergleich mit Menschen, die keine Steinerschule besuchten, bevorteilt, und zwar bezüglich ihrer Offenheit, ihrem Interesse an Neuem, der Lebensvielfalt, ihrem Selbstvertrauen, Selbstwertgefühl und ihrer inneren Sicherheit. Sie schrieben sich bessere Fähigkeiten im vernetzten, beweglichen Denken zu, glaubten, in stärkerem Ausmass Empathie zu haben und musisch-künstlerisch sowie handwerklich-praktisch breiter ausgebildet zu sein. Andererseits erlebten die Probanden der Studie von 2007 Defizite in Mathematik, Fremdsprachen und Fachwissen. Einige bekundeten noch Mühe, sich mit den Forderungen der Leistungsgesellschaft anzufreunden. Zukünftige Absolventen-Forschungen könnten diese gefühlten Unterschiede überprüfen.

Abbildung 24: Unterrichtsqualität I

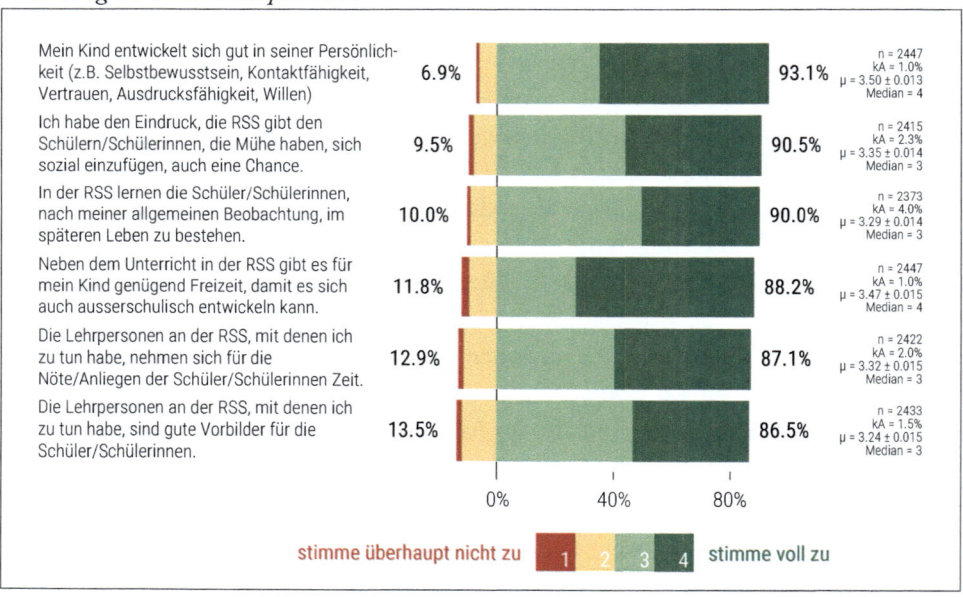

Die Erziehung zur Selbständigkeit und die Stärkung der individuellen Anlagen der Schüler und Schülerinnen sahen die Eltern als eine sehr wichtige Aufgabe der Schule an. Hier bestätigen sie, dass die Steinerschule die Persönlichkeit der jungen Menschen sehr gut fördert und stärkt. Die Lehrpersonen pflegen aus Elternsicht die schulischen Beziehungen zu den Schülern und Schülerinnen, und sie sind für sie gute Vorbilder. Auch für das Lernen im Leben ausserhalb der Schule, was ja u.a. ebenfalls der Persönlichkeitsentwicklung hilft, bleibt genügend Zeit.

Schulisch konkret wird das Leben ausserhalb der Schule durch Berufs-, Forst-, Land-wirtschafts- oder Sozialpraktika geübt, die an vielen Steinerschulen – meist ab der 9. Klasse – zum Schulprogramm gehören.

Abbildung 25: Unterrichtsqualität II

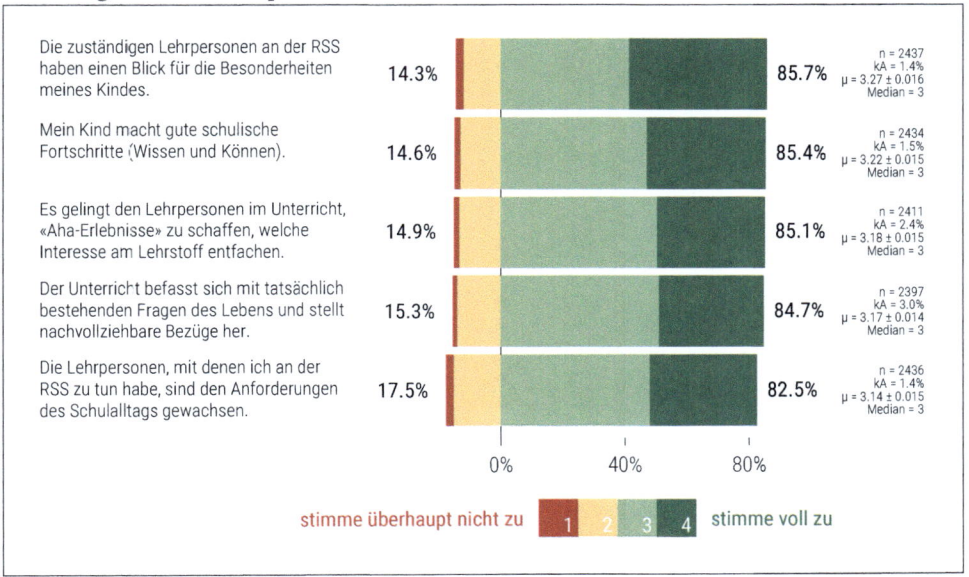

Die Schuleltern finden, dass ihr Kind, neben der Stärkung des Charakters, auch gute schulische Fortschritte im Wissen und Können macht. Es gelingt den Lehrern und Lehrerinnen, das Individuelle ihrer Schüler und Schülerinnen zu sehen und bei ihnen waches Interesse für den Schulstoff zu wecken. Aus Sicht der Schuleltern sind die Lehrpersonen nicht weltfremd. Der Unterricht orientiert sich am wirklichen Leben und stellt Bezüge her.

Studien aus Deutschland (Randoll, 2013) belegen auch, dass sich Waldorfschüler und -schülerinnen mit den vermittelten Lerninhalten identifizieren. Sie lernen nach eigenem Ermessen nicht nur für gute Noten und interessieren sich für die Inhalte, die sie als spannend und sinnvoll erleben. Das Lehrer-Schüler-Verhältnis sei menschlicher als an anderen Schulen berichten Schüler und Schülerinnen aus deutschen Waldorfschulen. Die Resultate der hier rapportierten schweizerischen Elternbefragung weisen auf ähnliche Verhältnisse hin.

Abbildung 26: Unterrichtsqualität III

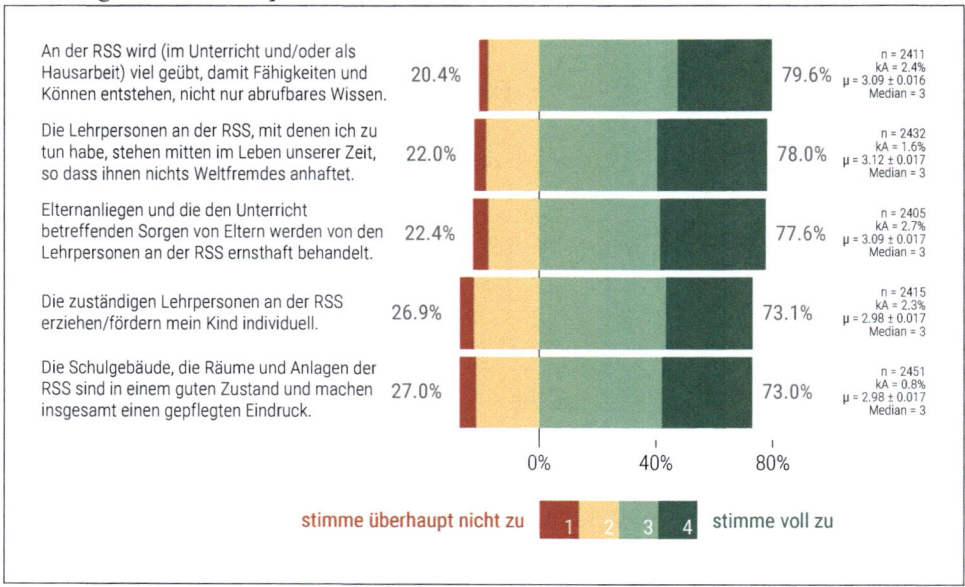

Zur Vertiefung und Beherrschung des Gelernten ist Übung wichtig. Die Eltern sehen, dass dem praktischen Arbeiten, dem künstlerischen Gestalten, dem Lernen in der Natur sowie der körperlichen Bewegung viel Raum gegeben und intensiv geübt wird.

Drei Viertel der Schuleltern stimmen zu, dass ihre schulbezogenen Sorgen und Anliegen von den Lehrern und Lehrerinnen ernsthaft behandelt werden. Die meisten Eltern sind auch mit dem Zustand der Schulanlagen zufrieden.

> *„Der Schüler erhält die Hülle, die seinem Alter entspricht, und er wird auch seelisch genährt. Er ist inmitten der Eltern-Lehrer-Schulgemeinschaft ‚behüteter' Lernender. Als erwachsenes Gegenüber bringt der Lehrer die Welt in die Schulstube. Der Schüler erlebt Sinnhaftigkeit, Zugehörigkeit und Selbstwirksamkeit." (Elternzitat)*

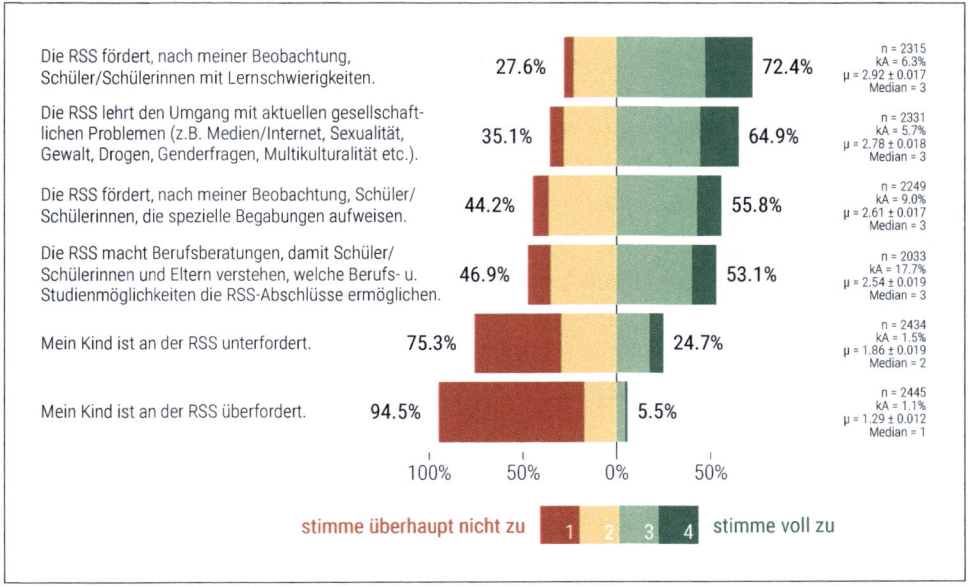

Etwas weniger zustimmend wird das Lehren des Umgangs mit zeitgenössischen Phänomenen, wie z.B. Digitalisierung, Medien, Gewalt, Genderfragen, beurteilt.

> „Es ist wichtig, dass die Steinerschule Herausforderungen der heutigen Zeit
> genügend diskutiert. Z.B. neue Medien, Drogenmissbrauch, auch Übergriffe,
> Gewalt und nicht auf ‚heile Welt' macht." (Elternzitat)

Obwohl die Eltern der Aussage zustimmen, dass die Schüler und Schülerinnen im Allgemeinen individuell betreut und auch solche mit Lernschwierigkeiten gut unterstützt werden, beobachten sie, dass Kinder mit speziellen Begabungen weniger stark gefördert werden.

> „Auf Überforderung von Schülern geht die Schule ein. Den höher Begabten
> wird aber oft zu wenig Rechnung getragen. Unterforderung eines Schülers
> müsste besser beachtet werden. Auch sie kann sich in viel Frust und Unlust
> auswirken. Bei einem Kind ging es sehr lange, bis seine intellektuelle Un-

terforderung ernst genommen wurde und die Schule positive Massnahmen ergriff." (Elternzitat)

Ein Viertel der Schuleltern gibt zu bedenken, dass ihr Kind an der Schule unterfordert ist. Zu wenig wird aus Elternsicht hinsichtlich Berufsberatung und Information über die Wertigkeit der Abschlüsse an Rudolf Steiner Schulen getan.

Abbildung 28 zeigt tabellarisch, bei welchen pädagogischen Kriterien die verschiedenen Elterngruppen den Erfüllungsgrad statistisch signifikant unterschiedlich beurteilen. Die Tabelle rapportiert jeweils die Mittelwerte (M), die sich auf der Skala 1 bis 4 (4=positives Ende) ergaben. Es sind nur die M-Werte derjenigen Gruppen angezeigt, die sich signifikant unterscheiden. In der Spalte Alle Schuleltern ist zusätzlich noch der Median angegeben.

Abbildung 28: Beurteilung der Unterrichtsqualität nach Elterngruppen

Bewertung der Aussagen durch die Elterngruppen	Veteranen / Novizen	Andere Berufe / RSS-Lehrkräfte	Männer / Frauen	Ehemalige / Nicht-Ehemalige	Alle Schuleltern M / (Median)
Gute Persönlichkeits-entwicklung der SuS			3.46/3.53**		3.50/(4.0)
Genügend Freizeit für ausserschulisches Lernen	3.26/3.60***	3.48/3.11***			3.47/(4.0)
Sozial Auffällige bekommen auch eine Chance	3.29/3.39***		3.31/3.38*		3.35/(3.0)
LP nehmen sich Zeit für Nöte/Anliegen der SuS	3.22/3.38***		3.27/3.36**		3.32/(3.0)
SuS lernen, im Leben zu bestehen			3.21/3.35***	3.37/3.28**	3.29/(3.0)

Bewertung der Aussagen durch die Elterngruppen	Veteranen / Novizen	Andere Berufe / RSS-Lehrkräfte	Männer / Frauen	Ehemalige / Nicht-Ehemalige	Alle Schuleltern M / (Median)
LP haben Blick für die Besonderheiten der SuS	3.16/3.35***				3.27/(3.0)
LP sind gute Vorbilder für die SuS	3.09/3.34***				3.24/(3.0)
Gute Fortschritte im Wissen u. Können der SuS		3.21/3.44***	3.17/3.25**		3.22/(3.0)
LP können SuS für den Stoff begeistern	3.09/3.24***		3.12/3.22***		3.18/(3.0)
Unterricht behandelt tatsächliche Lebensfragen			3.10/3.22***		3.17/(3.0)
LP sind den Anforderungen des Unterrichts gewachsen	3.02/3.23***			3.06/3.16**	3.14/(3.0)
LP haben nichts Weltfremdes an sich	3.07/3.15*		3.03/3.17***	3.04/3.13*	3.12/(3.0)
In der RSS wird viel geübt, damit Können entsteht	2.98/3.16***			3.01/3.10*	3.09/(3.0)
Elternanliegen werden von den LP ernsthaft behandelt	2.94/3.18***	3.08/3.24*	3.04/3.12*		3.09/(3.0)
Schulanlagen und Gebäude in gutem Zustand			2.93/3.02*		2.98/(3.0)
LP erziehen und fördern die SuS individuell	2.89/3.04***				2.98/(3.0)

Bewertung der Aussagen durch die Elterngruppen	*Veteranen / Novizen*	Andere Berufe / *RSS-Lehrkräfte*	Männer / Frauen	*Ehemalige / Nicht-Ehemalige*	Alle Schuleltern M / (Median)
RSS fördert SuS mit Lernschwierigkeiten	2.77/**3.03*****				2.92/(3.0)
RSS lehrt den Umgang mit heutigen Zeitphänomenen	**2.86**/2.73***				2.78/(3.0)
RSS fördert SuS mit speziellen Begabungen				2.52/**2.63***	2.61/(3.0)
RSS macht fundierte Berufsberatung	2.49/**2.59****	2.53/**2.82****			2.54/(3.0)
Mein Kind ist an der RSS unterfordert			**1.94**/1.81**		1.86/(2.0)
Mein Kind ist an der RSS überfordert	**1.35**/1.25***		**1.34**/1.26**		1.29/(1.0)

Legende zu Abbildung 28: LP = Lehrpersonen, SuS = Schüler und Schülerinnen. Alle Werte sind als Mittelwert M auf einer Skala von 1 bis 4 angegeben, wobei 1 bedeutet: stimme überhaupt nicht zu, 4 bedeutet: stimme voll zu. Lesebeispiel: Der Aussage „Gute Persönlichkeitsentwicklung" stimmen die Männer im Schnitt mit 3.46 Punkten von maximal 4 Punkten zu; die Frauen mit durchschnittlich 3.53 Punkten von maximal 4 Punkten. Die Elterngruppen in kursiver Schrift sind Schuleltern, denen aufgrund ihrer längeren Steinerschulerfahrung höhere Beurteilungskompetenz zugetraut wird als den anderen Elterngruppen. Fette Zahlen markieren kritischere, negativere oder weniger zustimmende Beurteilung. Die Werte der jeweiligen Gruppenpaare sind signifikant unterschiedlich.

Schuleltern, die über eine lange Steinerschulerfahrung verfügen, beurteilen die Verwirklichung der obigen pädagogischen Kriterien grösstenteils weniger günstig (Abbildung 28, fette Zahlen) als Schuleltern mit vergleichsweise geringer Steinerschulerfahrung. Zu den Schuleltern mit langer Steinerschulerfahrung gehören die Gruppen RSS-Veteranen (sie sind seit mehr als sechs Jahren Steinerschuleltern), Steinerschullehrer und -lehrerinnen und Ehemalige. Letztere haben selbst eine Steinerschule besucht. Die anfängliche

Faszination gegenüber der als sehr gut empfundenen Qualitäten der Schule kühlt sich anscheinend mit der Zeit etwas ab.

„Bei langjährigen Eltern stelle ich generell Ernüchterung, Schulfrustration und Schulmüdigkeit fest." (Elternzitat)

Das ist insofern nicht besonders verwunderlich, als auch die häusliche Erziehungsarbeit mit den älter werdenden Kindern anspruchsvoller wird und die Eltern von der Schule vielleicht da und dort, zu Recht oder zu Unrecht, mehr verlangen.

„Der persönliche Einsatz vieler Kollegiumsmitglieder für das Wohl der Kinder ist enorm." (Elternzitat)

Wie bei anderen Themen der Studie, beurteilen die Frauen die hier abgefragten Unterrichtsmerkmale positiver als die Männer. Die Gruppe der Schuleltern, die gleichzeitig Lehrpersonen an einer Rudolf Steiner Schule sind, beurteilt ihre eigenen Leistungen etwas höher als die übrigen Schuleltern.

3.8. Entwicklung von Kompetenzen durch die Steinerschule

Es gelingt den Rudolf Steiner Schulen nach Ansicht der Schuleltern gut, allgemeine Kompetenzen bei ihren Kindern zu entwickeln. Die Studie versuchte nicht, einen mehr oder weniger vollständigen schulischen Kompetenzkatalog respektive Qualifikationskatalog bewerten zu lassen, sondern begnügte sich mit den sieben in Abbildung 29 abgefragten Themen. Es handelt sich dabei um übergeordnete, kognitive und soziale Schlüsselkompetenzen, also auch um Fähigkeiten zur Selbstfindung, Selbstbeurteilung und Problemlösung. Sie sind u.a. alle wichtig, um sich im Leben zurechtfinden und sich erfolgreich entwickeln zu können.

Neben stoffbezogenem Können wie z.B. Rechnen, Lesen, Schreiben werden durch jeden Unterricht an jeder Schule ja laufend Kompetenzen im Sinne von Fähigkeiten und Wissen ausgebildet. Auch Steinerschulen fördern spezifische Kompetenzen durch verschiedene Projektarbeiten.

Abbildung 29: Kompetenzentwicklung

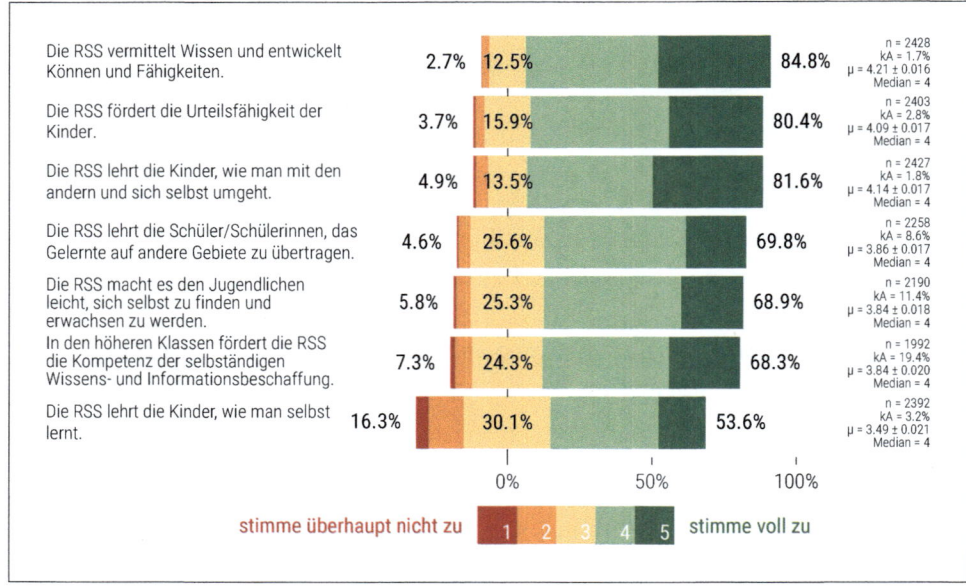

Es ist als gutes Ergebnis zu werten, dass die klare Ablehnung bei allen Kompetenzen, die abgefragt wurden, unter 10% bleibt. Allerdings umfasst bei der Mehrheit der Kompetenzen die Weder-noch-Quote (Skalenwert 3) über ein Viertel der Antwortenden. Für die Schulen haben die Kompetenzen mit einer Zustimmungsquote unter 70% möglicherweise, und das prioritär, Verbesserungspotential. Insbesondere scheint das Selbstlernen der Schüler und Schülerinnen in der Steinerschule nicht besonders forciert entwickelt zu werden. Dazu gehört auch das selbständige Recherchieren zur Wissens- und Informationsbeschaffung. Diese beiden Kompetenzen erzielen bei allen Schulen weniger hohe Werte als viele der übrigen abgefragten Kompetenzen. Die Fähigkeit, sich effizient und effektiv relevantes Wissen anzueignen und autodidaktisch lernen zu können, ist von Vorteil, um in der modernen Welt selbstbestimmt zu bestehen und sich weiterzuentwickeln.

> *„Ich finde, im Allgemeinen sollten die Schüler mehr Selbstwirksam sein und zum selbständigen Lernen gefordert werden. Die Lehrer sollten zum Begleiter werden." (Elternzitat)*

Abbildung 30 zeigt die Unterschiede der Beurteilung der Kompetenzförderung durch die verschiedenen Elterngruppen. Die Tabelle rapportiert jeweils die Mittelwerte (M), die sich auf der Skala 1 bis 5 (5=positives Ende) ergaben. Es sind nur die M-Werte derjenigen Gruppen angezeigt, die sich signifikant unterscheiden. In der Spalte Alle Schuleltern ist zusätzlich noch der Median angegeben.

Abbildung 30: Beurteilung der Kompetenzentwicklung nach Elterngruppen

Bewertung der Aussagen durch die Elterngruppen	Veteranen / Novizen	Andere Berufe / RSS-Lehrkräfte (non-sig.)	Männer / Frauen	Ehemalige / Nicht-Ehemalige	Alle Schuleltern M / (Median)
RSS vermittelt Wissen, Können, Fähigkeiten			4.13/4.26***		4.21/(4.0)
RSS fördert Urteilsfähigkeit der SuS					4.09/(4.0)
RSS lehrt Umgang mit sich selbst und mit anderen					4.14/(4.0)
RSS lehrt, Gelerntes auf andere Gebiete zu übertragen	3.79/3.90**		3.78/3.91***		3.86/(4.0)
RSS macht es den SuS leicht, erwachsen zu werden	3.75/3.90***		3.78/3.87*		3.84/(4.0)
RSS lehrt, wie man selbständig Wissen und Infos beschafft			3.79/3.88*		3.84/(4.0)
RSS lehrt die SuS, wie man selbst lernt	3.37/3.57***			3.33/3.53***	3.49/(4.0)

Legende zu Abbildung 30: RSS=Rudolf Steiner Schule, SuS=Schüler und Schülerinnen. Alle Werte sind als Mittelwert M auf einer Skala von 1 bis 5 angegeben, wobei 1 bedeutet: stimme überhaupt nicht zu, 5 bedeutet: stimme voll zu. Lesebeispiel: Der Vermittlung von Wissen, Kön-

nen, Fähigkeiten stimmen die Männer im Schnitt mit 4.13 Punkten von maximal 5 Punkten zu; die Frauen mit durchschnittlich 4.26 Punkten von maximal 5 Punkten. Die Elterngruppen in kursiver Schrift sind Schuleltern, denen aufgrund ihrer längeren Steinerschulerfahrung höhere Beurteilungskompetenz zugetraut wird als den anderen Elterngruppen. Fette Zahlen markieren kritischere, negativere oder weniger zustimmende Beurteilung. Die Werte der jeweiligen Gruppenpaare sind signifikant unterschiedlich.

Es zeigt sich wiederum, dass die Elterngruppen mit „höherer" RSS-Kompetenz, also diejenigen mit über sechsjähriger Erfahrung als Schuleltern (RSS-Veteranen) und diejenigen Schuleltern, die selbst zur Steinerschule gingen (RSS-Ehemalige), jeweils weniger zustimmend antworten als die übrigen Schuleltern in der Gruppe. Es ist angezeigt, dass die Schulen sich bei der selbstkritischen Betrachtung ihrer Studienergebnisse eher von den Werten der Elterngruppen mit „höherer" RSS-Kompetenz leiten lassen. Auch bei der Kompetenzfrage kommen die Frauen, wie auch häufig andernorts in dieser Studie, zu positiveren Einschätzungen als die Männer.

Bezüglich der Kompetenz des selbstverantwortlichen Lernens lohnt sich ein Blick auf die Untersuchung über die ehemaligen Schüler und Schülerinnen von Rudolf Steiner Schulen von 2007 (Randoll & Barz). 89% der Ehemaligen fanden es damals wichtig, in der Schule das Lernen zu lernen, und nur 37% stimmten zu, dass sie dies auch lernten. Heute meinen 53.5% der Schuleltern, dass die RSS die Kinder lehrt, wie man lernt (45.3% der RSS-Ehemaligen). Obwohl dies nur als qualitativer Vergleich taugt, hat sich die Situation anscheinend verbessert. Zudem stimmen 68.3% der jetzigen Schuleltern der Aussage zu, dass die Jugendlichen sich an der RSS die Kompetenz der selbständigen Wissens- und Informationsbeschaffung aneignen. 80.4% der Schuleltern beobachten bei ihren Kindern auch eine gute Entwicklung der Urteilsfähigkeit und anderer lernrelevanter Kompetenzen (Abbildung 29).

Die Grundlagen für selbstverantwortliches Lernen scheinen also in der RSS bei den Schülern und Schülerinnen angelegt zu werden. Die relativ schlechte Benotung des Punktes Selbstlernen mag einen Mangel in der Vermittlung von konkreten Methoden der Lerntechnik und in der Unterweisung von selbstverantwortlichem Lernen andeuten.

Insbesondere von unterforderten Schülern und Schülerinnen könnte z.B. verlangt werden, selbstverantwortlich zusätzlichen Stoff zu lernen. Denn gemäss Abbildung 27 finden 24.7% der Schuleltern, dass ihr Kind unterfordert ist. Dieser hohe Anteil potentiell Unterforderter könnte darauf hindeuten, dass es der Schule nicht immer vollumfänglich gelingt, die Leistungspotentiale aller Schüler und Schülerinnen zu erkennen und auszuschöpfen. Wenn Kinder nicht ausreichend motivierende Angebote zum Lernen bekommen, könnten sie die Freude am Lernen verlieren.

3.9. Wahrnehmungen über die Schulsituation

In diesem Kapitel werden die Einschätzungen der Schuleltern zur Qualität des Unterrichts, zu Fragen der Schulentwicklung und Konfliktbewältigung, zur Güte der Lehrer-Eltern-Interaktion und Zeitgenossenschaft der Lehrpersonen dargestellt. Einen Schwerpunkt der Analyse bilden die beiden letzten Komplexe.

3.9.1. Unterricht, Zusammenarbeit Eltern und Schule, Konflikte

In jeder durch ein Kollegium direkt und frei gestalteten und von den Eltern solidarisch getragenen, selbst finanzierten Schule sind die beiden Parteien stark miteinander verflochten und voneinander abhängig. Der Schulerfolg wird massgeblich durch gegenseitiges Vertrauen, Respekt und die Kooperation zwischen Eltern, Lehrerinnen und Lehrern beeinflusst. Bei den selbstverwalteten Rudolf Steiner Schulen kommt noch die Qualität der Gruppendynamik im Kollegium als entscheidende Erfolgskomponente hinzu. Auch der besondere philosophische Hintergrund macht die Führung einer Waldorfschule anspruchsvoll.

Den Schuleltern wurden 24 Aussagen über Zusammenarbeit, Information und Konfliktverhalten vorgelegt. Aufgrund ihrer Beobachtungen und ihrem Schulerleben bewerteten die Schuleltern, inwieweit die Aussagen zutrafen. Sie verwendeten dafür eine Skala von 1 (trifft überhaupt nicht zu) bis 5 (trifft voll zu). Die Abbildungen 31 bis 34 zeigen die Ergebnisse dieses Fragenkomplexes. Die Analyse ist, nach dem Grad der Zustimmung zu den einzelnen Aussagen, absteigend geordnet.

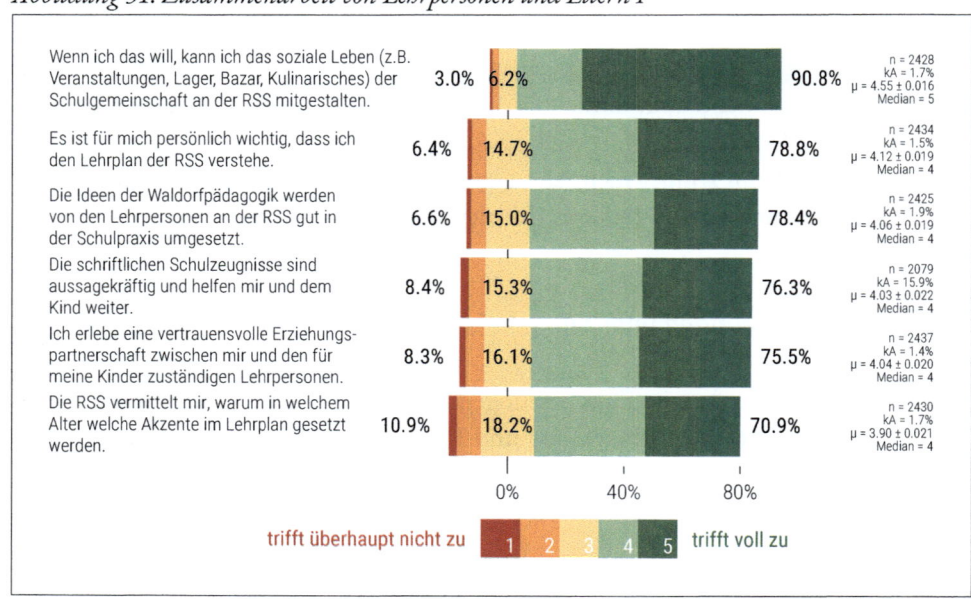

Die Schuleltern erachten es als wichtig, dass sie selbst den Lehrplan der Steinerschule verstehen, 71% bestätigen, dass die Schule ihnen die Lehrplanakzente auch vermittelt.

> *„Ich finde es sehr gut, wenn an Elternabenden immer wieder erklärt wird, warum welches Epochenthema jetzt im Hauptunterricht dran ist." (Elternzitat)*

Sie finden auch, die grundsätzlichen Ideen der Waldorfpädagogik würden von den Lehrern und Lehrerinnen gut im Unterricht verwirklicht. Die Frage ist in Abbildung 31 verkürzt wiedergegeben. Um den Eltern Hinweise zur Beurteilung der Umsetzung der Waldorfpädagogik zu geben, wurde im Fragebogen erklärt, was grundsätzliche Ideen der Waldorfpädagogik sind, z.B., dass sie individuell vom Kind ausgeht, keine Selektion, aber die Förderung aller Sinne anstrebt, auf angstfreies Leisten und entdeckendes, handlungsorientiertes Lernen setzt.

Die Schuleltern denken, dass die Lehrpersonen und Eltern vertrauensvoll für die Erziehung der Kinder zusammenarbeiten. Dabei helfen auch die aussagekräftigen, schriftlichen Schulzeugnisse über die Leistungen der Kinder. Die Zustimmung der Eltern zu den in der obigen Abbildung 31 gezeigten Aspekten ist sehr hoch.

Abbildung 32: Zusammenarbeit von Lehrpersonen und Eltern II

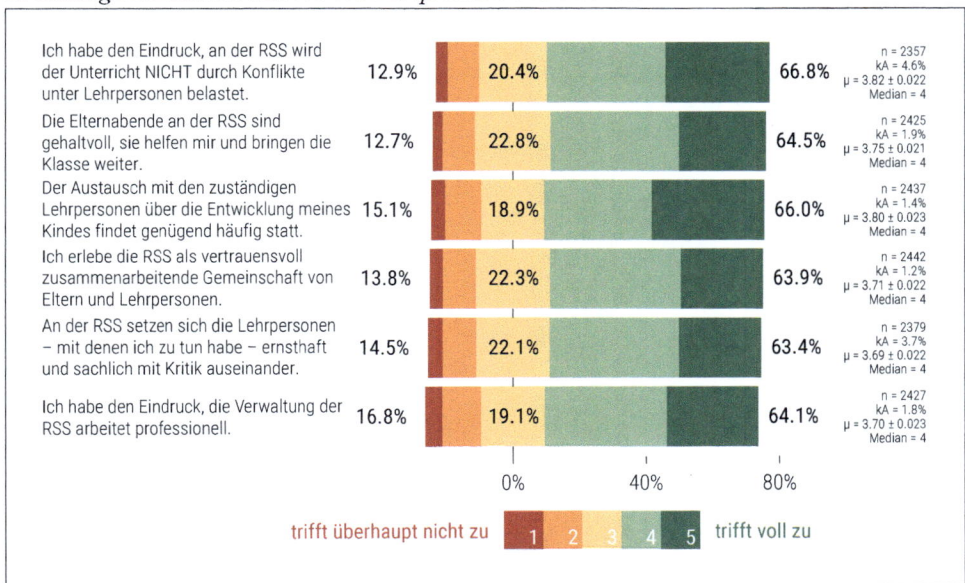

Die Fähigkeit der Schule, Kritik zu akzeptieren und konstruktiv damit umzugehen, wird etwas zurückhaltender eingeschätzt. 14.5% meinen, die Lehrpersonen setzten sich nicht ernsthaft mit Kritik auseinander.

> *„Schon als ich selbst zur Schule ging, empfand ich die Schule als wenig kritikfähig. Das hat sich, nun aus unserer Sicht als Schuleltern an einer anderen Schule, nicht verbessert. Auch leise Kritik der Eltern wird zu oft einfach überhört. Vielleicht ist das auch, weil die Lehrer stets überlastet sind." (Elternzitat)*

Die ständige Verbesserung der Konfliktkultur respektive des individuellen Kritikverhaltens seitens Lehrpersonen und Eltern scheint eine wichtige Entwicklungsaufgabe für die Schulen zu bleiben. Trotzdem stellt eine grosse Mehrheit der Schuleltern befriedigt fest, dass der Unterricht nicht durch Konflikte zwischen Lehrpersonen belastet ist.

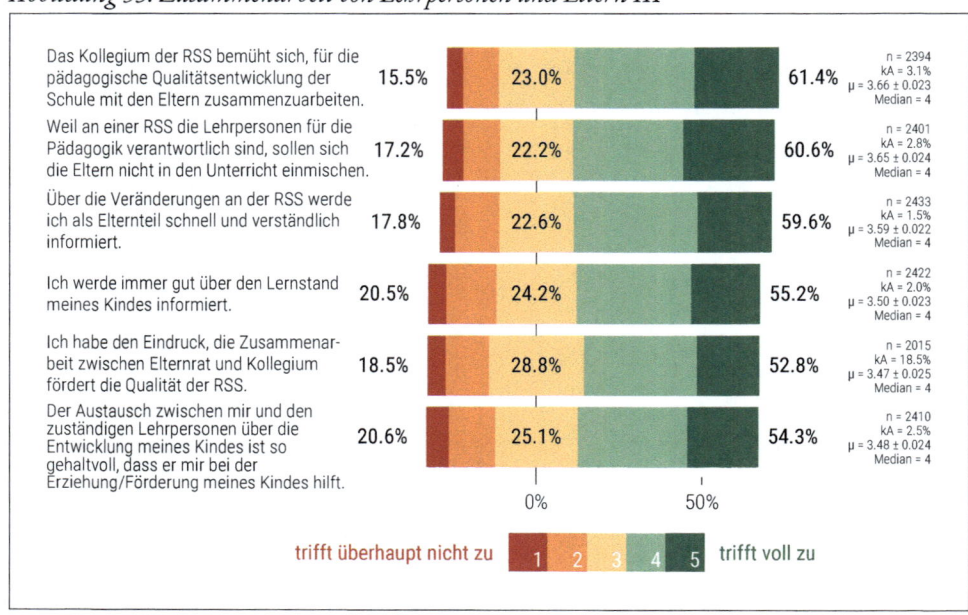

Die Analyse in Abbildung 33 lässt den Schluss zu, dass Fragen zur Kommunikation und zur Eltern-Lehrer-Zusammenarbeit für die Schulentwicklung kritischer beurteilt werden.

> *„Ich würde es sehr schätzen, wenn die Lehrer und Lehrerinnen meiner Kinder mich regelmässig über den Lernfortschritt und allfällige Verhaltensprobleme oder Schwierigkeiten mit dem Lernstoff informieren würden, sodass keine grösseren Lernlücken entstehen können." (Elternzitat)*

> *„Als Quereinsteigereltern hatten wir das Gefühl, dass die Lehrer vorausset-zen, man kenne die Schule, ihre Rituale und Pädagogik auswendig. Die für uns Neueinsteiger nötigen Informationen erreichten uns entweder gar nicht, spärlich, oder wir fanden sie etwas chaotisch." (Elternzitat)*

Bei der Frage bezüglich der Wichtigkeit von Merkmalen einer Steinerschule verlangen 84% (n=2'451, M=3.3/4) einen Elternrat, der auf Augenhöhe mit dem Kollegium zusammenarbeitet und in allen Bereichen der Schule zur Entwicklung beitragen kann. Allerdings meinen nur 53% der Schuleltern, dass an ihrer Schule das Zusammenwirken von Elternrat und Schulgremien die Qualität der Schule schon merkbar gefördert oder verändert hat. Diese Situation kann sicher zum Guten der Schulen verbessert werden. Es bedarf dazu des Vertrauens, des Willens und der Sachbezogenheit aller involvierter Beziehungsgruppen: Kollegium, Schulleitung, Elternrat, Vorstand und, wo vorhanden, Schülerrat.

Abbildung 34: Zusammenarbeit von Lehrpersonen und Eltern IV

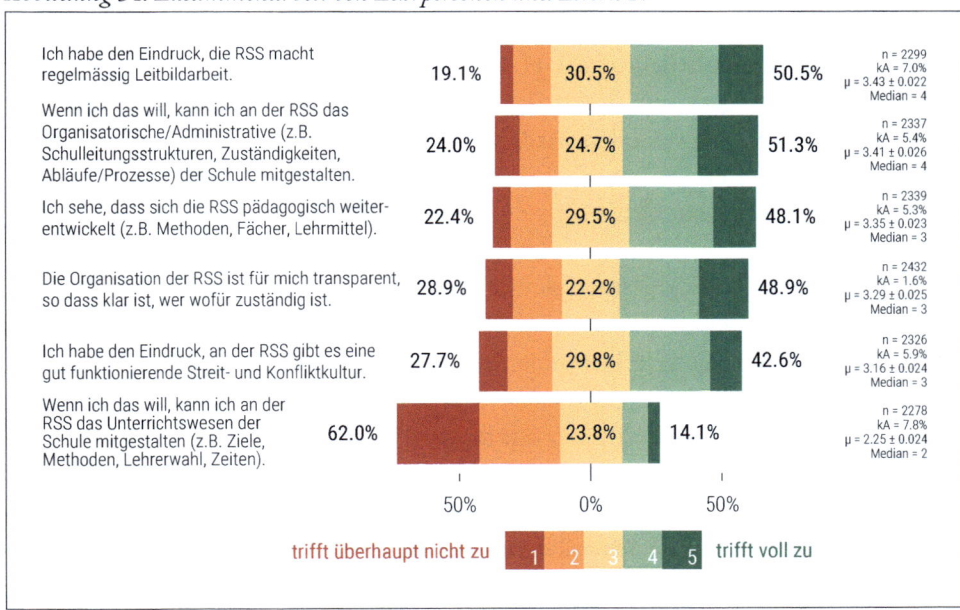

Wie aus Abbildung 34 hervorgeht, beurteilen die Schuleltern Fragen zum Thema Entwicklung eher negativ und haben den Eindruck, dass die Steinerschulen in diesem Bereich nicht sonderlich progressiv sind. Allerdings ist über ein Viertel der Schuleltern diesbezüglich eher unschlüssig.

Leitbildarbeit ist ein Mittel, um die Schule, gestützt auf die eigenen Werte und die pädagogischen Bedürfnisse, hin und wieder zu überprüfen und entsprechend auszurichten. Eine seriöse Leitbildarbeit, die die zahlreichen Bezugsgruppen miteinbezieht, hilft, eine Institution weiter zu bringen. Dabei ist nicht so sehr das am Schluss ausformulierte Leitbild oder, anders ausgedrückt, die Schulverfassung das Entscheidende. Viel wichtiger sind bei der Leitbildarbeit der diskursive, interdisziplinäre Prozess unter den beteiligten Menschen und die breit abgestützte Kommunikation darüber. Gute Leitbildarbeit geht über das Auflisten von „wofür stehen wir" und „was wollen wir" hinaus. Sie dringt vor und diskutiert Werte und Verhalten, fragt nach dem Warum und thematisiert die Prinzipien des Wie. Forscher aus verschiedenen Bereichen haben nachgewiesen, dass die Arbeit an den institutionellen Werten, das (Vor-)Leben dieser Werte und die Kommunikation darüber die Betriebskultur stärken und ganz allgemein zu besseren Ergebnissen führen können (Brodbeck, 2013, S. 30–66). Allerdings hat nur die Hälfte der Schuleltern den Eindruck, dass das Leitbild an ihrer Schule von Zeit zu Zeit an den realen Verhältnissen gemessen und in der Folge, falls nötig, entweder das Leitbild oder das Verhalten der Schule verändert wird. Vielleicht wird diese Entwicklungsarbeit aber auch jeweils von einigen Wenigen im Stillen gemacht und darüber hinaus nicht wahrgenommen. Oder sie wird tatsächlich gar nicht geleistet. Beides wäre falsch.

Auch die pädagogische Schulentwicklung ist für die Eltern weitgehend unsichtbar. Beispiele für die pädagogische Weiterentwicklung im abgefragten Sinne waren etwa, ob neue oder zusätzliche Unterrichtsmittel, Angebote, Fächer, Unterrichtsmethoden eingeführt wurden oder sich die Lehrpersonen weiterbilden und darüber berichten. Die Frage, ob es an der Schule überhaupt pädagogische Weiterentwicklung gibt oder ob die Eltern darüber einfach nichts oder wenig erfahren, kann die Studie nicht abschliessend beantworten. Trotzdem lässt sich aus dem von den Eltern wahrgenommenen Profil (Abbildung 17) und verschiedenen Fragen (Abbildungen 34 und 35) ableiten, dass die Steinerschulen aus Sicht der Schuleltern nicht besonders innovativ sind.

„Es braucht unbedingt neue Lern- und Unterrichtsmethoden und didaktische Überlegungen, wie die Inhalte den heutigen Jugendlichen vermittelt werden können." (Elternzitat)

Ebenso haben die Schuleltern das Gefühl, kaum in die Weiterentwicklung der Schulen miteinbezogen zu werden. Das ist insofern erstaunlich, als gemäss den Strukturdaten bei der Elternschaft ein beträchtliches fachliches Potenzial vorhanden wäre. Selbst wenn sie dies wollten, zweifeln 62% der Schuleltern daran, dass sie das Unterrichtswesen beeinflussen könnten. 60% der Eltern merken auch an, dass sie sich nicht in die Pädagogik der Schule einmischen sollten, denn diese sollte alleine durch das Kollegium, respektive durch die einzelne Lehrperson, gestaltet und verantwortet werden. Nur 17% der Eltern widersprechen dieser Meinung klar.

Das oben Gesagte wird gestützt durch die Antworten zur Frage: Wie viel Erneuerungskraft hat die Rudolf Steiner Schule, um sich den aktuellen Fragen und Herausforderungen unserer Zeit zu stellen und um ihre Pädagogik auch in Zukunft zeitgemäss zu gestalten? Auf einer Skala von 1 bis 10 (10=positives Ende) ergab sich ein Mittelwert (M) von 6.57/10 (n=2'420) und ein Median von 7.0. Die Meinung der Männer dazu fiel noch etwas skeptischer aus als diejenige der Frauen (M Männer=6.45/10 ±0.07, n=873 vs. M Frauen=6.66 ±0.05, n=1'435; p=0.0126*).

Mit der Tabelle in Abbildung 35 werden die oben graphisch, als Gesamtresultate aller Elterngruppen erörterten Fragestellungen zur Wahrnehmung der Schulsituation und Zusammenarbeit unterteilt nach den verschiedenen Gruppen von Schuleltern präsentiert. Nur die signifikant unterschiedlichen Mittelwerte (M) sind in der Tabelle aufgeführt.

Abbildung 35: Empfinden über die Zusammenarbeit nach Elterngruppen

Bewertung der Aussagen durch die Elterngruppen	Veteranen / Novizen	Andere Berufe / RSS-Lehrkräfte	Männer / Frauen	Ehemalige / Nicht-Ehemalige	Alle Schuleltern M / (Median)
Ich kann das Soziale (Bazar etc.) an der RSS mitgestalten	4.49/4.59**		4.48/4.60***		4.55/(5.0)
Für mich wichtig, den Lehrplan der RSS zu kennen		4.11/4.38**	3.93/4.24***		4.12/(4.0)
An der Schule wird Waldorfpädagogik gut umgesetzt	3.87/4.18***				4.06/(4.0)

Bewertung der Aussagen durch die Elterngruppen	Veteranen / Novizen	Andere Berufe / RSS-Lehrkräfte	Männer / Frauen	Ehemalige / Nicht-Ehemalige	Alle Schuleltern M / (Median)
Vertrauensvolle Erziehungspartnerschaft zwischen mir und LP	3.90/4.12***				4.04/(4.0)
Die schriftlichen Zeugnisse sind aussagekräftig				3.93/4.05*	4.03/(4.0)
RSS vermittelt, warum u. wann welche Akzente im Lehrplan sind		3.89/4.15*			3.90/(4.0)
Unterricht wird nicht durch Konflikte zwischen LP gestört	3.70/3.89***				3.82/4.0
Genügend oft Info von LP über die Entwicklung meines Kindes			3.90/3.76**		3.80/(4.0)
Die Elternabende sind gehaltvoll und helfen mir	3.63/3.82***		3.67/3.80**		3.75/(4.0)
RSS ist vertrauensvoll zusammenarbeitende Gemeinschaft Eltern-LP	3.61/3.77***	3.72/3.50*		3.59/3.73*	3.71/(4.0)
Die LP setzten sich ernsthaft und sachlich mit Kritik auseinander	3.53/3.79***				3.69/(4.0)

Bewertung der Aussagen durch die Elterngruppen	Veteranen / Novizen	Andere Berufe / RSS-Lehrkräfte	Männer / Frauen	Ehemalige / Nicht-Ehemalige	Alle Schuleltern M / (Median)
Kollegium arbeitet zur pädagog. Entwicklung mit Eltern zusammen	3.60/3.70*		3.60/3.71*		3.66/(4.0)
Eltern sollen sich nicht in den Unterricht einmischen		3.63/3.97**		3.87/3.60***	3.65/(4.0)
Lernstandinfo über mein Kind zw. mir u. LP ist gehaltvoll	3.37/3.55***			3.38/3.50*	3.09/(3.0)
Zusammenarbeit zwischen Elternrat u. Kollegium ist förderlich	3.39/3.53**				3.47/(4.0)
Ich habe den Eindruck RSS macht regelmässig Leitbildarbeit			3.34/3.50***		3.43/(4.0)
Ich sehe, dass sich die RSS pädagogisch weiterentwickelt		3.34/3.64*			3.35/(3.0)
Gut funktionierende Konflikt- und Streitkultur an der RSS	3.08/3.22**			3.05/3.19**	3.16/(3.0)
Ich kann das Pädagogische an der RSS mitgestalten	2.13/2.33***		2.40/2.17***	2.15/2.27*	2.25/(2.0)

Legende zu Abbildung 35: RSS=Rudolf Steiner Schule, SuS=Schüler und Schülerinnen. Alle Werte sind als Mittelwert M auf einer Skala von 1 bis 5 angegeben, wobei 1 bedeutet: trifft überhaupt nicht zu, 5 bedeutet: trifft voll zu. Lesebeispiel: Die Aussage „Ich kann das Soziale (Bazar etc.)

an der RSS mitgestalten" beurteilen die Veteranen im Schnitt mit 4.49 von maximal 5 Punkten als zutreffend; für die Novizen trifft die Aussage im Mittel mit 4,59 Punkten noch etwas stärker zu. Die Elterngruppen in kursiver Schrift sind Schuleltern, denen aufgrund ihrer längeren Steinerschulerfahrung höhere Beurteilungskompetenz zugetraut wird als den anderen Elterngruppen. Fette Zahlen markieren kritischere, negativere oder weniger zustimmende Beurteilung. Die Werte der jeweiligen Gruppenpaare sind signifikant unterschiedlich.

Einmal mehr antworten die Elterngruppen mit „höherer" RSS-Kompetenz, also diejenigen mit über sechsjähriger Erfahrung als Schuleltern (RSS-Veteranen) und diejenigen Schuleltern, die selbst zur Steinerschule gingen (RSS-Ehemalige), weniger positiv als die übrigen Schuleltern. Wohlwollender als die übrigen Schuleltern beurteilen die RSS-Lehrer und -Lehrerinnen ihre Aktivitäten. Dagegen bewerten sie das Vertrauensverhältnis zwischen sich und den Eltern als weniger ausgeprägt, als es die Eltern tun. Das könnte bedeuten, dass die Lehrer und Lehrerinnen gerne mehr Vertrauen von den Eltern gezeigt bekämen. Wie die übrigen Eltern, sehen auch die RSS-Lehrer und -Lehrerinnen selbst nicht sehr viel pädagogische Weiterentwicklung an ihren Schulen (M=3.64/5). Deutlich dezidierter als die übrigen Eltern meinen die RSS-Lehrpersonen hingegen, dass sich die Eltern nicht in das Unterrichtswesen einmischen sollten.

> *„Die Waldorfpädagogik zu erneuern – ohne ihren Kern zu verlieren – ist dringend notwendig. Damit ist aber nicht gemeint, sich staatlichen Schulzwängen anzupassen." (Elternzitat)*

Bei der Priorisierung von Veränderungsinitiativen könnten die Schulen, unter Berücksichtigung der Beurteilung durch die Novizen, die Meinungen der Elterngruppen mit „höherer" RSS-Kompetenz als erste Richtungsweisung werten wollen.

In den folgenden Kapiteln (3.9.2. bis 3.9.4.) wird die Entwicklungsfähigkeit der Schulen im Zusammenhang mit anderen wichtigen Wahrnehmungen der Schuleltern betrachtet. Dazu wurden inhaltlich miteinander verbundene Fragen aus dem Fragebogen zu Themen zusammengefasst. Dazu wurde die Methode der konfirmatorischen Faktorenanalyse angewendet. Lars Petersen präsentiert und kommentiert die Statistik dieser Analyse in Anhang II.

3.9.2. Schulentwicklung und Lehrer-Eltern-Interaktion

Beide Variablen – Schulentwicklung und Beziehung zwischen Lehrpersonen und Eltern – haben Einfluss darauf, wie gut die Schule ihren Ziele heute und morgen gerecht werden kann. Die Studie wollte deshalb die vermutete Beziehung zwischen der elterlichen Einschätzung der Entwicklungsfähigkeit ihrer Steinerschule und der von den Eltern empfundenen Qualität der Kooperation zwischen ihnen und den jeweils für sie zuständigen Lehrerinnen und Lehrer statistisch testen. Eine positive Korrelation konnte nachgewiesen werden. Es lohnt sich also für die Schulen, an der Verbesserung beider Komponenten zu arbeiten.

Die Ergebnisse von vier mit dem Thema allgemeine Schulentwicklung zusammenhängenden Fragen des Fragebogens wurden zu einem Thema Entwicklungsfähigkeit der Schule (latentes Konstrukt ENTWI) zusammengefasst und auf Schulebene dem Thema Zusammenarbeit zwischen Eltern und Lehrpersonen gegenübergestellt. Die Ergebnisse von acht Fragen aus dem Fragebogen wurden dazu zum Thema Lehrer-Eltern-Interaktion (latentes Konstrukt LEINT) gebündelt. So wird es möglich, Beurteilungen durch die Schuleltern thematisch aggregiert pro Schule zu betrachten und allenfalls Massnahmen in diesen Themenfeldern zu ergreifen.

Wie Abbildung 36 zeigt, haben diejenigen Schulen, die als entwicklungsstark (überdurchschnittliche Mittelwerte) eingestuft werden, aus Sicht der Schuleltern auch eine hohe Qualität im Zusammenwirken von Eltern und Lehrpersonen. Die beiden Themen hängen also eng miteinander zusammen und beeinflussen sich gegenseitig. Ergreift eine Schule Massnahmen, um z.B. die pädagogische Kooperation und/oder die Gesprächsqualität mit den Eltern und/oder die Inhalte der Elternabende spürbar zu verbessern, so darf man annehmen, dass sich die Beurteilungen der Lehrer-Eltern-Interaktion (LEINT) und die Beurteilung der Entwicklungsfähigkeit der Schule (ENTWI) verbessern. Statistisch gesehen, besteht hier eine mittelstarke Beziehung. Ein kausaler Zusammenhang ist damit nicht nachgewiesen.

Die Schulen mit unterdurchschnittlichen Mittelwerten befinden sich in der Abbildung 36 unten links im Süd-West-Quadranten. Sind die Unterschiede zum globalen Mittelwert zudem signifikant, fühlen sich diese Schulen dadurch vielleicht aufgefordert, ihrer Elternschaft beispielsweise Neuerungen, pädagogische Weiterentwicklungen und Erfolge verständlich zu kommunizieren und/oder die Interaktion, das Gespräch, die Zusammenarbeit zwischen Lehrpersonen und den Eltern zu intensivieren und ausgeprägter zu pflegen.

Abbildung 36: Entwicklungsfähigkeit der Schule und Qualität der Lehrer-Eltern-Interaktion

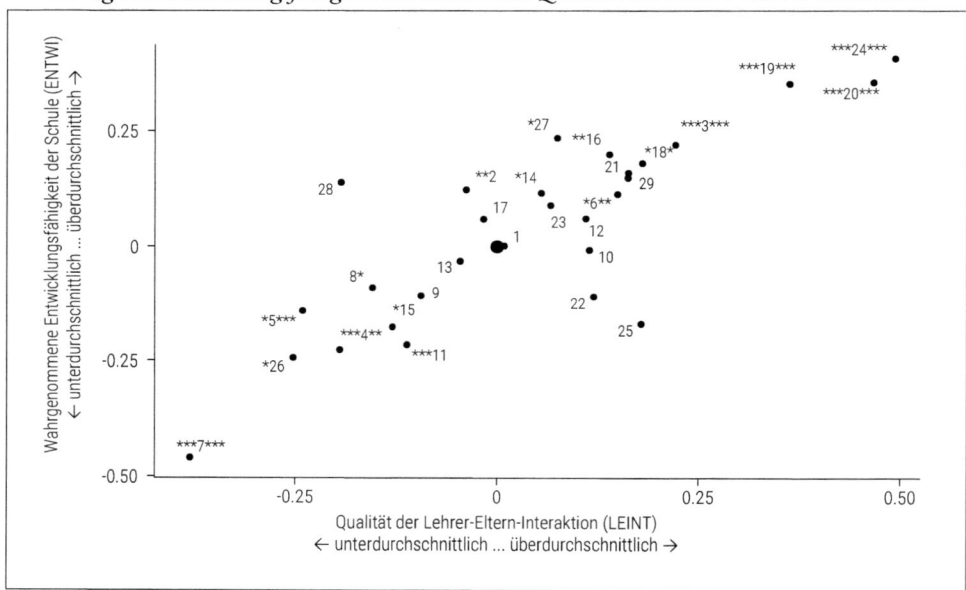

Legend zu Abbildung 36: Der Between-Korrelationskoeffizient rb = 0.688.
Der grosse Punkt markiert den globalen auf null gesetzten Mittelwert der Werte aller Schuleltern. Die kleinen, schwarzen Punkte zeigen die Positionen der einzelnen Schulen mit ihren Mittelwerten, die in Relation zum globalen Mittelwert 0 angegeben sind. Die zu den Punkten zugehörige Zahl steht für die (hier anonymisierte) Schule. Die Sternchen links der Zahlen geben das Signifikanzniveau des Unterschiedes des jeweiligen Mittelwertes auf der vertikalen Achse ENTWI (Ordinate) verglichen mit dem globalen Mittelwert (grosser Punkt) an. Die Sternchen rechts der Zahlen geben analog das Signifikanzniveau für die Werte auf der horizontalen Achse LEINT (Abszisse). Bei Punkten mit Zahlen ohne Sternchen ist der Unterschied zum globalen Mittelwert zufällig und somit nicht-signifikant.
Das Konstrukt ENTWI erzeugt die Indikatorvariablen: ENTLTBI, ENTPAED, ENTVERW, ENTTRSP. Das Konstrukt LEINT erzeugt die Indikatorvariablen: ENTGHVL, ENTLERN,

ENTELTA, ENTPART, ENTGEME, EINELTE, ENTZGNI, ENTZPQA. (Siehe Abkürzungs-
verzeichnis und Anhang II.)

Der Vergleich der Schulen ist eher als qualitatives Indiz für die Unterschiedlichkeit der Beurteilung durch die Eltern zu werten. Der Vergleich besagt nicht, die eine Schule sei absolut besser oder schlechter bezüglich der gemessenen Konstrukte (hier Entwicklungsfähigkeit der Schule und Lehrer-Eltern-Interaktion) als die andere. Einerseits sind die Unterschiede zu den globalen Durchschnitten vielfach statistisch nicht signifikant, können also rein zufällig sein, andererseits sind die antwortenden Elternschaften der einzelnen Schulen strukturell nicht identisch, was zu Verzerrungen bei der statistischen Analyse führen kann.

Diese Bemerkungen gelten sinngemäss auch für die Abbildungen 38 und 39, die Werte mehrerer Einzelschulen zeigen.

3.9.2.1. Aspekte der Erziehungspartnerschaft Eltern-Lehrer fokussiert betrachtet

In der Waldorfpädagogik ist die Zusammenarbeit zwischen den Eltern und den für die Schulung ihres Kindes verantwortlichen Lehrpersonen ebenso wichtig wie die Beziehung der Lehrperson zum Kind. Die Pädagogik kann dann optimal wirken, wenn das Dreiecksverhältnis zwischen Kind, Eltern und Lehrperson kooperativ und vertrauensvoll ist (Maurer, 2015). Mit verschiedenen Fragen wurden die Schuleltern aufgefordert, die Qualität ihrer Interaktion mit den für sie zuständigen Lehrpersonen zu beurteilen.

Abbildung 37 zeigt, wie die erfahreneren Steinerschuleltern, die seit mehr als sechs Jahren Kinder an der Schule haben (RSS-Veteranen) und die RSS-Novizen, wichtige Aspekte der Interaktion zwischen sich und den Lehrern und Lehrerinnen einschätzen. Die einzelnen Fragen wurden weiter oben schon einzeln und für alle Schuleltern über verschiedene Kapitel verteilt rapportiert. Wegen der Wichtigkeit des Themas Eltern-Lehrer-Interaktion werden die Einzelfragen hier kontextuell, als Teile dieser Fragestellung, zusammen präsentiert. Das Thema wird so transparenter und „operationabler" hinsichtlich allfälliger Veränderungsmassnahmen.

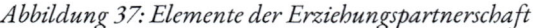

Abbildung 37: Elemente der Erziehungspartnerschaft

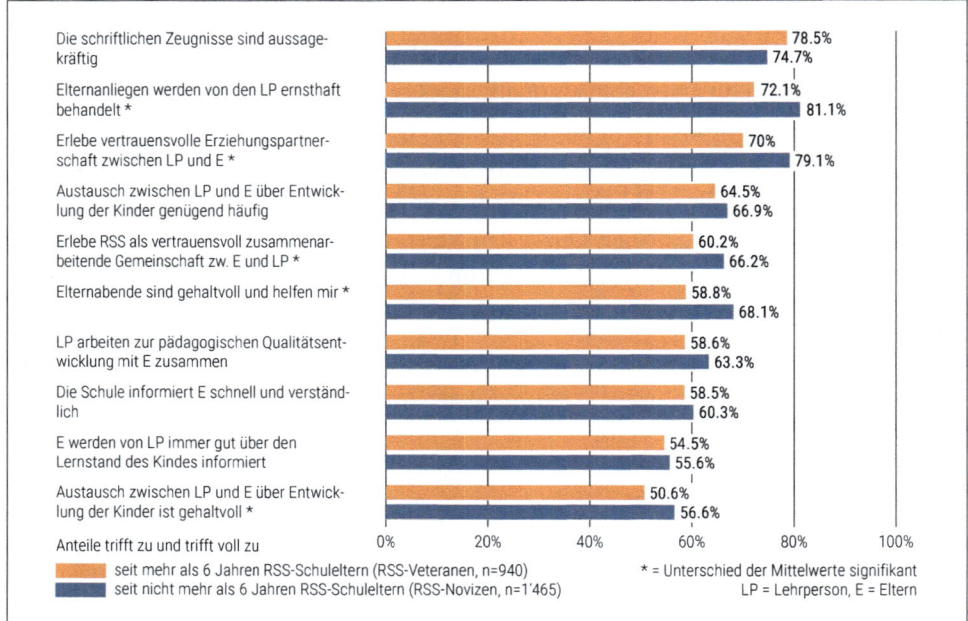

Den RSS-Veteranen als Referenzwerte sind in Abbildung 37 die Beurteilungen der weniger steinerschulerfahrenen, übrigen Schuleltern (RSS-Novizen) beigestellt. Anscheinend nimmt die Zufriedenheit mit der Qualität der Eltern-Lehrer-Interaktion, der Zusammenarbeit und den Möglichkeiten der Mitarbeit der Eltern mit längerdauernder Steinerschulerfahrung ab.

Besonders fallen die wenig hohen Beurteilungen und der grosse Unterschied zwischen Veteranen und Novizen bezüglich der Qualität der Elternabende auf. Viele Lehrpersonen nutzen Elternabende als geeignete Plattform, um auf Augenhöhe mit den Eltern allgemeine und spezifische pädagogische Fragen zu erörtern, das Warum ihrer didaktischen und methodischen Vorgehensweise zu besprechen und, sich gegenseitig bildend, voranzukommen. Elternabende sind wertvollste Zeit in der Eltern-Lehrer-Interaktion und werden deshalb besser nicht mit Administrativem beladen, das schriftlich abgegeben oder via Homepage kommuniziert werden kann. Gehaltvolle Elternabende vermeiden es auch, individuelle Erziehungsprobleme im Plenum gemeinsam lösen zu wollen.

Ob ein Elternabend befriedigend und gehaltvoll verläuft, liegt sowohl in der Verantwortung der Lehrpersonen als auch der Eltern selbst.

Dass die meisten Schuleltern finden, es werde zwar genügend häufig mit ihnen über die Entwicklung ihres Kindes gesprochen, aber nur knapp die Hälfte der Schuleltern die Qualität dieses Austausches gehaltvoll findet, wird von den Schulen kaum unbesehen hingenommen werden wollen.

An Steinerschulen bekommen die Schüler und Schülerinnen schriftliche Leistungs- und Entwicklungsberichte, gut drei Viertel der Eltern finden sie aussagekräftig. Notenzeugnisse gibt es meistens erst in den oberen Klassen, oft zusätzlich zu mündlichen oder schriftlichen Leistungsrückmeldungen. Die Wortzeugnisse wollen das individuelle Leistungsvermögen und Leistungsverhalten konkret und nachvollziehbar beschreiben. Sie sollen glaubwürdig und detailliert sein. So können sie dem Schüler und der Schülerin nötige Entwicklungswege aufzeigen und sie motivieren, aus eigenem Willen auf dem vorgeschlagenen Weg weiterzuarbeiten. Den Eltern sollen die Zeugnisse bei der häuslichen Erziehung helfen. Ein Zeugnis muss auch Externe klar über die Fähigkeiten der Schülerin oder des Schülers informieren. Das Wortzeugnis darf nicht beliebig interpretierbar sein. Das gelingt nicht immer:

> *„Mein Kind wurde im Wortzeugnis von allen Lehrern gelobt. ‚Bedeutet das, Du hattest im Rechnen die Bestnote?‘ Der potentielle Lehrmeister traute der Sache nicht und nahm mein Kind nicht in die Lehre." (Elternzitat)*

Wenn das ausgezeichnete Wortzeugnis in diesem Beispiel vielleicht auch nur ein Vorwand und nicht allein ausschlaggebend für die Ablehnung war, zeigt es doch eine Problematik und macht den hohen Anspruch, den Wortzeugnisse an die Lehrpersonen als Verfasser und Verfasserinnen stellen, deutlich. Andreas Schleicher, Direktor Bildung bei der OECD und selbst ehemaliger Waldorfschüler, meint: Noten seien ein wichtiges Instrument des Leistungsfeedbacks und des Vergleichs. Eine individuelle Rückmeldung zu schreiben, verlange der Lehrperson aber erheblich mehr ab als eine Notenbeurteilung und sei eben auch für die Lehrperson selbst ein wichtiger Prozess. Wenn Leistungsbeurteilung richtig gemacht werde, sei sie Teil des Lernens und nehme nicht Zeit vom Lernen weg. Schleicher zitiert ein Beispiel aus Schweden, wo am Ende des

Schuljahres Lehrer, Schüler und Eltern gemeinsam die Leistungen, Stärken und Schwächen des Schülers im Detail besprechen würden, ohne dass sich eine Partei über die andere beschweren könne. Jeder müsse sich da überlegen, was er selbst tun könne, um die Dinge besser zu machen. (Pfister, 2017)

Selbstverständlich müssen die Ergebnisse der Analyse der Qualität der Interaktion zwischen Lehrpersonen und Eltern von den einzelnen Schulen situativ beurteilt werden. Dennoch darf schon aus der kumulierten, statistischen Beschreibung abgeleitet werden, dass Aspekte der Eltern-Lehrer-Interaktion für die betreffenden Steinerschulen ein Arbeitsfeld zur weiteren Entwicklung sein sollten. Zustimmungsraten von z.B. unter 70% dürften eigentlich Anreiz sein, sich vertiefter mit der Problematik und mit einzelnen Aspekten der Eltern-Lehrer-Interaktion auseinander zu setzen, und zwar konstruktiv aufseiten des Kollegiums und aufseiten der Schuleltern, z.B. auch mit Hilfe des Elternrates (siehe Kapitel 5.7.2.).

3.9.3. Schulentwicklung und Identifikation mit der Schule

Wie in Kapitel 3.9.2. für die Schulentwicklung und die Lehrer-Eltern-Interaktion sinngemäss erklärt, zeigt Abbildung 38 nun die Themen allgemeine Schulentwicklung und Identifikation der Eltern mit der Schule einander gegenübergestellt. Das latente Konstrukt Entwicklungsfähigkeit der Schule (ENTWI) ist identisch mit demjenigen in Kapitel 3.9.2. (Abbildung 36). Zur Beschreibung, wie sich die Eltern Konzept und Ideale der RSS zu eigen machen, sich damit identifizieren, wurden die Ergebnisse von fünf Fragen aus dem Fragebogen zum Thema Identifikation mit der Schule (latentes Konstrukt IDENT) gebündelt. Die schwarzen Punkte bezeichnen die mittlere Entwicklungsfähigkeit der Schulen und die mittlere Intensität, mit der sich die Eltern mit der Schule identifizieren und sich emotional mit ihr verbinden. Die Werte sind relativ zum willkürlich auf null gesetzten globalen Mittelwert ausgedrückt. Die den schwarzen Punkten zugehörigen Zahlen stehen für den anonymisierten Namen der Schulen.

Der Zusammenhang zwischen Entwicklungsfähigkeit und Identifikation ist bereits auf individueller Ebene schwach (rw=0.331), d.h., die beiden Variablen verhalten sich nur in geringem Masse gleichmässig zueinander. Auf Schulebene ist überhaupt keine signifikante Korrelation festzustellen, was damit zusammenhängt, dass bereits die Unterschiede zwischen den Schulen hinsichtlich der Identifikation ihrer Eltern nicht signifikant sind, d.h., es gibt keine Schulen, mit denen sich die zugehörigen Eltern systematisch mehr oder weniger stark verbinden, als dies bei anderen Schulen der Fall wäre. Somit ist auch nicht davon auszugehen, dass eine Erhöhung der Entwicklungsfähigkeit zu einer stärkeren Identifikation der Eltern mit ihrer Schule führte.

Abbildung 38: Entwicklungsfähigkeit der Schule und Identifikation

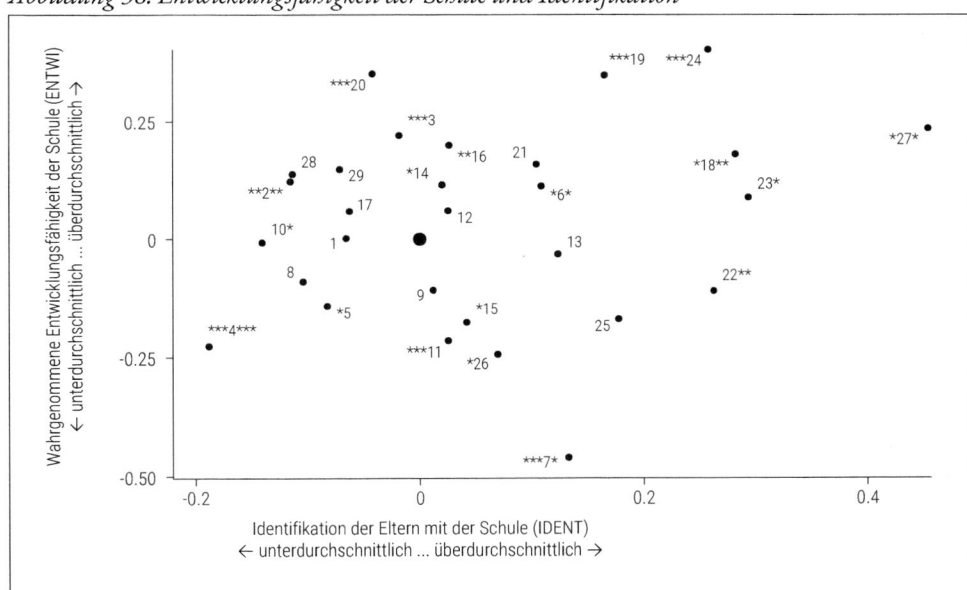

Legende zu Abbildung 38: Der Between-Korrelationskoeffizient rb ist nicht signifikant von null verschieden.

Der grosse Punkt markiert den globalen auf null gesetzten Mittelwert der Werte aller Schuleltern. Die kleinen, schwarzen Punkte zeigen die Positionen der einzelnen Schulen mit ihren Mittelwerten, die in Relation zum globalen Mittelwert 0 angegeben sind. Die zu den Punkten zugehörige Zahl steht für die (hier anonymisierte) Schule. Die Sternchen links der Zahlen geben das Signifikanzniveau des Unterschiedes des jeweiligen Mittelwertes auf der vertikalen Achse ENTWI (Ordinate) verglichen mit dem globalen Mittelwert (grosser Punkt) an. Die Sternchen rechts der Zahlen geben analog das Signifikanzniveau für die Werte auf der horizontalen Achse IDENT (Abszisse) an.

*Bei Punkten mit Zahlen ohne Sternchen ist der Unterschied zum globalen Mittelwert zufällig und
somit nicht signifikant.*

*Das Konstrukt ENTWI erzeugt die Indikatorvariablen: ENTLTBI, ENTPAED, ENTVERW,
ENTTRSP. Das Konstrukt IDENT erzeugt die Indikatorvariablen: FITKRIT, FITINTE, FITS-
WIR, FITERFO, FITLOBT. (Siehe Abkürzungsverzeichnis und Anhang II.)*

3.9.4. Schulentwicklung und Modernität der Schule

In diesem Kapitel sind pro Schule die beiden Themen Schulentwicklung und Modernität dargestellt. Das schon in Kapitel 3.9.2. beschriebene Thema Schulentwicklung (latentes Konstrukt ENTWI) wird in Abbildung 39 dem Thema Zeitgemässheit (latentes
Konstrukt ZEGE) gegenübergestellt. Dafür wurden die Ergebnisse von acht Fragen, die
mit Modernität zusammenhängen, gebündelt. Zeitgemässheit beschreibt hier, was man
auch als Modernität des schulischen Unterrichts oder Zeitgenossenschaft der Lehrpersonen bezeichnen könnte. Zeitgemässheit beinhaltet demnach Aspekte wie z.B.:
didaktisches Eingehen auf Zeitphänomene, Dogmatismus, Innovationen, das In-der-
heutigen-Zeit-Stehen der Lehrpersonen, Weltoffenheit, Flexibilität und Erneuerungs-
potenzial. Das als statistisches Konstrukt gefasste Thema (ZEGE) vermag natürlich
die hier gemeinte Zeitgemässheit nicht vollumfänglich zu erfassen. Ein rudimentärer
nomologischer Test, in Form einer kleinen Expertenbefragung, hat jedoch bestätigt,
dass die gewählten Aspekte helfen, Zeitgemässheit im Sinne von Zeitgenossenschaft zu
umschreiben.

Die beiden Themen hängen auf die einzelnen Elternteile bezogen mittelmässig stark
miteinander zusammen (rw=0.680). Diejenigen Eltern, die ihre Schule als überdurchschnittlich zeitgemäss einstufen, nehmen diese auch als überdurchschnittlich entwicklungsfähig wahr. Ein entsprechender Zusammenhang auf Schulebene ist allerdings
nicht nachweisbar. Schulen, die von den Eltern als überdurchschnittlich zeitgemäss
eingestuft werden, werden nur in geringem Masse auch als überdurchschnittlich entwicklungsfähig wahrgenommen. Damit ist also noch nicht gesagt, dass die beiden Themen inhaltlich, kausal voneinander abhängig sind. Trotzdem ermutigt die Analyse insbesondere die Schulen mit unterdurchschnittlichen Werten, die Frage zu prüfen, wie
ihr Unterricht und ihr Verhalten allenfalls zeitgemässer gestaltet werden könnten.

Abbildung 39: Schulentwicklung und Zeitgemässheit der RSS

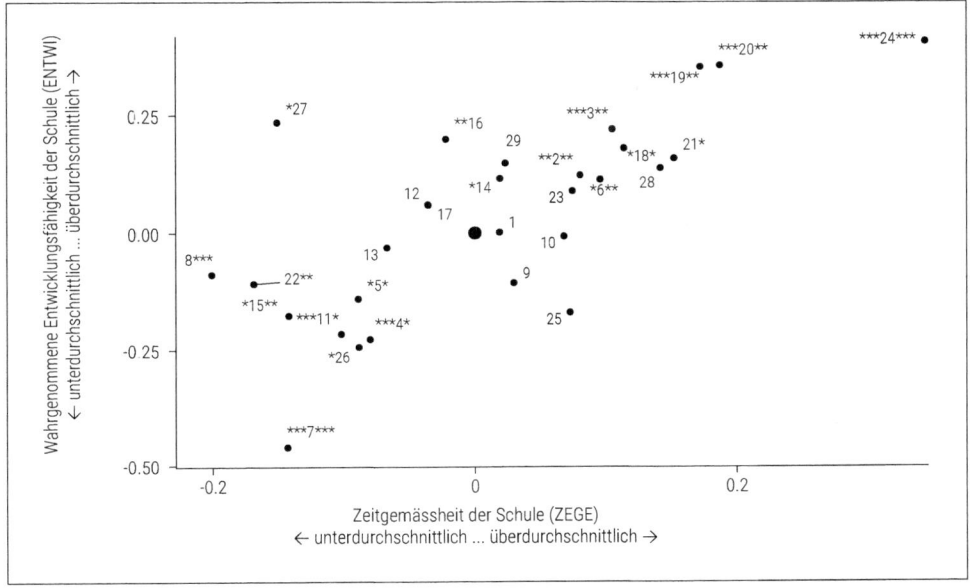

Legende zu Abbildung 39: Der Between-Korrelationskoeffizient rb ist nicht signifikant von null verschieden.

Der grosse Punkt markiert den globalen auf null gesetzten Mittelwert der Werte aller Schuleltern. Die kleinen, schwarzen Punkte zeigen die Positionen der einzelnen Schulen mit ihren Mittelwerten, die in Relation zum globalen Mittelwert 0 angegeben sind. Die zu den Punkten zugehörige Zahl steht für die (hier anonymisierte) Schule. Die Sternchen links der Zahlen geben das Signifikanzniveau des Unterschiedes des jeweiligen Mittelwertes auf der vertikalen Achse ENTWI (Ordinate) verglichen mit dem globalen Mittelwert (grosser Punkt) an. Die Sternchen rechts der Zahlen geben analog das Signifikanzniveau für die Werte auf der horizontalen Achse ZEGE (Abszisse) an. Bei Punkten mit Zahlen ohne Sternchen ist der Unterschied zum globalen Mittelwert zufällig und somit nicht signifikant.

Das Konstrukt ENTWI erzeugt die Indikatorvariablen: ENTLTBI, ENTPAED, ENTVERW, ENTTRSP. Das Konstrukt ZEGE erzeugt die Indikatorvariablen: EINAKTU, ENTPAED, EINWELT, PROBEWE, PROALTM, PRODOGM, PROINNO, PROWELT. (Siehe Abkürzungsverzeichnis und Anhang II.)

3.9.4.1. Aspekte der Zeitgenossenschaft fokussiert betrachtet

Hellwach in der heutigen Zeit zu sein, wird von Rudolf Steiner als ein Grundsatz für eine Waldorfschule und als Lebensmaxime für Waldorflehrer und Waldorflehrerinnen gefordert: „Wir müssen lebendiges Interesse haben für alles, was heute in der Zeit vor sich geht, sonst sind wir für diese Schule schlechte Lehrer. Wir dürfen uns nicht nur einsetzen für unsere besonderen Aufgaben. Wir werden nur dann gute Lehrer sein, wenn wir lebendiges Interesse haben für alles, was in der Welt vorgeht" (Steiner, 1980 a).

Wegen der grossen Bedeutung, das dem Thema Zeitgenossenschaft und zeitgemässem Unterricht an Waldorfschulen beigemessen wird, sind nachfolgend einige Aspekte dieser positiven Ausprägung von Modernität nochmals beleuchtet (siehe auch Kapitel 3.9.4.). Abbildung 40 illustriert, wie die Schuleltern, die nicht gleichzeitig Lehrpersonen an einer Waldorfschule sind, und wie die Schuleltern, die gleichzeitig RSS-Lehrpersonen sind, Modernität respektive Zeitgemässheit in ihrer Schule einschätzen.

Abbildung 40: Elemente der Zeitgemässheit

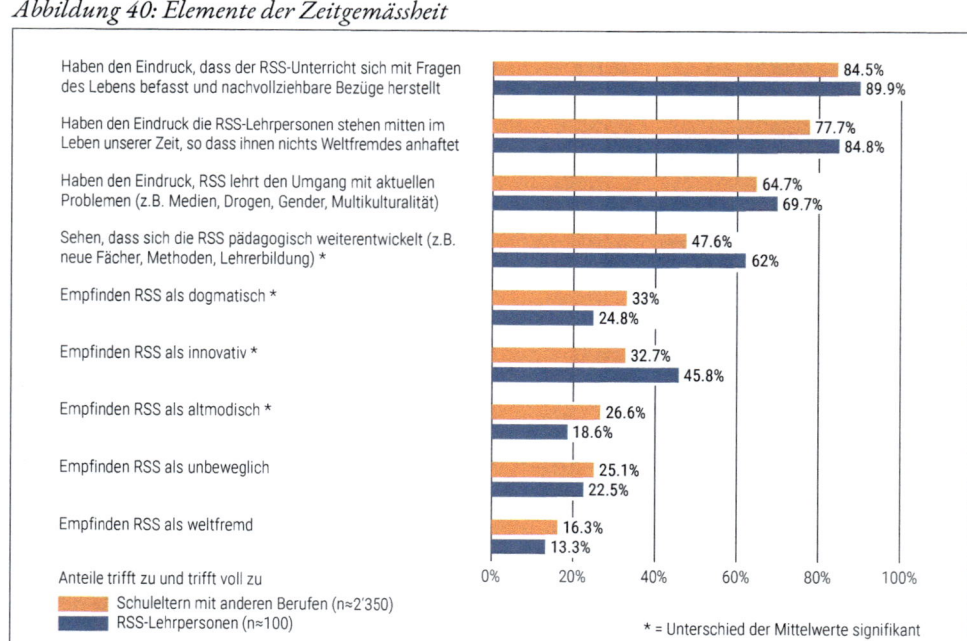

Die Balken illustrieren den Prozentsatz der Antwortenden, die den jeweiligen Aussagen positiv zustimmen. Durch die gemeinsame Darstellung der Ergebnisse der einzelnen Fragen in einer Übersicht wird das Thema transparenter und „operationabler" für allfällige Veränderungsmassnahmen.

Insbesondere die relativ hohen Zustimmungsraten zu qualitativ zusammenhängenden und belastenden Charakterisierungen wie dogmatisch, unbeweglich, altmodisch, respektive die relativ wenig hohe Zustimmung zu pädagogischen Entwicklungsbestrebungen und zum unterrichtsmässigen Aufarbeiten relevanter Zeitphänomene lassen aufhorchen. Es fragt sich, ob diesbezüglich Steiners Forderung nach „lebendigem Interesse haben für alles, was heute in der Zeit vor sich geht", und dem Fernhalten von allem Dogmatischem von den betreffenden Schulen vollauf genüge getan wird (siehe Kapitel 5.5.). Interessant ist auch, dass die Antworten der RSS-Lehrpersonen bei einigen der obigen Charakterisierungen der Schule klar positiver ausfallen als jene der übrigen Schuleltern aus anderen Berufsgruppen. Diese Diskrepanz zwischen Selbstbild und Fremdbild scheint es Wert, detaillierter hinterfragt zu werden.

Die Schuleltern haben einerseits grösstenteils den Eindruck, die Lehrpersonen stünden mitten im Leben unserer Zeit und es hafte ihnen nichts Weltfremdes an, und die RSS selbst wird von allen als überhaupt nicht weltfremd empfunden. Andererseits finden einige Schuleltern, die RSS sei altmodisch.

3.9.5. Empfindung mentaler Offenheit der Schule und ihrer pädagogischen Entwicklung

Mehrmals wurde bisher angesprochen, wie die Eltern die Entwicklungsfähigkeit der Schulen im Zusammenhang mit anderen Faktoren wahrnehmen. Weil Weiterentwicklung für die Zukunft der Steinerschulen ein zentrales Thema bleibt, und um den Schulen gut geprüfte Grundlagen für die Gestaltung ihres erfolgreichen Gedeihens zu liefern, ist es notwendig, diese Frage in verschiedenen Zusammenhängen zu beleuchten.

Ging es in den vorherigen Kapiteln (3.9.2., 3.9.3., 3.9.4.) um die allgemeine Entwicklungsfähigkeit der Schulen, wird nun der Blick darauf gerichtet, wie die Eltern die pädagogische Entwicklung im Zusammenhang mit der von ihnen empfundenen Offenheit ihrer Schulen wahrnehmen. Dazu wurden die Ergebnisse von fünf Fragen aus dem Fragebogen, die inhaltlich Bereitschaft zu Neuem, Beweglichkeit oder Fortschrittlichkeit beurteilten, zum Thema Offenheit (latentes Konstrukt OFFEN) zusammengefasst und den Resultaten auf die Frage: „Ich sehe, dass sich meine RSS pädagogisch weiterentwickelt" (Variable ENTPAED) gegenübergestellt.

Abbildung 41 zeigt, dass die beiden Themen sehr stark zusammenhängen und einander beeinflussen. Die starke Wechselbeziehung lässt darauf schliessen, dass fortschrittlich und weltoffen wirkenden Schulen höhere Fähigkeiten zur pädagogischen Weiterentwicklung zugestanden werden als Schulen, die von den Eltern als weniger offen oder gar als verschlossen empfunden werden. Es lohnt sich also für die Attraktivität einer Schule, sinnvolle pädagogische Neuerungen einzuführen und darüber zu berichten sowie daran zu arbeiten, als beweglich, modern, weltoffen, innovativ und undogmatisch wahrgenommen zu werden. Diejenigen Schulen, die signifikant von den Durchschnittswerten abweichen und sich – bildlich gesprochen – im Südwesten der Abbildung 41 befinden, muntert die Analyse auf, zu beurteilen, wie sie nach Nordosten wandern könnten.

Abbildung 41: Offenheit und pädagogische Entwicklung

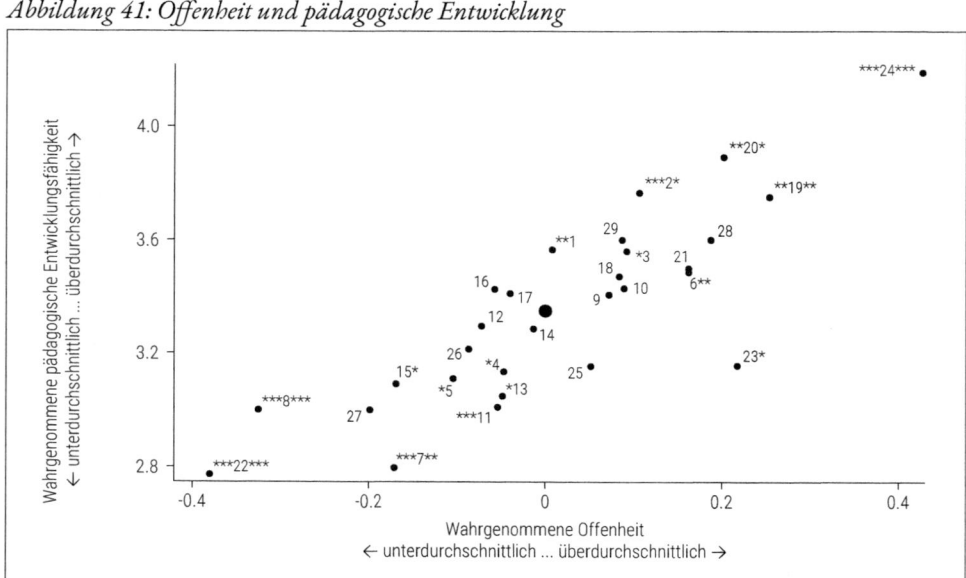

Legende zu Abbildung 41: Der Between-Korrelationskoeffizient rb = 0.884 zeigt einen starken Zusammenhang der beiden Variablen an.

Der grosse Punkt markiert den globalen – für das Konstrukt „Wahrgenommene Offenheit" (OFFEN) – auf null gesetzten Mittelwert der Werte aller Schuleltern sowie den Mittelwert der Werte aller Schuleltern für die „Wahrgenommene pädagogische Entwicklungsfähigkeit" (ENTPAED) (M=3.35/5, 5=positives Ende). Die kleinen, schwarzen Punkte zeigen die Positionen der einzelnen Schulen mit ihren Mittelwerten, die in Relation zu den globalen Mittelwerten angegeben sind. Die zu den Punkten zugehörige Zahl steht für die (hier anonymisierte) Schule. Die Sternchen links der Zahlen geben das Signifikanzniveau des Unterschiedes des jeweiligen Mittelwertes auf der vertikalen Achse ENTPAED (Ordinate) verglichen mit dem globalen Mittelwert (grosser Punkt) an. Die Sternchen rechts der Zahlen geben analog das Signifikanzniveau für die Werte auf der horizontalen Achse OFFEN (Abszisse) an. Bei Punkten mit Zahlen ohne Sternchen ist der Unterschied zum globalen Mittelwert zufällig und somit nicht signifikant.

Das Konstrukt OFFEN erzeugt die Indikatorvariablen: PROBEWE, PROALTM, PRODOGM, PROINNO, PROWELT. Die Variable ENTPAED ist ein Faktor mit nur einer Indikatorvariablen, nämlich dem Item (Frage aus dem Fragebogen): „Ich sehe, dass sich die RSS pädagogisch weiterentwickelt." (Siehe Abkürzungsverzeichnis und Anhang II.)

Die Themen Zeitgemässheit oder Modernität und mentale Offenheit in Verbindung mit der wahrgenommenen allgemeinen und pädagogischen Entwicklungsfähigkeit einer Schule und ihrer Exponenten sind sehr vielschichtig, entsprechend konnten sie hier nur ansatzweise erforscht werden. Trotzdem laden einige der hier kommentierten Beurteilungen die Schulen ein, tiefschürfender darüber nachzudenken, was eigentlich dahintersteckt. Ebenso ist es angezeigt, die Ergebnisse der einzelnen Schulen situativ und anhand der eigenen, schulspezifischen statistischen Daten zu beurteilen, um zu entscheiden, was für sie ein gutes, positives und was ein eher verbesserungswürdiges Resultat ist.

3.10. Perspektiven für die zukünftige Schulgestaltung

Verschiedene Fragestellungen wurden durch Freitextfragen auch qualitativ erforscht. Dazu wurden die Eltern gebeten, Meinungen und Kommentare, in unbegrenzter Länge, zu formulieren. Die Beiträge, die auf diesem Weg eingingen, waren durchwegs sachlich, anständig, teilweise persönlich und teilweise allgemein formuliert. Oft wurde das

Gesagte mit konkreten Beispielen untermauert. Die Schuleltern drückten ihre Zufriedenheit mit der Schule mit viel Lob für die Lehrer und Lehrerinnen aus. Neben konstruktiver Kritik brachten sie auch Sorgen zum Ausdruck.

Das reiche, qualitative Datenmaterial wurde pro Kommentar inhaltlich kodiert und dann mehrschichtig in Haupt- und Unterthemen gruppiert. Diese Analyse wird in den folgenden Kapiteln zusammengefasst vorgestellt. Qualitativ bestätigt und ergänzt sie die entsprechenden, in den vorherigen Kapiteln und weiter unten in diesem Kapitel beschriebenen quantitativen Beurteilungen der Schuleltern. Die hier angesprochenen Themen können die einzelnen Schulen, jeweils auf ihre schulspezifische Situation bezogen, für ihre Weiterentwicklungsstrategien nutzen.

3.10.1. Fürsorglich-kritische Hinweise der Eltern

In dieses Kapitel sind kritisch geprägte, allenfalls zu Verbesserungen anregende Aussagen der Eltern aufgenommen. Abbildung 42 zeigt die Bedeutung der Themen gemessen an der Häufigkeit des Auftretens entsprechender Kommentare. Es ist zu beachten, dass sich die zitierten Aussagen auf situative Elternmeinungen und Erlebnisse der kommentierenden Eltern an ihren Schulen beziehen. Angesichts der Häufigkeit, mit der die gleichen Inhalte von Eltern aus verschiedenen Schulen kommentiert wurden, sind die Schulen eingeladen, diese Themen eingehender zu betrachten und genauer zu hinterfragen.

Die Aussagen wurden mit der Freitextfrage „Was ich auch noch sagen wollte" erhoben. Für profunde Kenner der Waldorfszene dürften die Inhalte der hier widergegebenen Zitate nicht völlig überraschend sein. Was in vielen Kommentaren als Einzelaspekte aufscheint, kann inhaltlich in zwei thematische Fragestellungen gefasst werden, die sich auch in manchen anderen Resultaten der Studie verbergen. Einerseits in der Frage: „Wie kann die Waldorfschule besser mit ihrem eigenen Konfliktpotenzial umgehen?" und andererseits in der Frage: „Wie kann das Potenzial der Waldorfpädagogik genutzt werden, um rascher und beispielhaft vorangehend auf die heutigen pädagogischen Probleme zu antworten?" Und es stellt sich eine weitere Frage: „Können Eltern bei der Lösung dieser Fragen einen Beitrag leisten?"

Abbildung 42: Kritisch kommentierte Schulbereiche

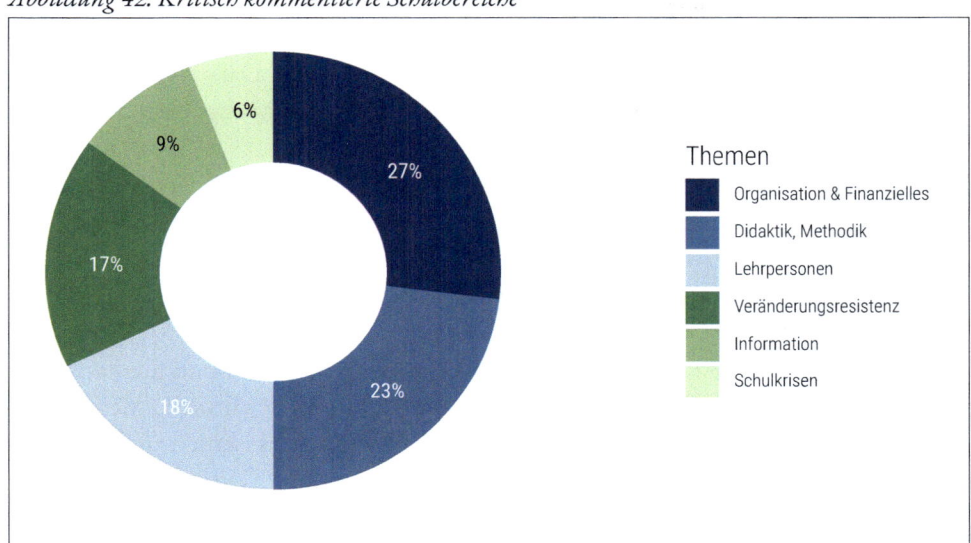

Legende zu Abbildung 42: Total zu diesen Themen gemachte Aussagen = 743. Die Kreisgraphik zeigt die thematisch geordneten Prozentanteile aller spontan (ungestützt) durch die Eltern aufgebrachten und kommentierten kritischen Anliegen. Die entsprechende Freitextfrage lautete: „Was ich auch noch sagen wollte. – Dies ist eine freiwillige Rubrik zur Meinungsäusserung über die Rudolf Steiner Schule.“

Ein gutes Drittel aller hier als eher unzufrieden eingestuften Kommentare betrifft die Organisation der Schulen, ihre als intransparent, manchmal auch als unklar und umständlich empfundene Kommunikation sowie die Schulfinanzierung. In den 207 Aussagen dazu wird wiederholt gefordert, dass sich die Schulen um staatliche Mitfinanzierung und um Steuerrabatte bemühen sollten. Unbeliebt sind auch Beitragssysteme, welche die Familien mit mittleren Einkommen relativ höher belasten als andere Einkommensgruppen. Ein gewisses Ärgernis ist da und dort larges Management und mangelnde Kontrolle sowie das Gefühl, viel bezahlen und erst noch mitarbeiten zu müssen. Manchmal entsteht der Eindruck, ...

„... dass sich die Schule stark mit ihren internen Problemen beschäftigt und gar nicht verstanden wird, dass Eltern ja auch ‚Kunden‘ sind". (Elternzitat)

Die von den Kollegien gepflegte, allumfassende Selbstverwaltung der Schule ist sehr anspruchsvoll, scheinbar zeitraubend und konfliktträchtig, und sie neigt dazu, komplizierte, intransparente Strukturen und Prozesse zu begünstigen. Daraus entsteht Ineffizienz in der Organisation und manchmal der Eindruck von Führungslosigkeit.

> *„Ich finde, die Kollegien sind mit der Selbstverwaltung der Schulen überfordert. Gute Pädagogen sind meist nicht talentierte Unternehmer, sonst wären sie Unternehmer und keine Pädagogen. Die Ausnahmen gehen im Zwang kollektiver Kollegiums-Entscheidungen unter." (Elternzitat)*

Fast die Hälfte der 743 Kommentare befasst sich mit didaktischen und methodischen Aspekten und mit Lehrkräften. Häufig wird angeführt, es gebe zu wenig Medienkunde, Lebenskunde und selbständiges respektive selbstbestimmtes Lernen an der Schule, denn „selbstbestimmtes Lernen ist auch kindgerechtes Lernen" (Largo, 2017).

> *„Im Allgemeinen sollten die Lehrpersonen die Schüler und Schülerinnen mehr zum selbstwirksamen Lernen anleiten und begleiten." Und: „Die Kinder sollten regelmässiger mit klar aufgegebenen Hausaufgaben für das selbständige Lernen gefordert werden." (Elternzitate)*

Manchmal sind die Eltern unsicher, ob von den Schülern und Schülerinnen auch genug gefordert und genug Hausaufgaben verlangt werden. Es soll dabei aber nicht darum gehen, Druck auf die Kinder auszuüben, sondern um ...

> *„... klare Vorgaben und Anforderungen, die ihrem Alter entsprechen. Wenn in der 8. Klasse immer noch kaum Aufgaben erledigt werden müssen, mutet das schon etwas komisch an". (Elternzitat)*

Allerdings wird von Eltern auch das Umgekehrte empfohlen, nämlich die Hausaufgaben abzuschaffen, denn es sei längst erwiesen, ...

> *„... dass sie punkto Lernfortschritt nichts bringen, dafür stehlen sie den Kindern zu viel freie Zeit und stören allzu oft den Familienfrieden". (Elternzitat)*

Mehrfach wird vorgeschlagen, mehr gedruckte Lehrmittel zu verwenden und die von den Lehrpersonen selbst erstellten Lehrunterlagen klarer zu strukturieren. Kritisiert wird das häufige Abgeben von wenig kunstvoll gestalteten Übungsblättern, die aus irgendwelchen Lehrbüchern oder aus dem Internet kopiert wurden.

Obwohl gemäss einer Umfrage bei den Klassen- und Fachlehrern an schweizerischen Rudolf Steiner Schulen 68% über eine waldorfpädagogische Ausbildung verfügen (Mader, 2017), gibt es Eltern, die den Eindruck haben, ...

> *„... dass zum Teil Lehrer und Lehrerinnen nicht fundiert nach Steiners Pädagogik handeln, sondern sich etwas zurechtlegen", und „die Unterrichtsdidaktik etwas rückständig und allzu sehr lehrerzentriert" wirke. (Elternzitate)*

Die Schulgremien erleben bei jeder Lehrersuche, wie schwierig es ist, Lehrkräfte zu finden, die pädagogisch gut qualifiziert sind, anthroposophische Menschenkunde verstehen, sich am Waldorflehrplan orientieren und ihn künstlerisch, individuell an ihre Schüler adaptiert umsetzen können. Eltern fiel wiederholt auf, dass ...

> *„... besonders auf der Oberstufe der waldorfpädagogische Hintergrund teilweise fehlt und der Unterricht manchmal recht ,volksschulähnlich' wird. Das bedauere ich manchmal sehr, denn das möchte ich eigentlich meinen Kindern ersparen." (Elternzitat)*

Das pädagogische Qualitätsmanagement der eigenen Schule ist vielen Eltern nicht klar, und für manche ...

> *„... ist die interne Kontrolle der Lehrer untereinander unzureichend" und „das Kollegium ein geschlossener Zirkel, wo es gewissen, dogmatisch orientierten Lehrern gelingt, ihre eigenen Gesetze geltend zu machen". (Elternzitat)*

Sie schlagen zum Beispiel vor, dass sich die Rudolf Steiner Schule ...

> *„... noch mehr um ihre progressiven, innovativen Kräfte kümmert und ihre Lehrer besser für die Neuzeit ausbildet". Oder sie würden es begrüssen,*

„wenn es bei jungen, neuen Lehrern und Lehrerinnen weniger ‚learning by doing' geben würde, sondern fachliche Begleitung und ‚Leistungsnachweise'. Die Lehrer und Lehrerinnen sollten öfter Weiterbildungen besuchen."
(Elternzitate)

Diese Anregung, Junglehrer und Junglehrerinnen bei ihrem Unterricht fachlich zu begleiten, wird z.B. auch von den Lehrerverbänden für die staatliche Schule gefordert. Sie verliert offenbar nach fünf Jahren 20 bis 30 Prozent der Neulehrer, oft wegen Überforderung (Donzé, 2017). Die Steinerschulen haben in diesem Zusammenhang bereits ein Mentorensystem für neue Lehrpersonen und für Lehrpersonen mit anspruchsvollen Klassen aufgebaut. Es wird von der Koordinationsstelle der Arbeitsgemeinschaft der Rudolf Steiner Schulen (ARGE) betreut und weiterentwickelt.

Ein knappes Fünftel der von den Eltern mit kritischen Aussagen kommentierten Themen betrifft mentale Offenheit der Schulen sowie damit zusammenhängende Resistenz gegenüber Fortschritt und Veränderung. Die Schule sei zu selbstbezogen, wolle kaum von anderen lernen und habe das Pionierhafte verloren, lauten entsprechende Kommentare.

„Manchmal habe ich das Gefühl, für die Schule zählt für die pädagogische Entwicklung allein das originale Werk Steiners. Wenn man einzelne Aspekte daraus wörtlich nimmt, muten sie heute manchmal etwas unzeitgemäss an."
(Elternzitat)

Mit Bezug auf die Gruppendynamik im Kollegium wird erwähnt, dass sich die ganze Bewegung selbst schwächen könnte, weil ...

„... die Kollegien sich oft mit internen Problemen selber blockieren, lange tradieren, dadurch am Bestehenden festhalten und vielleicht manchmal sogar für eigene Schwächen betriebsblind sind". *(Elternzitat)*

Solches kann sich hin und wieder zu einer Krise auswachsen. Deren Bewältigung ist oft schmerzhaft, aber auch eine Chance, um eine Schule nachhaltig zu stärken. Steinerschulen in schwierigen Situationen haben meistens mit finanziellen Problemen, überforderten Lehrpersonen oder mit Lehrermangel zu kämpfen. Manchmal treten die Probleme kombiniert auf und können zur Krise werden. Die Erfahrung zeigt indes, dass es den Schulen doch immer wieder gelingt, eine solche Situation zu bewältigen und gestärkt daraus hervorzugehen.

Andererseits anerkennen Eltern explizit, dass die individuelle Verantwortung zur Weiterentwicklung wahrgenommen wird, denn ...

> „... die Qualität einer Schule hängt von den darin wirkenden Menschen und ihrer Bereitschaft ab, ihre Arbeit auch immer wieder zu hinterfragen, um sich selber und ihre Pädagogik weiter zu entwickeln. Ich bin dankbar, dass es an der Steinerschule dafür sehr gute Beispiele gibt." (Elternzitat)

Und Eltern kommentieren und schätzen ...

> ... „die Hingabe und Verbindlichkeit der Lehrer und Lehrerinnen gegenüber den Kindern. So findet an der Schule wahre Begegnung statt. Vielleicht auch darum, weil die Lehrer und Lehrerinnen ihrer Pädagogik das anthroposophische Menschenbild zugrunde legen." „Es macht mich glücklich, und ich fühle mich privilegiert, dass meine Kinder an diese Schule gehen dürfen. Sie tun das uneingeschränkt gerne, und die Lehrpersonen erlebe ich dankbar als sehr engagiert." (Elternzitate)

Die in diesem Kapitel präsentierten exemplarischen Eindrücke der Eltern über ihre Schule haben einen Einfluss darauf, ob und wie die Eltern bei ihren sozialen Kontakten über die Rudolf Steiner Schule sprechen und dafür werben.

Ungeachtet einzelner Erlebnisse im Rahmen des Schulgeschehens, die sie teilweise mit etwas Sorge erfüllten, empfehlen die Eltern die Rudolf Steiner Schule in hohem Masse weiter und machen dafür Mundpropaganda. Sie sind mit der Entwicklung der Fähigkeiten ihrer Kinder durch die Steinerschule sehr zufrieden. Diese gute Ausgangslage für die Zukunft der Steinerschulen wird nachfolgend quantitativ bestätigt (siehe Kapitel 3.10.2. und 3.10.3.).

3.10.2. Mundpropaganda und Identifikation

Mundpropaganda oder persönliche Empfehlungen werden gemeinhin als wirkungsvollste Werbung angesehen. Dieses Kapitel prüft, wie intensiv die Schuleltern für die eigene Schule werben und wie stark sie sich emotional mit der Schule und ihren Idealen verbunden fühlen. Identifikation mit der Schule wurde als latentes Konstrukt IDENT in Kapitel 3.9.3. beschrieben. Der Faktor Mundpropaganda wurde aus den Ergebnissen dreier Fragen aus dem Fragebogen gebildet (latentes Konstrukt WOM, word of mouth). Obwohl auf individueller Ebene durchaus ein gleichläufiger Zusammenhang zwischen beiden Merkmalen besteht (rw=0.439), zeigt Abbildung 43, dass die schulbezogenen Mittelwerte unregelmässig um den globalen Mittelwert streuen. Einen systematischen Vorteil hinsichtlich der Mundpropaganda durch stärkere Identifikation der Elternschaft können die Schulen demnach offenbar nicht erzielen. 81.6 % der Eltern machen Mundpropaganda, indem sie die Steinerschule bei ihren sozialen Kontakten positiv ins Gespräch bringen (siehe Kapitel 3.1.8., Abbildung 10).

Abbildung 43: Mundpropaganda und Identifikation der Eltern mit der Schule

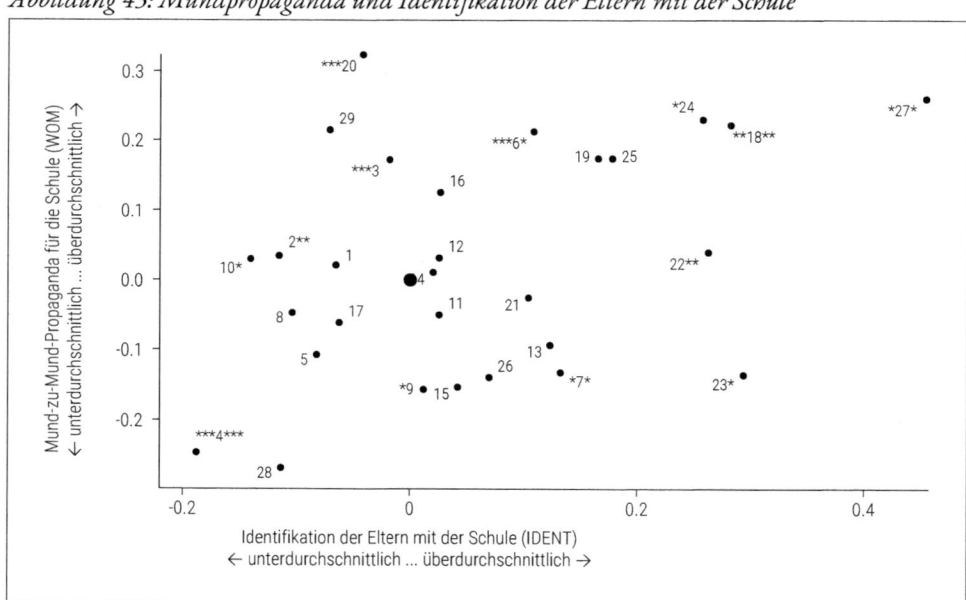

Legende zu Abbildung 43: Der Between-Korrelationskoeffizient rb ist nicht signifikant von null verschieden.

Der grosse Punkt markiert den globalen auf null gesetzten Mittelwert der Werte aller Schuleltern. Die kleinen, schwarzen Punkte zeigen die Positionen der einzelnen Schulen mit ihren Mittelwerten, die in Relation zum globalen Mittelwert 0 angegeben sind. Die zu den Punkten zugehörige Zahl steht für die (hier anonymisierte) Schule. Die Sternchen links der Zahlen geben das Signifikanzniveau des Unterschiedes des jeweiligen Mittelwertes auf der vertikalen Achse WOM (Ordinate) verglichen mit dem globalen Mittelwert (grosser Punkt) an. Die Sternchen rechts der Zahlen geben analog das Signifikanzniveau für die Werte auf der horizontalen Achse IDENT (Abszisse) an. Bei Punkten mit Zahlen ohne Sternchen ist der Unterschied zum globalen Mittelwert zufällig und somit nicht signifikant.

Das Konstrukt WOM erzeugt die Indikatorvariablen: FITEMPF, FITGESP, FITSPVO.

Das Konstrukt IDENT erzeugt die Indikatorvariablen: FITKRIT, FITINTE, FITSWIR, FITERFO, FITLOBT. (Siehe Abkürzungsverzeichnis und Anhang II.)

3.10.3. Weiterempfehlung und Zufriedenheit

Als zusammenfassende Qualitätsbeurteilung der Schule wurden die Schuleltern gefragt, ob sie die Steinerschule Freunden weiterempfehlen werden und wie gut die Fähigkeiten und das selbständige Denken und Handeln ihrer Kinder durch die Steinerschule ihrer Meinung nach entwickelt werden.

Abbildung 44 zeigt die Mittelwerte (M) für alle Schulen und den Mittelwert aller Antwortenden. Alle Werte sind hoch. Die Steinerschulen geniessen also eine sehr hohe Weiterempfehlungsrate und eine sehr gute allgemeine Elternzufriedenheit bezüglich der pädagogischen Leistungen. Es gibt aber signifikante Unterschiede bei der Beurteilung der Qualität der einzelnen Schulen.

Wie erwartet hängt die Empfehlungswürdigkeit einer Schule äusserst stark mit ihrem Erfolg bei der Fähigkeitenentwicklung zusammen. Will man erreichen, dass eine Schule vermehrt weiterempfohlen wird, ist es also zielführend dafür zu sorgen, dass sie die Fähigkeiten der Schüler und Schülerinnen gut entwickelt.

Abbildung 44: Empfehlungs- und Zufriedenheitsrate

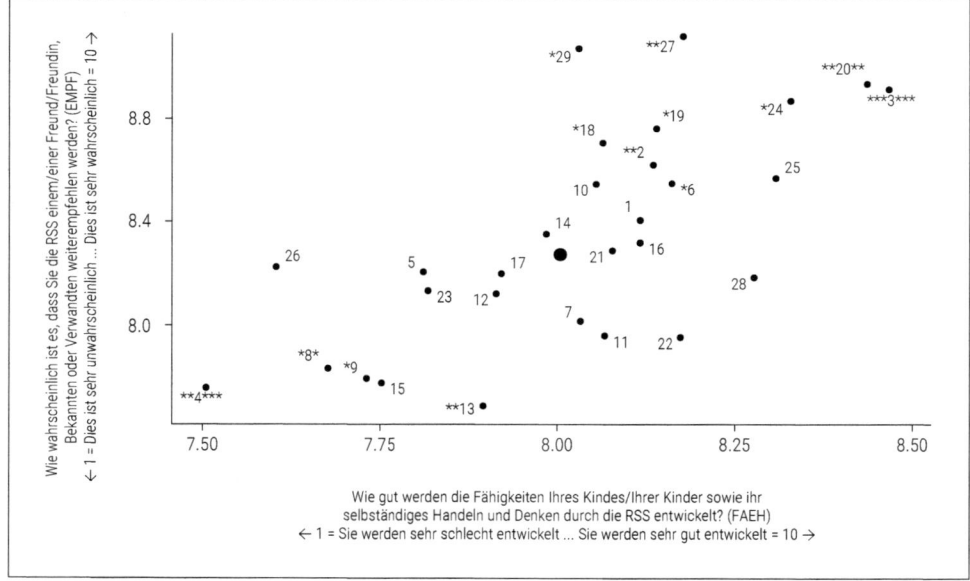

Legende zu Abbildung 44: Der Between-Korrelationskoeffizient rb = 0.926 zeigt einen sehr starken Zusammenhang der beiden Variablen an.
Der grosse Punkt markiert den globalen Mittelwert der Werte aller Schuleltern. Die kleinen, schwarzen Punkte geben die Positionen der einzelnen Schulen und ihre Mittelwerte an. Die zugehörige Zahl steht für die (hier anonymisierte) Schule. Die Sternchen links der Zahlen geben das Signifikanzniveau des Unterschiedes des jeweiligen Mittelwertes auf der Achse EMPF (Ordinate) verglichen mit dem globalen Mittelwert (grosser Punkt) an. Die Sternchen rechts der Zahlen geben analog das Signifikanzniveau für die Werte auf der Achse FAEH (Abszisse) an. Bei Punkten mit Zahlen ohne Sternchen ist der Unterschied zum globalen Mittelwert zufällig und somit nicht signifikant.

Für das Kriterium Weiterempfehlung sind die globalen statistischen Werte: M=8.27, 25%-Quantil=7.4, 50%-Quantil (Median)=8.9, 75%-Quantil=9.9. Die Empfehlungsrate der RSS-Veteranen ist weniger ausgeprägt als jene der RSS-Novizen, und die Empfehlungsrate der Frauen ist höher als jene der Männer (M Veteranen=8.15 ±0.07, n=936 vs. M Novizen=8.35 ±0.05, n=1'471; p=0.0123*. M Frauen=8.41 ±0.05, n=1'504 vs. M Männer=8.07 ±0.07, n=889; p<0.0001***; Skala 1 bis 10, 10=positives Ende).

Für das Kriterium Fähigkeitenentwicklung sind die globalen statistischen Werte: M=8.00, 25%-Quantil=7.4, 50%-Quantil (Median)=8.1, 75%-Quantil=9.0. Die Fähigkeitenentwicklung der Kinder wird von den RSS-Lehrpersonen höher eingeschätzt als von den übrigen Schuleltern, und die Frauen beurteilen sie höher als die Männer. (M Lehrpersonen=8.35 ±0.12, n=97 vs. M übrige=7.99 ±0.03, n=2'311; p=0.0044**. M Frauen=8.08 ±0.04, n=1'507 vs. M Männer=7.89 ±0.05, n=895; p=0.0021**. Skala 1 bis 10, 10=positives Ende.)

3.10.4. Meinungen zur Zukunftssicherung

In diesem Kapitel werden Aussagen der Eltern zur Zukunftsgestaltung der Steinerschulen qualitativ durch Kodierung und Zählung analysiert. Abbildung 45 illustriert die Wichtigkeit der Themen bezüglich der Häufigkeit entsprechender Aussagen.

Abbildung 45: Themen zur Zukunftssicherung

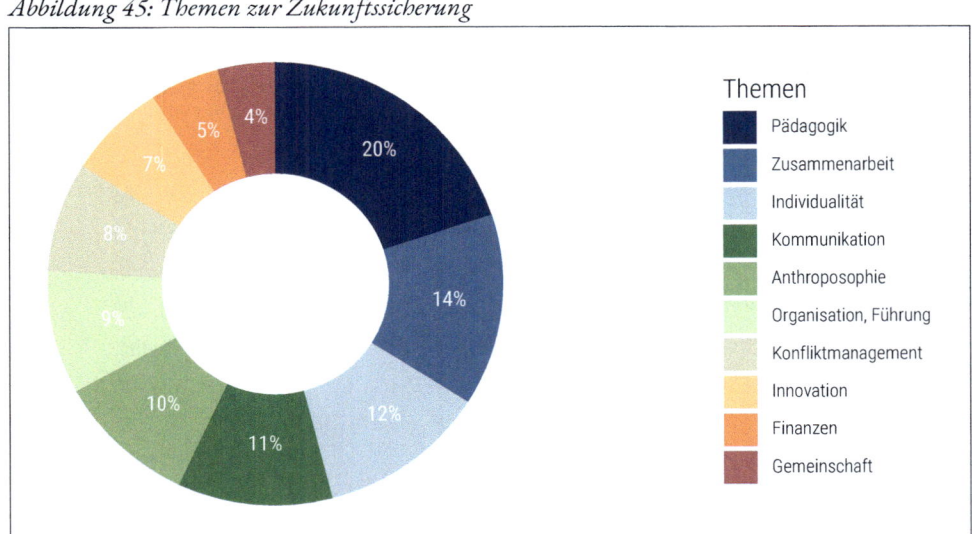

Legende zu Abbildung 45: Total der themenbezogenen Aussagen = 690. Die Graphik zeigt die relative Häufigkeit der spontan (ungestützt) durch die Schuleltern aufgebrachten und kommentierten,

thematisch geordneten Aussagen zur wie folgt formulierten Freitextfrage im Fragebogen: „Worauf sollte die Rudolf Steiner Schule achten, damit sie auch in Zukunft eine erfolgreiche Schule ist?"

Ein paar Themen wurden schon im Kapital 3.10.1. als kritische Hinweise der Eltern kommentiert und werden hier von Eltern als Gedanken und Vorschläge zur Zukunftssicherung, Veränderung und Stärkung der Rudolf Steiner Schulen formuliert. Mit knapp zwei Dritteln der Aussagen (Themen: Pädagogik, Zusammenarbeit, Individualität, Anthroposophie, Innovation) betonen die Eltern, dass ihrer Meinung nach für den weiteren Erfolg der Steinerschulen die konsequente, innovative Pflege der Waldorfpädagogik sowie die gute Zusammenarbeit zwischen Lehrpersonen und Elternhaus am wichtigsten sind. Dazu gehört auch, in der Didaktik und Methodik ...

> „... Ja zu sagen zum Menschen- und dem Weltverständnis der Anthroposophie. Die Lehrpersonen sollten sie leben, so dass auch die Schüler spüren, dass man an sich selber arbeitet und damit auch den anderen vorwärtsbringt." (Elternzitat)

Die Eltern empfehlen vielfach, die Waldorfpädagogik an die Bedürfnisse der heutigen Zeit anzupassen, ohne aber ihre Maximen und ihre Eigenständigkeit aufzugeben, und wünschen sich, dass ...

> „... sich die Steinerschule mehr Interpretationsspielraum gönnt, was die Visionen ihres Gründers anbelangt, dann kann sie sich mit ‚frischerem Gesicht' in der aktuellen Schullandschaft präsentieren und zukünftig behaupten". Somit gilt es, „in erster Linie darauf zu achten, was aus der Zukunft kommt, und darauf zu schauen, was die Kinder von heute brauchen". Damit geht einher, „aktuelle, positive wie negative, soziale, kulturelle und technische Entwicklungen in der Welt, in der Schule zu reflektieren". (Elternzitate)

Um fremde Kulturen zu verstehen, um sich in einer globalisierten Welt sicher bewegen und diese mitgestalten zu können, sind u.a. ausgezeichnete Sprachkenntnisse vorteilhaft. Die Didaktik des Waldorflehrplans sieht schon ab der ersten Klasse spielerisch rhythmischen Sprachunterricht vor. Es geht in den unteren Klassen um die altersgerechte Entwicklung des Sprachsinns und nicht um das intellektuelle Erlernen der

Fremdsprache. In den oberen Klassen formt sich dieser Unterricht dann zum eigentlichen Fremdsprachenerwerb aus. Trotzdem beobachten Schuleltern, dass ...

> *„... man den Kindern wenig anmerkt, dass sie schon ab der 1. Klasse Fremdsprachen begegnen. Der Fremdsprachunterricht sollte, besonders Englisch und Französisch, für die Zukunft der Steinerschule massiv verbessert werden", und sie schlagen methodisch dafür „strukturierte Lerninhalte, Vokabeln, Tests, Hausaufgaben, Leseaufgaben, praktische Sprachanwendung und die Zusammenarbeit mit Schulen in den betreffenden Sprachgebieten" vor. (Elternzitate)*

Fächerspezifisch weisen die Eltern, neben der Vertiefung der Fremdsprachen, hauptsächlich auf die Medienpädagogik hin. So dürfte ...

> *„... vor allem die Förderung der Medienkompetenz ein wichtigeres Thema der Schule sein, da die Realität ausserhalb des Schulhofes definitiv von Smartphones, Laptops, Tablets etc. geprägt ist". (Elternzitat)*

Ein Forschungsprojekt anlässlich eines nationalen Elterntages der Waldorfschulen in Deutschland stellte fest, dass es den Eltern am wichtigsten ist, dass die Kinder die Risiken der digitalen Medien verstehen und beherrschen lernen. Dazu wünschten sich die Eltern auch mehr Zusammenarbeit mit den Schulen, z.B. in der Elternbildung durch Austausch und Absprachen mit den Lehrpersonen, um auch in der elterlichen Erziehungsarbeit gleichgerichtet unterstützend wirken zu können (von Bernuth, 2016).

Wie schon in anderen Kapiteln dieser Studie dargestellt, ist die Eltern-Lehrer-Zusammenarbeit auch für den zukünftigen Erfolg der Steinerschulen ein wichtiges Element.

> *„Erfahrene Eltern können wertvolle Schulberater sein. Weil ihre Vorschläge nicht durch den alltäglichen Schulablauf getrübt sind, sollten sie nicht nur gehört, sondern diejenigen Vorschläge, die sachlicher Prüfung standhalten, auch umgesetzt werden!" „Für mich ist die vertrauensvolle Kind-Lehrer-Eltern-Verbindung sehr wichtig. Nur so ist es möglich, dass ich jederzeit wahrhaftig über den Lernstand meiner Kinder informiert sein kann." Damit ich*

dann die Lernfortschritte meiner Kinder besser einzuordnen und zu beurteilen vermag, wäre es wichtig, „an Elternabenden nicht nur Infos und Vor- und
Rückblicke zu thematisieren, sondern auch entwicklungsrelevante Themen
aus der Menschenkunde zu besprechen". (Elternzitate)

Wiederholt wurden von den Schuleltern auch Fragen der Individualisierung des Unterrichts angesprochen. Dieses Thema gehört zu den Charakteristika einer Rudolf Steiner
Schule und ist, aus Sicht der Eltern, für ihre Einzigartigkeit in der Zukunft entscheidend.

„Was kreativ im musischen Bereich realisiert wird, ist grösstenteils phäno-
menal! Allerdings hapert es bei der proklamierten Individualisierung und inneren Differenzierung; vor allem bei Schülern und Schülerinnen, welche ein
schulisches Mehr leicht nebenher erbringen könnten, wenn sie gefordert
würden." Deshalb „sollten neben den Kindern mit Lernschwierigkeiten auch
unterforderte Schüler gefördert und noch mehr Angebote für sie geschaffen
werden". Dies in einer Klasse zu verwirklichen, ist schwierig, „wenn zu viele
Kinder oder auch viele sehr anspruchsvolle Kinder in einer Klasse beisam-
men sind, dann kann die Lehrperson kaum mehr auf alle individuell eingehen,
was ich aber für meine Kinder von einer Privatschule erwarte". „Jedes Kind
individuell fördern, heisst für mich auch, dass die Schule keine Angst hat vor
verschiedenen Leistungsklassen." Trotzdem sollte „die RSS nicht durch die
Aufnahme von zu vielen Kindern, welche spezielle Betreuung erfordern, zu
einer heilpädagogisch ausgerichteten Schule werden". (Elternzitate)

Der Erfolg einer Schule hängt hauptsächlich von der fachlichen und menschlichen
Qualität ihrer Lehrpersonen ab. Für die Steinerschullehrerin und den Steinerschullehrer sind deshalb empathische Fähigkeiten, Engagement und Vorbildwirkung wichtig.
Dazu kommen eine umfassende Kenntnis des Waldorflehrplans und des zugrundeliegenden Menschenbildes sowie, selbstverständlich, eine fächerspezifische und eine di-
daktisch-methodische Fachausbildung. Leider …

„… zeigt sich bei der Lehrersuche zunehmend, dass es an in Steiner-Pädago-
gik ausgebildeten Lehrkräften mangelt. Deshalb sollten die Anstrengungen

*zur Ausbildung von Lehrern intensiviert werden. Damit die geistige Substanz
der Schule verstärkt werden kann." (Elternzitat)*

Auch beim vom Kollegium selbstverwalteten, pädagogischen Qualitätsmanagement
sehen die Eltern Entwicklungspotenzial hinsichtlich einer ...

*„... klareren Führung und Förderung der einzelnen Lehrpersonen durch die
zuständigen Gremien. Für die Zukunft sollte initiiert werden, die fachliche
Entwicklung und pädagogische Leistung der Lehrer und Lehrerinnen zu begleiten. Lehrpersonen, die den Anforderungen nicht mehr genügen, müssen
bald abgelöst und dürfen nicht zu lange durchgetragen werden." „Als Lehrperson an der staatlichen Schule weiss ich, wie wichtig gute Mitarbeitergesprä-
che sind. Das gibt es meines Wissens an der RSS nicht überall." (Elternzitate)*

Eltern empfehlen den Schulen zudem, die Lehrpersonen als ...

*„... wertvollste Ressource zu behandeln und die Arbeitsbedingungen wettbe-
werbsfähig zu gestalten, damit die RSS insgesamt für Pädagogen und Pädagoginnen so attraktiv wird, dass sie sich die besten Lehrpersonen aussuchen
kann". (Elternzitat)*

Verständlicherweise wird für die Waldorfschule höchste Qualität im Unterricht gewünscht, und die vielschichtig ausgerichtete Waldorfpädagogik verdient es nicht anders.
Wenn die Schulen das eigene, gut qualifizierte Lehrerreservoir qualitativ und quantitativ weiter ausbauen, müssen die damit verbundenen zusätzlichen Kosten entweder
durch neue Eltern oder durch höhere Beiträge der bestehenden Elternschaft getragen
werden. Die Finanzen sind denn auch eine Schnittstelle, an der sich Forderungen und
Wünsche und die Bereitschaft, die finanziellen Konsequenzen daraus auch zu tragen,
begegnen. Die Schulpraxis offenbart diesbezüglich oft eine Diskrepanz. Das zeigt sich
zum Beispiel an der Schwierigkeit, Beitragserhöhungen an den Vereinsversammlungen
der Steinerschulen vorzuschlagen und durchzubringen. (Siehe Kapitel 5.2.)

Ungefähr das verbleibende Drittel der in Abbildung 45 gegliederten Kommentare zur
Frage der Zukunftssicherung der Rudolf Steiner Schulen betrifft die klare Gestaltung

von Strukturen und Prozessen, die organisatorische „Entmachtung" von Gremien oder einzelner Persönlichkeiten, den Aufbau professioneller Schulleitungen, sodass die Pädagogen und Pädagoginnen vorrangig und ungestört in ihrem Kerngeschäft, der Pädagogik, tätig sein können. Mehrfach wird in den Kommentaren die verstärkte Einbeziehung der Elternschaft in Schulgremien und in die Entwicklung der Schule angeregt. Immer wieder werden die Schulen ermuntert, transparenter und schneller zu kommunizieren. (Siehe Kapitel 5.3.)

Häufig werden interne, gruppendynamische Hindernisse identifiziert, die Veränderungen an der Schule verzögern oder gar verunmöglichen können. Der Generationenwechsel ist für ein eingespieltes Kollegium meist ebenfalls eine grosse Herausforderung bei der in diesem Kapitel diskutierten Frage zur Zukunftssicherung einer Steinerschule.

> *„Ich ging selber in die RSS und bin erfreut, dass ich jetzt als Elternteil in die Steinerschule wieder ‚wie nach Hause komme'. Andererseits bin ich immer wieder überrascht, wie wenig sich die Schulen an die Zeit anpassen. Das Äusserliche, z.B. die Einrichtung, ist weitgehend gleich wie zu meiner Schulzeit, nur eben Jahrzehnte älter. Was ich leider an allen mir bekannten Schulen beobachte, sind die endlosen Debatten über Veränderungen, die nie realisiert, sondern totdiskutiert werden. Die jungen, motivierten Lehrer ordnen sich den älteren unter, was Veränderungen oft unmöglich macht. Die Jungen kommen m.E. mit einer sehr guten Ausbildung an die Schulen und wollen positive, vielleicht aus der Zukunft inspirierte Neuerungen einbringen, die aber nicht umgesetzt werden können, da einige wenige Ältere ‚Dinge, die schon immer so gelaufen sind', nicht ändern wollen oder lustlos einer Veränderung zustimmen, aber nicht mitziehen. Das finde ich alles sehr schade." (Elternzitat)*

Scheinbar ist diese Situation ein inhärent in der Selbstverwaltung der Schule liegendes Problem. In einer auf freiem Geistesleben stehenden Steinerschule kann aber gerade in der richtigen Selbstverwaltung die Lösung des oben geschilderten Problems liegen. Von Experten wird das steinersche Ideal diesbezüglich ziemlich radikal interpretiert: „Das Kollegium soll im Interesse des Kindes das Funktionieren des eigenen Systems unmittelbar in Abhängigkeit davon bringen, inwieweit der Einzelne zur Objektivität fähig ist. Ist eine solche Objektivität nicht möglich, soll auch die Schule selbst nicht möglich sein können" (Mosmann, 2015). Es geht bei der Selbstverwaltung also um Einmütigkeit aus freier Einsicht und nicht um Basisdemokratie; um wahrhaftig mitgetragene Delegation und nicht um Entscheidungen kraft des Amtes, der Seniorität, aus Egozentrik oder aus der Stärke von Koalitionen.

Das nächste Kapitel schliesst den Ergebnisbericht der Forschung über die Schuleltern ab. Es zeichnet die Begründungen der Schuleltern für die Wahl der Rudolf Steiner Schule als Ausbildungsort für ihre Kinder nach.

3.11.   Motivationen für die Wahl der Steinerschule

Mit dem Fragebogen wurden die Eltern gebeten, zu erklären, warum ihr Kind an der Rudolf Steiner Schule ist. Abbildung 46 zeigt die Wichtigkeit der Begründungen anhand ihres relativen Aufkommens. Es wurden über 2'000 Aussagen der Eltern zur Motivation ihres Entscheides pro Steinerschule qualitativ analysiert, kodiert, thematisch geordnet und gezählt.

Abbildung 46: Gründe für die Wahl der Steinerschule

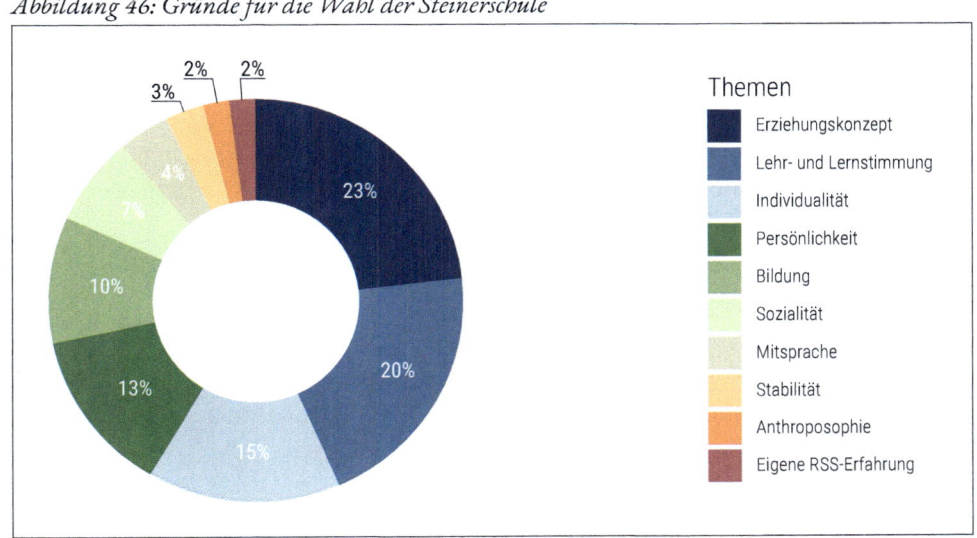

Legende zu Abbildung 46: Die Kreisgraphik zeigt die relative Häufigkeit der spontan (ungestützt) durch die Schuleltern aufgebrachten und kommentierten Begründungen für ihre Wahl. Die entsprechende Freitextfrage lautete: „Bitte beantworten Sie mit ein paar begründenden Worten die folgende Frage eines Ihrer Freunde oder einer Ihrer Freundinnen: ‚Warum hast Du eigentlich Dein Kind, Deine Kinder an der Steinerschule?‘"

Auch bei dieser Frage wird ersichtlich, dass die Eltern ihre Schulwahl mit der Bedeutung des an den Steinerschulen gepflegten Erziehungskonzeptes, mit der dort herrschenden Lernstimmung, dem individualisierten Unterricht, der Persönlichkeits- und der ganzheitlichen, humanistischen Bildung verknüpfen. Diese Kriterien werden explizit oder implizit in 82% der Kommentare angesprochen. Auch die Erziehung der Kinder und Jugendlichen zu Menschen mit guter Sozialkompetenz und das soziale Umfeld der Steinerschule sind wichtige Kriterien für die Wahl. Die übrigen Begründungen spielen quantitativ eine untergeordnete Rolle, und die eigene Steinerschulerfahrung scheint bei der Schulwahl für die eigenen Kinder überhaupt nicht vorrangig zu sein. Paradoxerweise sehen manche Eltern mit Hightech-Hintergrund den weitgehenden Verzicht auf Computer in den Klassenzimmern der RSS positiv. So berichtete z.B. die „New York Times", dass Technologieexperten und Angestellte von Apple, Google, HP etc. gerade deswegen ihre Kinder in eine Waldorfschule schickten (Richtel, 2011).

Die überschriftartigen Begründungen in Abbildung 46 werden durch die folgenden Elternzitate etwas lebendiger und fassbarer. Zu den wichtigen Beweggründen, warum Eltern sich für die Steinerschule entschieden haben, gehört unter anderem, dass dem Künstlerischen, Musischen und Handwerklichen grosse Bedeutung zugemessen wird:

> *„Wir haben die Steinerschule gewählt, weil sie auch das Handwerkliche und Musische ausbildet." (Elternzitat)*

Vielen Eltern ist es ein zentrales Anliegen, dass auf das individuelle Lerntempo ihres Kindes Rücksicht genommen wird und es nicht schon auf Primarschulstufe unter Schulstress zu leiden hat, wie die folgenden zwei Zitate zeigen:

> *„Wir haben uns für die Steinerschule entschieden, weil dort die Kinder länger Kinder sein und sich in ihrem Tempo entwickeln können, der Leistungsdruck*

nicht schon so früh einsetzt, die Persönlichkeit meines Kindes respektiert wird, seine Individualität Freiraum erhält." (Elternzitat)

„... ich wünsche, dass unsere Kinder aus Freude lernen und nicht die Benotung im Vordergrund steht." (Elternzitat)

Viele Eltern sind generell von der Steinerpädagogik überzeugt und schätzen sie als gute Basis für die Zukunft ihrer Kinder ein. Zu dieser Ansicht gelangen die Eltern unter anderem, weil sie ehemalige Steinerschüler und -schülerinnen positiv wahrnehmen. Hier drei Zitate, die diese Kriterien etwas genauer erläutern:

„Ich habe mich für die RSS entschieden, weil ich an die Pädagogik der RSS glaube und will, dass mein Kind in seiner den Körper, die Seele, den Geist umfassenden Ganzheit gesehen wird; es Abenteuer erleben, sich viel bewegen und Neues entdecken soll." (Elternzitat)

„Wir haben die Steinerschule gewählt, weil sie eine sehr zukunftsträchtige Schule ist. Sie bereitet die Kinder sehr gut auf die gesellschaftlichen Veränderungen vor. Die Kinder müssen in Zukunft eine hohe Sozialkompetenz, Ideenreichtum und Unternehmertum im Arbeitsmarkt vorweisen können. Ich finde, diese Eigenschaften werden an der RSS gut gefördert. Was ich jedoch nicht weiss, ist, wie gut die Kinder auf zukünftige, technische und industrielle Entwicklungen vorbereitet werden und wie sie den Umgang mit neuen Medien lernen." (Elternzitat)

„Ich konnte beobachten, dass ehemalige Steinerschüler schon erfolgreich im Beruf stehen und ein glückliches Leben führen. Sie haben einen starken Durchhaltewillen, und wenn sie straucheln, stehen sie wieder auf. Sie entwickeln eine gute Selbsteinschätzung und finden kreative Lösungen. Kurzum: Weil die RSS und die Absolventen und Absolventinnen zukunftstauglich sind!" (Elternzitat)

In den letzten Kapiteln ist wiederholt aufgefallen, dass Eltern die Rudolf Steiner Schule als Alternative zur Staatsschule sehr bewusst wählen. Es geht den meisten Eltern tatsächlich um die ganzheitliche, fundierte Waldorfpädagogik und nicht einfach um eine – im Vergleich zu anderen Privatschulen – günstige Notlösung in einer Situation, in der sie die Staatsschule für ihre Kinder für weniger oder gar nicht mehr geeignet erachten. Ein Vater erklärte hingegen etwas sibyllinisch: Die Schulwahl sei der Wunsch seiner Frau gewesen, und es müssten eben alle Aspekte einer solchen Schulwahl gut überlegt sein. Richtigerweise gibt es viele Punkte zu bedenken, um dann über die lange Schulzeit hinweg überzeugt hinter der einmal getroffenen Wahl stehen zu können.

Auch wenn die Eltern die Facetten der Waldorfpädagogik erst während der Schulkarriere ihrer Kinder erleben und vielleicht sogar tiefgründiger verstehen lernen, scheinen die Anziehungskraft dieser Schulen und das Vertrauen der Eltern in diese Pädagogik und in die Lehrerinnen und Lehrer gross. Oft sind damit hohe Erwartungen verbunden, die, wie diese Studie zeigt, meist gut erfüllt werden. Wobei es auch Enttäuschungen gibt: Manchmal werden der Schule berechtigterweise Mängel vorgeworfen, manchmal liegen die Gründe eines individuellen pädagogischen Misserfolges aber ausserhalb der Schule und der Verantwortung der Lehrpersonen. Was die vielen Hunderte von Kommentaren der Eltern aber allemal beweisen, ist das ernsthafte Engagement zugunsten und die Verbundenheit mit ihrer Schule. Für die Steinerschule selbst bedeutet das zweierlei: Herausforderung und Stärke.

Die Zukunft und Ausbreitung der Steinerschulen und ihres pädagogischen Konzeptes wird vermutlich auch durch die weitere erziehungswissenschaftliche Bearbeitung der Waldorfpädagogik beeinflusst werden. Nicht zuletzt, wenn es darum geht, öffentliche Gelder für diese Pädagogik einzusetzen. Zurzeit wird im erziehungswissenschaftlichen Diskurs vor allem die anthroposophische Geisteswissenschaft als Grundlage der Waldorfpädagogik kritisiert. Paradoxerweise anerkennen selbst Gegner der Waldorfpädagogik deren hohe Praxisakzeptanz. So zum Beispiel Ullrich (2015, zitiert in Schieren, 2016, S. 148): „Die Waldorfschulen dürfen durchaus als erfolgreich gelten." Ullrich würdigt zudem „die vielfältigen Formen der Sinnesbildung und der künstlerischen Gestaltung" sowie „die spezifische Bedeutung des ästhetischen Weltzugangs" für „einen individuellen Bildungsprozess". Dies sind auch wichtige, bestätigende Anhaltspunkte für die Beurteilung der Zukunftsfähigkeit der pädagogischen Praxis der Steinerschulen.

4 Forschungsergebnisse Studie Kindergarten-Eltern

Separat zu den Schuleltern wurden jene Eltern befragt, die nur Kinder in einem Steinerschul-Kindergarten hatten. Die verwertbare Stichprobe betrug 266 antwortende Nur-Kindergarten-Eltern. Die Grundgesamtheit bildeten alle Elternteile mit Kindern in einem Steinerschul-Kindergarten, die nicht gleichzeitig auch Schulkinder in einer Schulklasse (Klasse 1 bis 13) einer RSS hatten. Weil die Grundgesamtheit unbekannt war, wurde keine Rücklaufquote errechnet. Die Forschungsmethodik war die gleiche wie bei der Gruppe der Schuleltern; sie ist vorstehend in Kapitel 2 beschrieben. Der Begriff Kindergarten-Eltern bezeichnet hier also die Gruppe der Nur-Kindergarten-Eltern.

4.1. Struktur der Kindergarten-Eltern

Die Zusammensetzung der Kindergarten-Eltern unterscheidet sich teilweise stark von der Struktur der Stichprobe der Schuleltern. Bei den Nur-Kindergarten-Eltern waren:

» 65% Frauen (vs. 63% bei den Schuleltern)
» 71% Schweizerinnen und Schweizer (vs. 78% bei den Schuleltern)
» 36% wohnen im Eigenheim (vs. 53% bei den Schuleltern)
» 77% betrachten sich als ökonomisch gut oder sehr gut situiert (vs. 78% bei den Schuleltern)
» 24% haben selbst eine RSS besucht (vs. 18% bei den Schuleltern)
» 74% haben eine tertiäre Ausbildung (vs. 67% bei den Schuleltern)

» 84% haben maximal zwei Kinder (vs. 59% bei den Schuleltern)
» 56% sind unter 40 Jahre alt (vs. 16% bei den Schuleltern)

Auch bei den Nur-Kindergarten-Eltern antworteten die Frauen in grosser Überzahl. Hier gilt ebenfalls die Vermutung, dass sich die Mütter mehr für die Schule interessieren als die Väter. Die Struktur untermauert, dass die Eltern meistens ökonomisch gut situiert und die Steinerschulen klar schweizerische Institutionen sind. Die Kindergarten-Eltern sind sogar noch etwas besser ausgebildet, sind häufiger selbst zur Steinerschule gegangen, haben noch wesentlich weniger Kinder und sind vor allem jünger als die Schuleltern. Manche dieser Unterschiede waren zu erwarten und sind plausibel.

Die grössten Berufsgruppen unter den Antwortenden sind: 19% technische, handwerkliche und kaufmännische Berufe, 19% soziale, 15% akademische Berufe, und 10% der Nur-Kindergarten-Eltern sind als Lehrpersonen tätig.

Das Interesse an Anthroposophie ist bei den Nur-Kindergarten-Eltern deutlich weniger ausgeprägt als bei den Schuleltern. Nur 33.6% äussern starkes oder sehr starkes Interesse an anthroposophischen Fragen vs. 41.9% bei den Schuleltern. Sehr viel weniger Nur-Kindergarten-Eltern als Schuleltern geben an, regelmässig Veranstaltungen anthroposophischer Vereinigungen zu besuchen (11.8% vs. 15.8% der Schuleltern); und weniger der Nur-Kindergarten-Eltern besuchen Veranstaltungen der Schulen, an denen anthroposophische Themen behandelt werden (29.9% vs. 34.7%). Nicht untersucht wurde, ob die Kindergarten-Eltern von den Schulen auch zu solchen Veranstaltungen eingeladen werden oder überhaupt davon wissen. Auch die freiwillige Elternmitarbeit ist bei den Nur-Kindergarten-Eltern markant schwächer ausgeprägt als bei den Schuleltern.

4.2. Eindruck von den pädagogischen Leistungen der Kindergärten

Ein zuverlässiges Zufriedenheitsindiz sind üblicherweise Empfehlungsraten. Die Gruppe der Nur-Kindergarten-Eltern empfehlen die Steinerschule auf einer Skala von 1 bis 10 (10 = positives Ende) mit einem Mittelwert von M = 8.4 (n=259) Freunden und Bekannten weiter. Die Empfehlungsrate ist bei den Frauen noch höher als bei den Männern (M Frauen=8.6 ±0.13, n=172 vs. M Männer=8.02, n=86; p=0.0222*). Weil meistens die Mütter ihre Kinder in den Kindergarten bringen und von dort abholen, erleben sie die Schule näher als die Väter, was ein Grund für die höhere Beurteilung sein mag. Die warm und umsorgend gestalteten Kindergartenräume und der liebevolle Umgang der Kindergarten-Lehrpersonen mit den ihnen anvertrauten Jungen und Mädchen scheinen demnach zu überzeugen.

> *„Die Kindergärtnerinnen sind einfach unbeschreiblich wundervoll, ich kann mir nichts Schöneres und Besseres vorstellen für meine Kinder! Das gilt auch für die Räumlichkeiten, die liebevoll eingerichtet sind." (Elternzitat)*

Die Kinder gehen anscheinend gern in ihren Kindergarten, denn 92% (n=263) der Eltern bestätigen, ihre Kinder hätten gar kein Problem, sich am Morgen von ihnen zu lösen und von der Lehrperson in den Kindergarten geführt zu werden. Dort machen die Kinder in der Einschätzung der Eltern sehr gute Entwicklungsfortschritte.

Die Nur-Kindergarten-Eltern berichten, dass sich ihre Kinder mehr zutrauen und mit anderen spielen lernen, mehr Phantasie entwickeln und lebendiger werden. In diesem positiven Licht beurteilten die Antwortenden die Erziehungsarbeit mit einem Mittelwert (M) von 3.6/4 (n=264). Die antwortenden Eltern halten den Kindergartenlehrpersonen auch zugute, dass sie Elternanliegen ernsthaft behandeln (M=3.5/4, n=261), einen Blick für die Besonderheiten ihres Kindes haben (M=3.6/4, n=262), ihr Kind individuell fördern und erziehen (M=3.4/4, n=260). Auch die Schulgebäude und Kindergartenzimmer machen auf die Kindergarteneltern einen guten Eindruck (M=3.4/4, n=263). Abbildung 47 stellt einige Eindrücke in Bezug auf den Kindergarten detaillierter dar.

Ein adäquates Umfeld ist für die Kindergartenpädagogik an Steinerschulen zentral. Dazu gehört die liebevolle Persönlichkeit der Lehrpersonen in den Kindergärten. Ebenso wichtig ist auch die kindgerechte, naturbetonte und farblich dezent gehaltene Gestaltung der Räume. Anstelle von Kunststoff überwiegen im Kindergarten Naturmaterialien. Steine, Holz, Stoffe, Erde etc. werden in den Kinderhänden phantasievoll zu Spielzeugen. Vorgefertigte Spielmaterialien werden zurückhaltend eingesetzt. Es gibt viel Bewegungsraum, und Kindergarten findet drinnen und draussen statt.

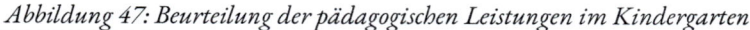

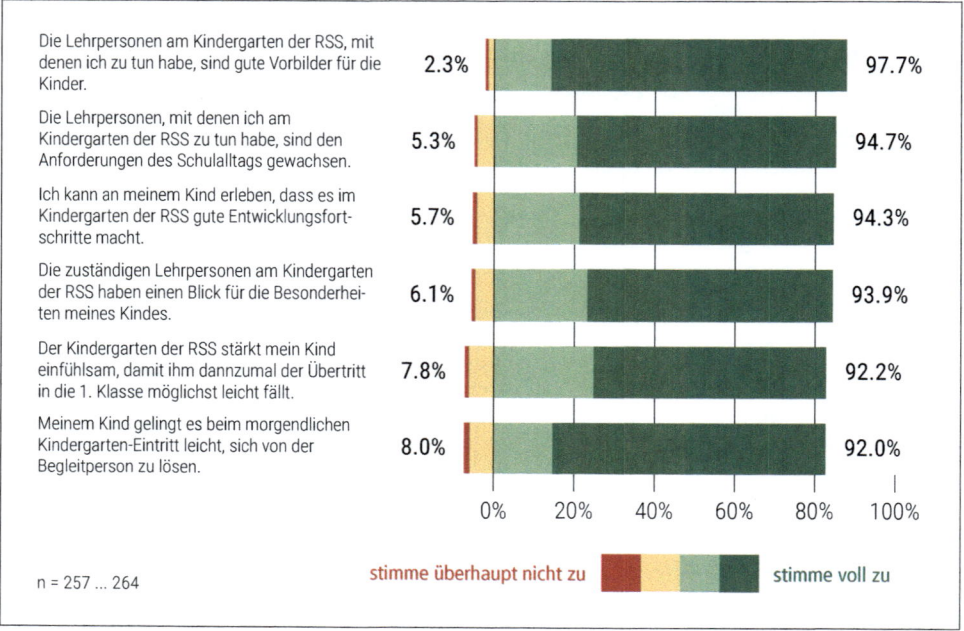

Die Lehrpersonen am Kindergarten der RSS, mit denen ich zu tun habe, sind gute Vorbilder für die Kinder.	2.3%	97.7%
Die Lehrpersonen, mit denen ich am Kindergarten der RSS zu tun habe, sind den Anforderungen des Schulalltags gewachsen.	5.3%	94.7%
Ich kann an meinem Kind erleben, dass es im Kindergarten der RSS gute Entwicklungsfortschritte macht.	5.7%	94.3%
Die zuständigen Lehrpersonen am Kindergarten der RSS haben einen Blick für die Besonderheiten meines Kindes.	6.1%	93.9%
Der Kindergarten der RSS stärkt mein Kind einfühlsam, damit ihm dannzumal der Übertritt in die 1. Klasse möglichst leicht fällt.	7.8%	92.2%
Meinem Kind gelingt es beim morgendlichen Kindergarten-Eintritt leicht, sich von der Begleitperson zu lösen.	8.0%	92.0%

n = 257 ... 264

stimme überhaupt nicht zu — stimme voll zu

Die Kindergarten-Lehrpersonen an Steinerschulen sind geschult darin, sich in die Kinder einzufühlen, sie behutsam zu begleiten und den Unterricht im Kindergarten zu individualisieren.

> „Ich bin beeindruckt, wie schnell die Kindergärtnerin das Wesen von unserem Kind erkannt hat, wie liebevoll und ruhig sie es mitnehmen kann und in seiner Art abholt. Sie hat damit auch uns gezeigt, welche Verantwortung wir Erwachsenen den Kindern gegenüber haben." *(Elternzitat)*

4.3. Profil der Steinerschule aus der Sicht der Kindergarten-Eltern

Den Nur-Kindergarten-Eltern wurden die gleichen Fragen zur Beurteilung des Profils der Steinerschule vorgelegt wie den Schuleltern (siehe Kapitel 3.4.1.). Abbildung 48 veranschaulicht, wie die Kindergarten-Eltern die Steinerschule allgemein einschätzen.

Abbildung 48: Profil der Steinerschule aus Sicht der Kindergarten-Eltern

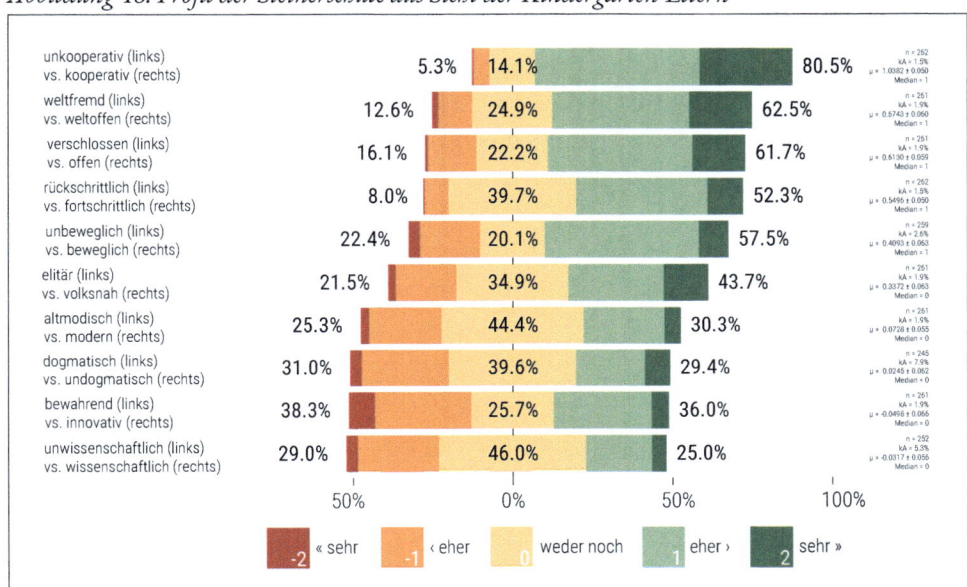

Legende zu Abbildung 48: Rechts der Nulllinie steht der prozentuale Anteil der Schuleltern, die dem positiv konnotierten Teil des jeweiligen Wortpaares (z.B. kooperativ) zustimmen (grün einge-färbte Fläche), links der Nulllinie ist der prozentuale Anteil der Schuleltern abgetragen, die der negativen Assoziation des Wortpaares (z.B. unkooperativ) zustimmen (rötlich eingefärbte Fläche). Das hell gelbliche Feld markiert den Anteil der unschlüssig Antwortenden.

Die Nur-Kindergarten-Eltern haben kaum praktische Erfahrung mit der Steinerschule und sind wesentlich jünger als die Schuleltern. Es ist deshalb aufschlussreich, dass auch sie ein ähnlich konservatives Bild der Steinerschule zeichnen wie die Schuleltern. In der Einschätzung der Kindergarten-Eltern sind die Steinerschulen noch kooperativer, aber etwas weniger wissenschaftlich als in der Empfindung der Schuleltern.

Obwohl hier nach dem allgemeinen Profil der Steinerschule und nicht spezifisch nach dem Profil des Kindergartens gefragt wurde, kann man davon ausgehen, dass die Nur-Kindergarten-Eltern ihre Aussagen mit dem Kindergarten assoziieren. Sie haben vielleicht weniger die Rudolf Steiner Schule – die sie kaum gut kennen – vor Augen.

4.4.   Vom Kindergarten in die erste Klasse

Eine wichtige Aufgabe des Kindergartens ist es, die Jungen und Mädchen für den zukünftigen Übertritt in die 1. Schulklasse zu stärken. Für 92% (n=257) der Kindergarten-Eltern gelingt es dem Steinerschul-Kindergarten gut, die Kinder auf diesen Wechsel ins Schulleben vorzubereiten und ihnen den Übertritt leicht zu machen.

Abbildung 49 zeigt, dass 87% der Nur-Kindergarten-Eltern dazu neigen, ihr Kind auch in die erste Klasse der Rudolf Steiner Schule einschulen zu wollen.

Abbildung 49: Transitionsneigung vom Kindergarten in die 1. Klasse

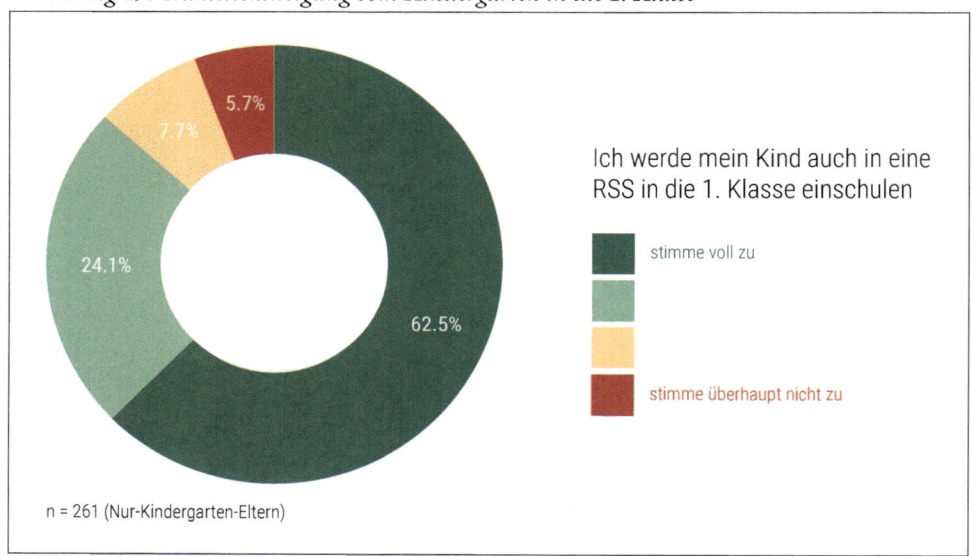

Ich werde mein Kind auch in eine RSS in die 1. Klasse einschulen

stimme voll zu

stimme überhaupt nicht zu

5.7%

7.7%

24.1%

62.5%

n = 261 (Nur-Kindergarten-Eltern)

Legende zu Abbildung 49: Relativer Anteil der Antwortenden Nur-Kindergarten-Eltern, die der entsprechenden Aussage zustimmen respektive nicht zustimmen.

Diese verbale Absichtserklärung der Eltern bezüglich der möglichen Einschulung ihres Kindergartenkindes in eine 1. Klasse der Steinerschule wurde zu Beginn des Schuljahres 2017/18 quantitativ überprüft (Brodbeck & Fahrni, 2017). Die qualitativen Daten stimmen relativ gut mit den quantitativen überein, denn die effektive Transitionsrate vom RSS-Kindergarten in die 1. Klasse der RSS betrug über alle Schulen 78.1%. Dazu kommen jene Kinder, die vom Kindergarten ihrer Schule in die 1. Klasse einer anderen Steinerschule übertraten, was eine Retensionsrate von 81% ergibt. Das heisst, 19% der schulreifen Kindergarten-Kinder haben die Steinerschule verlassen. Die Erhebung ergab auch, dass die 1. Klassen der Steinerschulen hauptsächlich mit Steinerschul-Kindergarten-Kindern gefüllt sind. Die Penetrationsrate beträgt 78.7%. Umgekehrt bedeutet das, dass nur wenige „neue" Kinder von aussen in die 1. Klassen der Steinerschulen finden. Die Grösse der Kindergärten und ihre Qualität sind demnach zentral für die spätere Belegung der 1. Klassen der Steinerschulen.

Diejenigen Kindergarten-Eltern, die nicht beabsichtigten, ihr Kind in die erste Klasse einer Rudolf Steiner Schule zu bringen, wurden um freitextliche Begründungen gebeten. So kamen 57 verbale Kommentare zustande, die inhaltlich nach Themenbereichen analysiert wurden.

Die überwiegende Mehrheit der Kindergarteneltern begründete die Nichteinschulung ihres Kindes in die 1. Klasse einer Steinerschule mit dem Schulweg oder den Kosten. Einige fanden, sie seien zu wenig über die Abschlussmöglichkeiten an den Steinerschulen informiert worden oder diese seien ihnen zu unsicher, und führten aus, sie seien von der Waldorfpädagogik nicht überzeugt worden. Die Kindergarteneltern merkten auch Unzufriedenheit mit der allgemeinen Schulkommunikation und der Organisation an. Wenige beschrieben bei vereinzelten Schulen Unzulänglichkeiten bei der Pflege der Gebäude und deren Umgebung.

> *„Bis und mit Kindergarten erscheint uns die Rudolf Steiner Schule der beste Weg für unsere Kinder zu sein. Wir sind unsicher, ob die Kinder in der Schule auf allen Ebenen gefördert werden können. Für einen späteren handwerklichen Beruf scheint uns die Steinerschule sehr gut zu sein. Über die Möglichkeiten einer tertiären Ausbildung nach der Steinerschule wissen wir zu wenig Bescheid."* *(Elternzitat)*

Hier zeigt sich offensichtlich eine Informationslücke, die anscheinend nicht durch proaktive Information der Schule geschlossen wurde. Denn die Möglichkeiten für Weiterausbildungen sind für Absolventen und Absolventinnen von Steinerschulen breit. (Siehe Kapitel 3.3.3. und 3.5.3.)

„Ich bin grundsätzlich von der Waldorfpädagogik überzeugt. Leider übersteigt die Steinerschule unser Familienbudget." (Elternzitat)

„Weil wir selbst nicht zur Steinerschule gingen, fürchten wir uns etwas vor dem Unbekannten, das uns in der RSS erwartet: Reissen wir unser Kind damit aus dem Quartierleben, können wir das finanziell stemmen, wie lange besteht die Schule noch? Deshalb haben wir uns für unser Kind noch nicht endgültig entschieden. Allerdings schlägt das Herz für die RSS." (Elternzitat)

Die Umfrageergebnisse lassen vermuten, dass die Kindergarten-Eltern nicht immer genügend mit dem Schulleben ausserhalb des Kindergartens konfrontiert werden, um sich gut informiert bezüglich einer Einschulung ihrer Kinder in die 1. Klasse der Steinerschule entscheiden zu können. Anscheinend wird den Kindergarten-Eltern die Waldorfpädagogik nicht überall überzeugend genug dargestellt, und es wird anscheinend teilweise unpräzise über die RSS-Abschlüsse informiert. Einige Kindergarten-Eltern beschrieben die Organisation der Schule oder die Qualität der Kommunikation als unbefriedigend.

4.5.   Transparenz und Kommunikation im Kindergarten

Wie die Kindergärten in die Organisation und in die Prozesse der übrigen Schulbereiche eingebettet sind, ist für manche Eltern zu wenig transparent. Nur 47% (n=252) der Kindergarten-Eltern ist die Schulorganisation klar, und gerade mal 61% (n=256) finden, dass sie schnell und verständlich über Schulbelange informiert werden. Verwirrend wird es, wenn der Eindruck entsteht, die Vorschulstufe sei etwas Abgesondertes und nicht integrativer Teil der Rudolf Steiner Schule. Die Kindergarten-Eltern fühlen sich auch von der Verwaltung manchmal etwas stärker vernachlässigt als die Schuleltern. So denken lediglich 61% (n=257) der Nur-Kindergarten-Eltern, die Schulverwaltung arbeite qualitativ professionell. Etwas besser qualifizieren dagegen die Schuleltern die Schulverwaltung, 64% (n=2'427) schätzen sie als professionell arbeitend ein.

Die Lehrpersonen in den Spielgruppen und in den RSS-Kindergärten sind für viele Eltern die ersten, kompetenten Bezugspersonen punkto Waldorfpädagogik. Die Kindergärtnerinnen tragen entscheidend dazu bei, ob sich die Eltern später entschliessen, ihr Kind auch in die erste Klasse der Steinerschule zu bringen. Für potenzielle neue Schuleltern, wie z.B. die Kindergarten-Eltern, ist es informativ, in das ganze Schulgeschehen miteinbezogen zu werden. Sie zu möglichst allen Schulveranstaltungen explizit einzuladen, bringt ihnen die Waldorfpädagogik näher und schafft Vertrauen. Wenn mögliche Schuleltern durch viele Begegnungen die guten Qualitäten und Wirkungen der Steinerschule selbst erfahren und erleben können, verbessern sich die Chancen, dass Kindergarten-Eltern später auch zu Schuleltern werden.

Ein weiteres und stark wachsendes Angebot an schweizerischen Rudolf Steiner Schulen sind die verschiedenen Spielgruppen der Vorkindergartenstufe. Die Erscheinungsformen der Spielgruppen sind an den einzelnen Steinerschulen unterschiedlich. Gemeinsam ist aber allen, dass darauf geachtet wird, dass die Spielgruppenleiterinnen ebenfalls eine waldorfpädagogische Ausbildung haben. So kann Waldorfpädagogik Kinder und Jugendliche vom Kleinkindalter bis zur Hochschulreife begleiten. Innerhalb der schweizerischen Steinerschulbewegung arbeitet die Koordinationsstelle für Elementarpädagogik an der Weiterentwicklung der Vorschulstufen, offeriert Ausbildungs- und Weiterbildungsangebote für die Lehrpersonen und kommuniziert darüber (siehe elementarpaedagogik.ch).

Die Waldorfspielgruppen waren in der Schweiz noch nicht Gegenstand wissenschaftlicher Untersuchungen. Lohnende Forschungsfragen könnten diesbezüglich z. B. die Einschulungsreife und Lernbereitschaft von Waldorf-Spielgruppen-Kindern im Vergleich mit anderen Kindern sein.

5 Konklusionen, Diskussion und Vorschläge

Generell darf man aus der Studie schlussfolgern, dass die heutigen Schuleltern den Rudolf Steiner Schulen eine beachtlich gute pädagogische Leistung attestieren. Die erfolgreichen Studien- und Berufskarrieren der Absolventen und Absolventinnen der Steinerschulen belegen und erhärten diese Aussage. Trotzdem besteht auch für die Rudolf Steiner Schulen in der Schweiz und in Liechtenstein da und dort Reformbedarf.

In den vorhergehenden Kapiteln sind die Resultate der Studie im Einzelnen rapportiert und teilweise schon besprochen worden. Dieser abschliessende Teil des Forschungsprojektes fasst nun die Ergebnisse interpretativ und kommentierend zusammen. Daraus werden potenzielle Richtungen für die weitere Entwicklung der Schulen und konkrete Verbesserungsmöglichkeiten vorgeschlagen. Diese sind aus der persönlichen Sicht des Autors allgemein formuliert und zielen nicht spezifisch auf einzelne Schulen. Dabei werden die betrieblichen Themen und Vorschläge teilweise etwas extensiver besprochen als die pädagogischen Befunde. Letztere sind komplexer und können im Rahmen dieses Buches nur angetippt und nicht umfassend diskutiert werden. Alle nachfolgenden Kommentare sind als konstruktive Ansätze für eine möglichst tiefschürfende Debatte unter Lehrpersonen, Fachspezialisten und Eltern gedacht. Nichts ist hier als abschliessendes Urteil gemeint.

Nachdem die Eltern den Steinerschulen im Allgemeinen sowie den erzieherischen und didaktischen Bemühungen der Lehrpersonen gute, in vielen Bereichen sehr gute Noten gegeben haben, ist anlässlich der Präsentation der Studienresultate von Lehrerseite selbstkritisch gefragt worden, ob die Resultate nicht ein etwas zu wohlwollendes Bild der Steinerschulen darstellten. Aus Sicht des Forschers ist dies nicht der Fall. Obwohl man einräumen muss, dass es im Positiven wie im Negativen Verzerrungen in den Antworten geben kann, da einerseits nicht alle heutigen Eltern an der Umfrage teilgenommen haben und Eltern, welche die Schule verlassen hatten, nicht befragt werden konnten. Das Forschungsteam ist aufgrund aller quantitativ und qualitativ gewonnenen Informationen und Vergleiche sowie anekdotischer Erfahrungen als Steinerschulbeteiligte der Ansicht, dass die Studie ein valides Bild der Qualitäten der Steinerschulen aus der Perspektive der Eltern ergibt. Jedenfalls sind die Resultate robust genug, um daraus gut fundierte Massnahmen zur weiteren Entwicklung der Schulen abzuleiten und die Diskussion über die Qualität der Waldorfschulen umfassend abzustützen. Die verantwortlichen Gremien und die Eltern können nun die pädagogische und administrative Weiterentwicklung an ihren Schulen datenbasiert vorantreiben.

Die folgenden Abschnitte identifizieren potenzielle Massnahmen und regen Veränderungen an. Dabei ist es für die Schulgremien, z.B. Kollegium, Vorstand, Schulleitung, Elternrat etc., wichtig, vor der Implementierung von Neuerungen die Resultate der Umfrage zu hinterfragen: Was sagt uns ein statistisches Resultat, warum ist es bei uns so, und wollen wir es so haben? Zum Wert einer Statistik sagte der Gründer der Waldorfschule: „Es ist richtig, dass die Statistik sehr viel helfen kann. ... Sicher wird es erst, wenn man die Vorgänge als solche untersucht. Dann weiss man, wie man eine solche Zahl zu bewerten hat" (Steiner, 1996, 1. Seminarbesprechung, S. 21).

In diesem Sinne sind die Kollegien zusammen mit den anderen Schulgremien aufgerufen, die hier besprochenen Meinungen der Eltern ernst zu nehmen und in ihre Arbeit mit einzubeziehen. Es hilft mehr, insbesondere auf die problematischeren Ergebnisse zu schauen und dort tätig zu werden, statt Entschuldigungen dafür zu suchen oder diese mit der Haltung „Bei uns ist alles ganz anders" einfach abzutun. Verglichen mit den allgemein hohen Mittelwerten aller Schulen zeitigen einige Schulen bei ausgewählten, stark korrelierenden Qualitätskriterien unterdurchschnittliche, einige überdurchschnittliche Ergebnisse (siehe Abbildungen 36, 38, 39, 41, 44 und in den Schulen die schulspezifischen Ergebnisberichte). Solche Themen, die zwischen den Schulen grössere Unterschiede zeigen oder bei vielen Schulen unterdurchschnittlich sind, wären es vielleicht wert, in den Schulen tiefschürfender diskutiert zu werden. Nützlich wäre es auch, wenn die Schulen sich darüber austauschten, um voneinander zu lernen.

5.1. Schule des Bildungsbürgertums

Die Daten der Stichprobe ergeben eine Struktur der Elternschaft, die darauf hindeutet, dass die Rudolf Steiner Schulen in der Schweiz hauptsächlich von bildungsnahen, mittelständischen Menschen schweizerischer Nationalität getragen und von deren Kindern besucht werden. Auch die im Berufsleben stehenden ehemaligen Schüler und Schülerinnen der Rudolf Steiner Schulen gehören weitgehend dieser Bevölkerungsgruppe an. Beide Aussagen werden durch den hohen Anteil tertiärer Bildungsabschlüsse, den Berufsspiegel, die Einkommensverteilung und das Wohneigentum der Probanden gestützt (siehe Kapitel 3.1.). Interessant ist, dass schon eine frühere Studie über ehemalige Schüler und Schülerinnen an schweizerischen Steinerschulen zum gleichen Schluss kam und festhielt: Die Waldorfschule ist eine Schule des Bildungsbürgertums (Randoll & Barz, 2007). Beim realen Blick in die einzelnen Schulen und Klassen ergibt sich gleichwohl eine gute soziale und talentmässige Durchmischung, was die Schülerinnen und Schüler bei der Aneignung sozialer Kompetenzen unterstützt. Didaktik und Curriculum der Steinerschule stärken zudem akzentuiert soziales Verhalten, Rücksichtnahme und Respekt vor allen Menschen.

Dass 12% der befragten Schuleltern selbst als Lehrpersonen, 8% ausserhalb und 4% in der Steinerschule, tätig sind und 39% der Eltern angeben, über eine Ausbildung oder Weiterbildung pädagogischer Richtung zu verfügen, bezeugt, dass auch Menschen mit explizitem Pädagogikverständnis und Interesse für Erziehungsfragen das Lehr- und Bildungskonzept der Waldorfschule schätzen (siehe Kapitel 3.1.1.). Die Steinerschulelternschaft identifiziert sich zudem gut mit den Werten ihrer Schulen (siehe Kapitel 3.9.3.).

Die Steinerschule will eine Volksschule mit privater Trägerschaft sein, die ausdrücklich allen Kindern offensteht und in der alle Bevölkerungsschichten gut vertreten sind. Davon ist sie weit entfernt. Wegen der privaten Finanzierung durch die Schuleltern und angesichts eines Schüleranteils von nur 0.5% (BfS e; Aebersold & Fahrni, 2015/2016) aller Schüler und Schülerinnen der obligatorischen Schulstufen ist es schwierig, in der Rudolf Steiner Schule die schweizerische Wohnbevölkerung proportional vertreten zu wissen. Der Anteil der Schüler und Schülerinnen, die auf den obligatorischen Schulstufen eine Privatschule besuchen, beträgt in der Schweiz auch nur 16.9% (BfS e). Trotzdem gibt es in der Schweiz auch auf diesen Schulstufen eine lange, qualitativ hochstehende Privatschultradition. Häufig sind kirchliche Institutionen und die international bekannten Internate, die viele Kinder und Jugendliche einer weltweiten, vermögenden Klientel ausbilden, private Schulträger. Nicht alle haben, wie die Steinerschulen, den Anspruch, Volksschulen zu sein. Viele Privatschulen sind Wirtschaftsunternehmen im Bereich Bildung, die gezielt die Bedürfnisse ihrer jeweiligen Kundschaft und Schülerschaft bedienen und ihre Preispolitik entsprechend gestalten. Obwohl privater, freiheitlicher Bildungspluralismus auf den obligatorischen Schulstufen kaum mit öffentlichen Geldern gefördert wird, gibt es in der Schweiz verschiedene erfolgreiche, nichtstaatliche Bildungsmöglichkeiten.

Die schülermässig schmale Verbreitung der Rudolf Steiner Schulen liegt hauptsächlich am sehr gut ausgebauten öffentlichen Bildungssystem in der Schweiz. Die Staatsschule ist in der Bevölkerung bei allen sozialen Schichten stark verankert und wird als Normschule erlebt. Sie wird als grosszügig durch den Staat finanziertes, modernes und demokratisch gesteuertes Volksgut für Erziehung und Bildung von hoher Qualität angesehen. Die staatlichen Schulen der obligatorischen Stufen sind geographisch sehr dicht übers Land verteilt, föderalistisch organisiert, ihr Besuch belastet die Eltern nicht zusätzlich finanziell, und sie sind Teil eines integrierten Systems nahtloser Übergänge an weiterbildende Schulen. Durch Instrumente des politischen Prozesses in der Schweiz können die Eltern die Staatsschule mitgestalten, was die Identifikation mit ihr beeinflussen kann.

Ob die traditionellen staatlichen Schulsysteme mit ihrem auf Mathematik, Naturwissenschaft und Sprache fokussierten Fächerkanon allen heutigen Kindern immer gerecht werden und sie gut auf eine doch sehr ungewisse Zukunft vorbereiten, ist Gegenstand heftiger Diskussionen. Der weltbekannte Erziehungswissenschaftler Sir Ken Robinson z.B. findet Einseitigkeit in der Erziehung falsch. Er setzt auf die Entdeckung des Kindes, auf ganzheitliche Förderung inklusive Betonung des Kreativen und der Bewegung. Für ihn ist jedes Kind mit verschiedenen Talenten begabt, die es individuell entdecken und entwickeln können soll. Kern der Pädagogik sei, die natürlich veranlagte Neugierde im Kind zu wecken, um zum Lernen zu kommen. Als Wichtigstes dabei nennt er die Persönlichkeit der Lehrerin und des Lehrers; sie sei die Lebensader des Erfolges von Schulen. Kein Schulsystem auf der Welt sei besser als seine Lehrer und Lehrerinnen

(Robinson, 2006). Auch Largo (2018) betont, dass jedes Kind ein Unikat sei und die Schule die selbstbestimmte Entwicklung der Kinder fördern sollte: „Sie werden dann in ihrem Selbstwertgefühl und in ihrer Selbstwirksamkeit nicht beschädigt." Ohne die beiden Wissenschaftler für die Waldorfpädagogik vereinnahmen zu wollen, vertreten sie damit auch Anliegen, die den Steinerschulen wichtig sind.

5.2.   Damoklesschwert Finanzen

Ein grosses Hindernis für die Steinerschulen, real eine Schule für alle Volksschichten zu sein, ist die Notwendigkeit, die Schulkosten durch die finanziellen Beiträge der Eltern decken zu müssen. Viele ökonomisch weniger gut situierte Familien können sich eine Privatschule schlichtweg nicht leisten. Das geht auch aus den Gesprächen der Aufnahmegruppen der Rudolf Steiner Schulen mit interessierten Eltern hervor. Weil die Steinerschule aber für alle gedacht ist, müssten die Schulen alle Kinder interessierter Familien aufnehmen können, auch wenn es Familien nicht vermögen, genügend hohe finanzielle Beiträge zu leisten. Das geht nur, wenn andere Menschen durch zusätzliche Beiträge die finanzielle Lücke schliessen, ansonsten eine Schule ökonomisch gefährdet wird.

Der Finanzbedarf der Steinerschulen wird in der Zukunft noch steigen und zwar im Bereich der Pädagogik für zusätzliche Honorare und Ausbildungen für die Lehrpersonen sowie im Bereich der didaktischen Infrastruktur für Schulraumerweiterungen und Sanierungen. Dass Steinerschulen verglichen mit anderen Bildungsstätten günstig sind, zeigt Kapitel 3.2. Trotzdem, solange die privaten schweizerischen Volksschulen keine substanziellen und bedingungslosen staatlichen Gelder erhalten, wird die Vision einer freien Schule in privater Trägerschaft, die allen Kindern offensteht, in der Schweiz vermutlich nur sehr beschränkt Realität werden können.

In seinem Entwurf der Dreigliederung des sozialen Organismus ging Steiner (1996) davon aus, dass Institutionen des Geisteslebens – wie z.B. die Schule – weder von der Wirtschaft, die für Brüderlichkeit steht, noch des Staates, der für Rechtsordnung und Gleichheit steht, gesteuert werden dürfen, sondern durch die im Geistesleben Tätigen selbst frei gestaltet werden müssten. Zur Finanzierung des Geisteslebens sollten Überschüsse aus der Wirtschaftstätigkeit dienen. Diese Idee war als Modell auf der Makroebene angedacht. Die erste Waldorfschule in Stuttgart war, wenn auch auf der Mikroebene einer einzelnen Schule, so ausgelegt. Der Wirtschaftsbetrieb Waldorf-Astoria steuerte bedingungslos die finanziellen Ressourcen bei, der Staat hielt sich von der Einflussnahme auf das Schulprogramm fern, und Steiner konnte mit seinem Kollegium die angestrebte Pädagogik in Freiheit verwirklichen (siehe Kapitel Einführung).

Als Vorschlag zum Abbau finanzieller Eintrittshürden in die Steinerschule und damit zur weiteren Verbreitung dieses Schultypus könnte heute einerseits geprüft werden, in einer gemeinnützigen Stiftung einen Fonds zur schweizweiten Vergabe von Stipendien aufzubauen. Damit könnte einer grösseren Zahl interessierter Eltern der Zugang ihrer Kinder zur Steinerschule ermöglicht werden. Nur wenigen Steinerschulen ist es leider bisher gelungen, eigene Stipendienfonds zu äufnen. Andererseits bleibt der Wunsch der Eltern bestehen, dass die Rudolf Steiner Schulen finanzielle Unterstützung des Staates verdienten und eine freie Schulwahl so möglich werden sollte. Wiesmann (2017) fragt zu Recht etwas provokativ, weshalb der Staat den Eltern die Schule vorgibt, ihnen aber z.B. nicht vorschreibt, zu welchem Zahnarzt sie gehen müssen. Allerdings sind die demokratischen Vorstösse für eine staatlich finanzierte freie Schulwahl vom schweizerischen Stimmvolk bis jetzt immer klar abgelehnt worden.

Will sich die Rudolf-Steiner-Schulbewegung in Zukunft substanziell qualitativ und quantitativ entwickeln und vom Staat weitgehend unabhängig bleiben, müssen ihr hochdotierte, professionelle Förderstiftungen zur Seite stehen: für das Stipendienwesen, für die Weiterentwicklung ihres pädagogischen Angebotes, für die Finanzierung und Verwaltung ihrer Immobilien sowie für die optimale Lenkung der Finanzströme der Schulen. Dabei könnte vielleicht ein interschulisches Finanzausgleichssystem die Einkünfte unter den Steinerschulen, gemäss gemeinsam festgelegten strategischen Regeln, ausgleichen und so die Existenz kleiner, aber pädagogisch starker Schulen erleichtern.

Im Folgenden wird die Diskussion verschiedener Vorschläge auch immer wieder finanzielle Fragen berühren.

5.2.1. Dauerbrenner Schulbeiträge

Die Studie macht deutlich, dass die Eltern bezüglich des Schulbeitragssystems solidarisch eingestellt sind. Eindeutig wünschen die Eltern nach Einkommen gestaffelte Familienbeiträge und fordern, klare Vorgaben bezüglich ihrer gesamten finanziellen Verpflichtungen der Schule gegenüber zu erhalten (siehe Abbildung 11). Sie erwarten von den Schulleitungen und Vorständen striktes Beitragsmanagement und Systemtransparenz. Wenn sich einzelne Eltern ausgenutzt fühlen, weil z.b. andere ihren Verpflichtungen nicht nachkommen oder die Schule verschwenderisch wirtschaftet, geht Vertrauen verloren, und es wird solidarisches Verhalten beschädigt. Wie auf Elternseite gibt es auch in den Kollegien finanzielle Solidarität. Das vom Schulverein zur Verfügung gestellte Geld für die Lehrerhonorare wird nämlich, je nach Schule, individuell leistungs- und bedarfsbezogen den Lehrerinnen und Lehrern weitergereicht.

Aufgrund der Gemeinnützigkeit und unterschiedlicher Kostenstrukturen gibt es keine einheitlichen, für alle Schulen gültigen Beitragssätze. Systemisch müssten aber alle Regelungen zur Erhebung der Beiträge dafür sorgen, dass die Schulrechnung mindestens ausgeglichen abschliesst und idealerweise kleine Reserven zur Überbrückung gelegentlicher Notsituationen gebildet werden können. Hin und wieder ist ein Budgetdefizit unvermeidbar. Es sollte aber im Voraus geregelt werden, wie allfällige Verluste gedeckt würden. Die Erfahrung zeigt auch, dass es einfacher ist, die elterlichen Schulbeiträge kontinuierlich an die effektiven Kosten anzupassen, als z.B. kurz vor einem drohenden Konkurs die Beiträge massiv anheben zu müssen (siehe Kapitel 3.2.).

Bevor Beitragserhöhungen beschlossen werden müssen, besteht manchmal noch etwas Spielraum, um die Klassen zu vergrössern. Dadurch fallen nur Grenzkosten an. Denn eine volle Klasse kostet die Schule wegen der Fixkosten (z.B. Aufwand für den Unterricht, Raum, Infrastruktur) ungefähr gleich viel wie eine halbvolle Klasse. Die volle Klasse schafft aber normalerweise für die Schule zusätzliche Einkünfte. Die durchschnittliche Klassengrösse aller Steinerschulen betrug in den letzten Jahren ca. 19 Schüler und Schülerinnen. Darunter gibt es Schulen mit durchschnittlich 9 und solche mit 27 Schülern und Schülerinnen pro Klasse. Die nachhaltig kostendeckend arbeitenden Steinerschulen zählen in den meisten Klassen um die 20 Schüler und Schülerinnen (Aebersold & Fahrni, 2014/2015 u. 2015/2016). Ungeachtet finanzieller Überlegungen begrüssen viele Lehrer und Lehrerinnen aus pädagogischen Gründen die Vielfalt, die grössere Klassen bieten.

Die Gestaltung der Beitragssysteme soll steuerliche Abzugsmöglichkeiten zulassen. Je nach örtlicher Rechtslage kann es deshalb nötig sein, das Schulgeld in einen fixen Teil und in eine abzugsfähige, individuelle, freiwillige Spende aufzuteilen. Um das damit entstehende Spendenrisiko für die Schulen zu minimieren, müssten die Eltern unmissverständlich über die Höhe des Spendenbedarfs informiert werden. Das hilft den Eltern, ihr individuelles Spendenversprechen einkommensbezogen, ihren Möglichkeiten entsprechend und mit solidarischer Gesinnung und Grosszügigkeit im Voraus festzulegen. Die Schule erhält damit ihrerseits eine gewisse Budgetsicherheit.

Eine andere Frage ist, wo die Entscheidung zur Festlegung der finanziellen Beiträge der Eltern angesiedelt sein soll: wie heute meistens üblich bei der Mitgliederversammlung der Trägervereine oder z.B. beim Vorstand des Trägervereins, beim verwaltenden Kollegium einer Schule oder anderswo. Wenn man schnelle, vorwiegend rational begründete Entscheidungen wünscht, sind Generalversammlungen als Entscheider träge. In den Versammlungen können hingegen verschiedene Interessen zu Wort kommen, und weil die Entscheide einer Vollversammlung demokratisch abgestützt sind, werden sie meist auch von den Unterlegenen mitgetragen. Beobachter stellen fest: Ist eine Beitragserhöhung traktandiert, sind die Mitgliederversammlungen meistens sehr gut besucht und die Wortmeldungen zahlreich. Solche Diskussionen sind auch Gradmesser für das Engagement einer Schulgemeinschaft, und sie sind der Identifikation mit der Schule meist zuträglich.

5.2.2. Blindflug Kosten

Wie für jede Institution ist finanzielles Risikomanagement auch in der Steinerschule wichtig. Die Lehrpersonen mit Verwaltungsverantwortung können durch Lernen in der kaufmännischen Praxis der Schulführung ein gutes Verständnis dafür entwickeln, wie Einnahmen und Ausgaben im Gleichgewicht gehalten werden können und wie die meisten Schulentscheidungen auch das Finanzielle beeinflussen. Je besser also die verwaltenden Menschen betriebswirtschaftliche Zusammenhänge verstehen, desto leichter fällt es ihnen, finanzielle Gesichtspunkte zu beurteilen und in ihre Entscheide einzubeziehen. Das meint nun nicht, das Primat der Pädagogik aufzugeben, sondern es geht darum, dass jeder Entscheid alle Konsequenzen, inklusive der finanziellen, berücksichtigen muss.

Eine stärkere Professionalisierung im betrieblichen Management, z.B. durch mit Fachkompetenz begründeter Delegation von Aufgaben, hilft, finanzielle und organisatorische Risiken zu mindern und macht die Schulen dadurch stabiler. Es kann auch überlegt werden, ob Spartenrechnungen ein nützliches Instrument zur finanziellen Führung einzelner Schulen wären. Aus den Spartenrechnungen geht hervor, wie viel z.B. der Betrieb eines Kindergartens kostet und wie viel er einnimmt. Die Spartenrechnung macht transparent, welche Bereiche andere finanziell zu unterstützen vermögen. Es muss, wiederum als Beispiel, nicht immer falsch sein, einen Kindergarten defizitär zu führen. Insbesondere dann nicht, wenn die meisten Kindergartenkinder später auch in die erste Klasse der Steinerschule übertreten und andere Bereiche der Schule Überschüsse erwirtschaften. Wo das nicht der Fall ist, wäre es überlegenswert, ob zum Beispiel der Kindergarten in der Betriebsbuchhaltung als finanziell eigenständiger Bereich geführt werden sollte, um die Kosten genau zu kennen und von den Nutzern des Kindergartens den richtigen, kostendeckenden Preis zu verlangen. Ein fachmännisch betriebenes, modernes Rechnungs- und Finanzwesen ist wie für jeden Betrieb auch für jede Steinerschule ein Muss. Nur damit kann den Gefahren eines finanziellen Blindflugs ein Riegel geschoben werden.

5.3.   Organisatorischer Gestaltungsraum

Die hohe Zufriedenheit der Eltern mit der Steinerschule ist stark durch die pädagogischen Fähigkeiten, die Motivation und das Engagement der Lehrerinnen und Lehrer und durch die guten Bildungs- und Berufskarrieren der Absolventen und Absolventinnen begründet. Weniger wohlwollend werden organisatorische, betriebswirtschaftliche, kommunikative und prozessuale Faktoren der Schulen beurteilt. Dazu gehören auch Krisenanfälligkeit und Krisenmanagement, Kritikfähigkeit, Transparenz und administrative Professionalität. Aus Informationen der Studie kann hin und wieder das Empfinden eines Hangs zu unternehmerischem Amateurismus gelesen werden (siehe

Kapitel 3.9.). So wurden z.B. bei Schulen in temporär schwierigen Situationen Mängel im Management reklamiert, die leider auch das Pädagogische tangierten.

5.3.1. Leitende Lehrpersonen

Organisatorische Gestaltung ist in erster Linie eine Führungs- oder Leitungsaufgabe. In Waldorfzusammenhängen also oft die Verantwortung des die Schule tragenden Kollegiums und, je nach Zuständigkeitsregelung der Schule, des Vorstandes des Schulvereins oder der Schulleitung. Führung oder Leitung meint erstens: Eine Situation verstehen, Richtung geben, Ziele vereinbaren, Strategien festlegen, deren Implementierung anleiten und vorantreiben, Feedback verarbeiten, um daraus zu lernen und sich als Organisation stets zu erneuern. Zweitens gehört zur Leitung auch, möglichst viele Kollegen und Kolleginnen selbst zur Führung zu befähigen, und drittens das Schulmanagement im engeren Sinne, nämlich den täglichen organisatorischen Schulbetrieb, bestens in Gang halten. Letzteres ist vergleichsweise einfach. Die grosse Herausforderung liegt im ersten und zweiten Punkt, d.h., im Richtung geben und in der Herausforderung, viele zur Leitung zu befähigen. Als oberstes strategisches Gestaltungsorgan sehen die Schulen oft das Kollegium, denn jeder Lehrer und jede Lehrerin verantwortet die Schule als Ganzes.

Die Schulleitung durch das gesamte Kollegium ist kein alleiniges oder allgemeines Prinzip in den Waldorfschulen, sondern heute eine von mehreren gleichberechtigten Formen zur Führung einer selbstverwalteten Institution. Die neuere Literatur (Wember, 2015) beschreibt für die Steinerschulen auch direktionale und interdisziplinäre Schulleitungen oder Leitungsteams bestehend aus wenigen, delegierten Menschen mit gutem Sachverstand, weitgehenden formalen Kompetenzen und ausgeprägten menschlichen Qualitäten. Selbstverwaltung heisst zuallererst, dass die Schule nicht von staatlichen Behörden verwaltet wird und frei gestaltet werden kann, und meint nicht, dass die Lehrpersonen auch alles Strategische und Administrative ihrer Schule selbst machen und in corpore darüber entscheiden müssen. Wember (2012, S. 52) sagt z.B., dass alle wesentlichen Entscheidungen zu delegieren seien und von einem einzelnen Menschen voll verantwortet werden müssten; nicht wegen grösserer Effektivität, sondern weil dadurch bei allen Beteiligten eigene Kräfte („Ichkräfte") aktiviert würden.

In welchem Masse oder ob sich Lehrpersonen überhaupt selbst dem Management der Schule annehmen sollten, ist debattierbar. Eine These besagt, dies sei zwingend nötig und wirke sich positiv auf das Unterrichten der Lehrperson aus. Die Gegenthese meint, der Lehrperson ginge dadurch nur Zeit für die Kernaufgabe, die Arbeit mit dem Schulkind, verloren. Ist es tatsächlich notwendig, dass bestausgewiesene Waldorfpädagogen und Waldorfpädagoginnen sich mit hohem Zeitaufwand mit Schulmanagement befassen und dadurch weniger Vorbereitungs- und Unterrichtszeit haben oder ihre jüngeren Kollegen und Kolleginnen weniger begleitend coachen können? Waldorfpädagogen und Waldorfpädagoginnen sind dünn gesät, professionelle Manager gibt es zuhauf. Es scheint in jedem Falle sinnvoll, die stetigen Bemühungen um Fortschritte in der Führung, in der Verwaltung und der Administration fortzusetzen und die Schulen damit in ihrer primären Aufgabe, der Pädagogik und deren Weiterentwicklung, weiter zu stärken.

5.3.2. Transparente Strukturen

Die Rudolf Steiner Schulen sind, gemessen am Umsatz, KMU (kleine und mittlere Unternehmen). Um sich gut zu behaupten, bedienen sich Unternehmungen der Governance; d.h. einem System von Regeln, Verantwortlichkeiten und Rechenschaften, Praktiken und definierten Prozessen. Damit werden ein möglichst reibungsloser Betriebsablauf bewerkstelligt, Transparenz hergestellt, Interessenkonflikte gelöst und Entwicklung gefördert.

Die geeigneten Strukturen zur Verwaltung der Schule zu finden und sie von Zeit zu Zeit neu zu fassen, ist auch eine Führungsaufgabe. Sie kann gemeinschaftlich und in ergänzender Zusammenarbeit zwischen Kollegium, Vereinsvorstand und Eltern vermutlich besser gelingen als in geschlossenen Kollegiumskonferenzen. Es kann helfen, wenn geeignete Menschen von ausserhalb des Kollegiums mitwirken. Sie bringen fehlendes Fachwissen und spezifische Erfahrung ein und sind vielleicht, weil sie selbst nicht Teil einer möglichen Reorganisation sind, objektiver.

Manchmal gleichen Organigramme von Steinerschulen mehr einem Gewirr ineinander verschlungener Spaghetti und vermitteln weniger den Eindruck transparenter Strukturen. In der Managementliteratur heissen solche Organigramme tatsächlich „Spaghetti Chart". Sie sind Abbild eines Sammelsuriums von Funktionen, die meisten miteinander verbunden oder ineinander verschachtelt, undurchsichtig, kompliziert, verantwortungsdiffus und Konflikte vorprogrammierend. Solche Spaghetti-Diagramme sind ein gutes Instrument zur Prozessanalyse und decken Schwachstellen zur Verbesserung auf. Sie sind aber das Gegenteil eines informativen Organigramms, das Klarheit und Vertrauen schafft. Die meisten Steinerschulen sind eher kleine und relativ wenig komplexe Organisationen. Glaubt man hingegen einigen ihrer Organigramme, erscheint manchmal das Bild eines hochkomplexen sozioökonomischen Systems voller Kontrollen und Gegenkontrollen. Was, um allen irgendwie gerecht zu werden, gut gemeint war, schafft mehr Verwirrung als Durchsicht. Einfacher ist es sicher, wenn Organisation, Zuständigkeiten und Prozesse ohne besondere „Einweihung" verständlich sind und die Schule nicht überorganisiert wird. Die Balance zwischen Regulierung und Deregulierung ist zugegebenermassen heikel. Das Ziel ist, Chaos zu vermeiden und gleichzeitig weitgehende Freiheit zu schaffen, damit Ideen entstehen und – ohne viele administrative Hürden überwinden zu müssen – in nützlicher Frist verwirklicht werden können.

Es ist deshalb gut, wenn vorausschauende Steinerschulen ihre Strukturen und Organisationen aus ideellem und freiem Entschluss gestalten und nicht erst, wenn die Buchhaltung Verluste anzeigt. Beliebigkeit in der Struktur, in der Führung und in den Prozessen ist ineffizient und belastet, direkt oder indirekt, die Schulrechnung. Dadurch werden Teile der Elternbeiträge der pädagogischen Arbeit entzogen. Eine Untersuchung an deutschen Waldorfschulen hat zudem diagnostiziert, dass unklare organisatorische Vorgaben die Befindlichkeit, Motivation und potenziell die Gesundheit der Lehrpersonen beeinträchtigen können (Peters, 2013).

5.3.3. Kontinuierliche Veränderung

Weil Umwelt und Gesellschaft sich laufend verändern, werden heute Organisationsentwicklung und Innovation weniger als von Zeit zu Zeit wiederkehrende Ereignisse, sondern vielmehr als Kontinuum gesehen. Das meint nicht Neomanie, Sucht nach Neuem, wobei das Neue automatisch immer als besser als das Alte gesehen wird; es meint vielmehr, Fortschritt und Zukünftiges darf sich dauernd aus dem Leben, aus der

individuell und gemeinsam erlebten situativen Wirklichkeit in der Steinerschule entwickeln. Es wäre kaum zweckdienlich, wenn Reformarbeiten stur und lehrbuchmässig
theoretischen Modellen folgten oder dogmatisch geprägt wären. Wie alle Innovationen
an den Steinerschulen müssen sich auch organisatorische Reformen an der Aussenwelt
und der Identität der betroffenen Schule orientieren. Innovation kann man nicht er-
zwingen, sie entsteht vielmehr in einer offenen, kooperativen, lernbegierigen und un-
bürokratischen Schulkultur. Das Zentrale bei Veränderungen ist immer der Impuls der
Waldorfpädagogik selbst und diese in einer komplexer werdenden Welt frei bewahren
und gestalten zu können.

Ist Entwicklungs- oder Veränderungsbedarf einmal erkannt, darf die Umsetzung auch
an Steinerschulen mit etwas Dringlichkeit erfolgen. Das wirkt auch der Gefahr entge-
gen, dass Zeit wegen persönlicher Befindlichkeiten in unschlüssigen Konferenzraum-
debatten verrinnt. Auch der noble Wunsch, für alles einen Konsens anzustreben, darf
bei Veränderungsprozessen hinterfragt werden. Wird nämlich dieses Streben als sub-
limes Machtmittel missbraucht, stärkt es retardierende Kräfte. Deshalb ist es ratsam,
einen Veränderungsprozess zu planen und die Governance über den Prozess zu klären.
Das beugt Konflikten während organisatorischen wie pädagogischen Veränderungen
vor. Trotzdem: Man muss Altes aufgeben, um Neues entstehen zu lassen. Gerade so,
wie man die eigene Komfortzone verlassen muss, um selbst voranzukommen.

5.3.4. Konkrete Handlungsmöglichkeiten

Was sich für die Steinerschulen aus dem Befund der Studie und der Besprechung
organisatorischer Fragestellungen als Vorschlag ergibt, ist zu prüfen, wo höhere betriebswirtschaftliche Professionalität zu Produktivitätsvorteilen führen könnte. Dabei
dürfen auch administrative Standardisierung, gemeinsam, allenfalls sogar zentral betrie-
bene IT-Systeme, Outsourcing-Alternativen und Kooperationen zwischen Schulen bis
hin zu rechtlichen Zusammenschlüssen ins Auge gefasst werden. Warum sollten z.B.
Kosten- und Finanzbuchhaltung nicht für alle Schulen zentral erledigt werden? Oft
wird vorgebracht, jede Schule sei ein eigener, ganz spezifischer Kosmos. Die Studienresultate sagen eher das Gegenteil: Alle Schulen werden als weitgehend gleich angesehen,
ja sogar über die Landesgrenzen hinaus (siehe Anhang I). Durch das Zusammenlegen

administrativer Dienste gehen weder die wesensartige Vielfalt noch die Selbständigkeit noch die eigene Identität der Schulen verloren. Auch allenfalls befürchteten Machtkonzentrationen kann mit gegenwirkender Governance vorgebeugt werden.

Gelingt es einer Schule trotz Sanierungs- und Entwicklungsmassnahmen über Jahre hinweg nicht, eine angemessene Grösse zu erreichen, die eine gewisse wirtschaftliche Stabilität ermöglicht, um die angestrebte pädagogische Leistung in hoher Qualität erbringen zu können, darf auch eine geordnete Schulschliessung als äusserstes Mittel kein Tabu sein. Es ist fraglich, ob eine andauernd serbelnde, örtliche Schule ihre primären Aufgaben wirklich so erfüllen und Verantwortung wahrnehmen kann, wie sie es möchte, und ob sie den guten Ruf der Waldorfschulbewegung stärkt. Wahrscheinlicher ist, dass sie Ressourcen und Lehrkräfte bindet, die woanders vielleicht dringend gebraucht werden. Auch nicht ausgeschlossen ist, dass durch Schliessung und spätere Neugründung, auch mit anderen Menschen, eine Schule zu neuer Prosperität gelangen kann.

Mehr Potenzial ist im Marketing, in der Markenpflege, in den Public Relations und allgemein in der Kommunikation erschliessbar, um die Ideen und guten Dienste der Waldorfpädagogik vielen Bezugsgruppen und Interessierten näherzubringen. Es mag ja nicht unsympathisch sein, wenn Steinerschulen manchmal etwas „handgestrickt" daherkommen, ob sie dadurch menschlicher und überzeugender wirken, bleibt offen. Webseiten, die z.B. nicht rasch und regelmässig aktualisiert werden, oder Schultelefone, die zu oft nur vom Anrufbeantworter „besetzt" sind, machen nicht unbedingt einen so guten Eindruck. Schade ist es auch, wenn auf der Schulhomepage Kollegium, Vorstand und Schulleitung nicht mit Kurzbiographie und vielleicht auch mit Foto oder Portraitskizze vorgestellt werden. Denn die Interessenten wollen wissen, wer das Schulangebot verwirklicht und wer Verantwortung trägt. Falsche Bescheidenheit kann eben auch Intransparenz und Misstrauen schaffen. Aktuelle Fotos von Schulkindern sollten hingegen nur zurückhaltend auf Schulwebsites erscheinen. Um den Schulalltag zu illustrieren, könnte man stattdessen historische Bilder zeigen, mit Kindern, die heute in höheren Klassen sind oder die Schule bereits verlassen haben. In der Kommunikation sind es oftmals Details, die grosse Wirkung – im Positiven wie im Negativen – haben.

Fachkompetenz in Marketing, Kommunikation, Internet, IT und Personalwesen findet sich in der Elternschaft mancher Schule. Solchen Spezialisten und Spezialistinnen diese Bereiche selbst- oder mitverantwortlich anzuvertrauen, könnte z.B. zur Qualitäts-steigerung in der Schulkommunikation, im Marketing und im Personalwesen beitragen. Viele gemeinnützige, soziale und auch anthroposophisch orientierte Unternehmen betreiben ganz selbstverständlich Marketing. Moderne Führungsmethoden sind auch für soziale Unternehmungen kein Tabu mehr, und die Methodenliteratur ist breit (z.B. Arnold, 2014; Hastings, 2008). Warum sollte sich neuzeitliche Unternehmensführung also nicht auch mit der Kultur und dem philosophischen Hintergrund der Rudolf Steiner Schulen vertragen?

Wenn in den vorherigen Kapiteln von ökonomischer Effizienz und Effektivität die Rede war, so gilt das für alles Betriebswirtschaftliche, nicht aber für das Pädagogische im engeren Sinne, die Arbeit mit den Schülern. Das Pädagogische muss an der Steiner-schule frei aus den Bedürfnissen des Kindes heraus gestaltet werden können: Standardisierung, Formalismus oder Effizienzmaximierung haben darin gar nichts zu suchen.

5.4.   Brachliegendes Erfahrungspotenzial

Die Lehrerkollegien in den Schulen stehen einer Elternschaft gegenüber, die zu einem grossen Teil über eine formal gleichwertig hohe Ausbildung verfügt wie die meisten Lehrpersonen selbst, eine grosse Affinität für Pädagogik und ein gewisses Interesse an anthroposophischen Fragen hat (siehe Kapitel 3.1.). Diese Elternschaft ist für die Lehrpersonen zugleich eine Herausforderung und eine grosse Chance. So könnte vermehrt versucht werden, gestaltungswillige Eltern verbindlich in den Betrieb und die Weiterentwicklung der Schulen einzubeziehen. Eine engere, systematische Zusammenarbeit von dazu geeigneten Eltern und den Kollegien würde vielleicht im Sinne moderner Co-Creation sowohl zur Steigerung der ökonomischen als teilweise auch der pädagogischen Wertschöpfung beitragen können.

Die Studie von 2007 über ehemalige Schüler und Schülerinnen an schweizerischen Steinerschulen stellte prononciert fest: „Vermutlich müssen sich die Schulen angesichts dieser Elternschaft um Formen ihrer pädagogischen Mitwirkung auf hohem fachlichem Niveau kümmern und können sich nicht einfach nur auf die ‚pädagogische Freiheit' des Lehrers herausreden" (Randoll & Barz, 2007). Angesichts der Ergebnisse der hier beschriebenen Elternstudie scheint nach wie vor die Möglichkeit zu bestehen, proaktiv zu prüfen, wo und wie spezifisches Wissen und fachliche Fähigkeiten einzelner Eltern sinnvoll genutzt werden könnten und ob sich Eltern überhaupt tatkräftig und mitverantwortlich einbringen möchten.

Gemäss Studie (siehe Kapitel 3.9.1.) haben allerdings nur 14% der Schuleltern das Gefühl, sie könnten das Unterrichtswesen mitgestalten. Bei organisatorischer Mitarbeit, beispielsweise bei der Gestaltung von Strukturen oder Prozessen, fühlt sich etwa die Hälfte der Eltern willkommen. Wirklich erwünscht glauben sich die Eltern hingegen nur zur Mitarbeit im sozialen Leben der Schule. Obiges lässt vermuten, dass sich Eltern kaum für eine Mitarbeit bei den Kernthemen wie Pädagogik, Führung oder Organisationsentwicklung selbst anbieten; die verantwortlichen Gremien dürfen sie bei Bedarf trotzdem dazu einladen.

Der Einbezug einzelner Eltern in die organisatorische oder pädagogische Entwicklung der Schule könnte in Betracht gezogen werden, wenn diese Menschen Fachleute im betreffenden Gebiet sind, idealerweise Grundzüge der Waldorfpädagogik kennen und bereit sind, ihre Zeit und ihr Wissen den verantwortlichen Lehrpersonen zur Verfügung zu stellen. So kann es z.B. hilfreich sein den Schulvater, der als Informatiker arbeitet anzufragen, ob er bei der Ausarbeitung eines Bildungsplanes für Computerkompetenz an der Steinerschule mitarbeiten möchte. Es wäre aber kontraproduktiv, die Eltern stets mitreden zu lassen, wie im täglichen Schulbetrieb Unterricht gegeben werden sollte.

Um auch auf Seiten der Eltern voneinander zu lernen, die elterliche Interessensvertretung und die Elternmitarbeit zu stärken, könnten die lokalen Elternräte versuchen, sich in einem nationalen Elternrat zu verbinden. Die Waldorfschulbewegung in Deutschland hat z.B. zur Qualitätsentwicklung ihrer Schulen einen Bundes-Elternsprechtag eingerichtet, um die Elternschaft stärker wahr- und ernst zu nehmen (Ziebell, 2017).

5.5. Wirkungsvolle Lehrpersonen

Die Schuleltern bestätigen den Lehrerinnen und Lehrern an den Steinerschulen viel erzieherische und didaktische Kompetenz sowie grosses Engagement (siehe Kapitel 3.7.

bis 3.9.). Einige Aussagen zu den offenen Fragen klingen bezüglich der Qualitäten der Lehrer und Lehrerinnen geradezu euphorisch. Auch bei den quantitativen Fragen beurteilen die Eltern die Lehrpersonen gut und sehr gut. Dies insbesondere bei Kriterien, welche für die Waldorfpädagogik zentral und für die Eltern sehr wichtig sind. So sind die Eltern sehr zufrieden damit, wie Persönlichkeitsmerkmale wie z.B. Wille, Vertrauen, Selbstbewusstsein, Kontaktfähigkeit bei den Kindern gefördert werden; ebenso, wie sich ihr Wissen und Können entwickelt und dass dafür viel geübt wird. Die Eltern finden, die Lehrer und Lehrerinnen würden der erwarteten Vorbildfunktion gerecht, könnten begeistern und hätten die Fähigkeit, das Individuelle der Kinder zu erkennen und sie entsprechend zu fördern. Etwas Wesentliches bezüglich der Vorbildfunktion ist die vorgelebte Selbstentwicklung der pädagogisch Tätigen, der Lehrpersonen, der Mütter und Väter. Das sich selbst erziehende Vorbild regt dadurch das Kind an, sich an ihm aufzurichten, an ihm zu lernen und sich gewissermassen selbst zu erziehen. Rudolf Steiner weist verschiedentlich auf dieses Phänomen hin, indem er sagt: „Jede Erziehung ist Selbsterziehung, und wir sind eigentlich als Lehrer und Erzieher nur die Umgebung des sich selbst erziehenden Kindes" (Steiner, 1982).

Die Eltern stimmen zu, dass den sozial eher auffälligen Kindern sehr gute Integrationschancen gegeben werden; sie haben aber auch den Eindruck, dass die Kinder mit Lernschwierigkeiten gegenüber solchen mit besonderen Begabungen mehr Förderung erhalten. Ein Viertel der befragten Schuleltern meint sogar, ihr Kind sei unterfordert, wogegen nur fünf Prozent der Eltern zustimmen, dass ihr Kind an der Steinerschule überfordert ist. Die Empfindung der Eltern, die Schule kümmere sich etwas intensiver um die schwächeren als um die stärkeren Schüler und Schülerinnen, wird auch durch verbale Kommentare ausgedrückt.

Die hohe Übertrittsrate von der Staatsschule in die Steinerschule und vor allem die hauptsächlichen Begründungen für den Wechsel, z.B. zu hoher Leistungsdruck der Staatsschule, könnten weitere Indizien dafür sein, dass leistungsschwächere Schüler und Schülerinnen an einer Rudolf Steiner Schule gut aufgehoben sind und aufblühen können (siehe Kapitel 3.3.2.). Nun, das muss nicht heissen, dass Höherbegabte an der Steinerschule zu kurz kommen. Die hohe Maturitätsquote und die anderen nachfolgenden Ausbildungen der Steinerschulabsolventen und -absolventinnen bestätigen eher, dass an der Steinerschule ein breites Talentspektrum gut gefördert wird. Beides, die Förderung der Schwächeren und der Stärkeren, ist eine Frage der Achtsamkeit bei den pädagogischen Bemühungen der Lehrer und Lehrerinnen. Die Eltern konstatieren ausgeprägte Achtsamkeit der Lehrpersonen im Umgang mit den Schülern und Schülerinnen.

Obwohl die Eltern im Allgemeinen finden, die Vorgaben und Ideen der Waldorfpädagogik würden von den Lehrpersonen gut in die Praxis der Schule umgesetzt, gibt es diesbezüglich auch Zweifel (siehe Kapitel 3.9.1.). Sie kommen vermehrt von Eltern, die schon seit langem mit der Steinerschule verbunden sind. Während dieser Zeit haben sie viel Theoretisches über die Waldorfpädagogik gehört und sich ein Bild gemacht, wie sie ausgeübt werden sollte. Die reale Schulerfahrung einiger Eltern entspricht nun anscheinend nicht ganz diesem Bild. Das könnte dazu geführt haben, dass sie bezüglich der guten Umsetzung der Waldorfpädagogik in ihrer Schule skeptischer antworteten.

In den qualitativen Antworten wird mehrfach, und eher bei Mittelschul-Lehrpersonen, schwächere Waldorfkompetenz vermutet. Ungenügende Verankerung in der Waldorfpädagogik mag für einzelne Lehrkräfte zutreffen. Sie müssen deshalb im System Waldorf keineswegs weniger gute Pädagogen sein. Ein starkes Kollegium kann mangelnde individuelle Erfahrung mit der Waldorfpädagogik durch Konferenzarbeit, gegenseitiges, methodisches Mentoring und individuelles Coaching kompensieren. Um die dafür zusätzlich benötigte Zeit der erfahreneren Lehrkräfte zu gewinnen, könnten diese z.B. von administrativen Arbeiten der Schulführung befreit werden, oder es könnten vermehrt pensionierte Waldorflehrpersonen für das Coaching neuer Lehrpersonen rekrutiert werden.

Ein grosses Ressourcenproblem besteht beim Geld. Ein noch grösseres wird die geringe Anzahl an Nachwuchslehrpersonen, die für die Steinerschulen gut ausgebildet sind, werden. Für die Zukunft der Rudolf Steiner Schulen ist es lebenswichtig, dass in den nächsten Jahren das Reservoir ihrer Lehrpersonen nachhaltig ausgebaut werden kann. Dazu ist an verschiedenen Punkten anzusetzen, z.B. bei der Motivation und Motivierung potenzieller Studenten und Studentinnen der Pädagogik, den Beruf des Waldorflehrers und der Waldorflehrerin zu ergreifen (Wiechert, 2010). Dann bei der Weiterbildung in Waldorf-Didaktik und -Methodik. Das geht einher mit dem Studium von Steiners Menschenkunde. Und schliesslich bei einer konkurrenzfähigen Honorierung der Lehrpersonen an Rudolf Steiner Schulen. Teil der Honorierung sind auch qualitative Werte des Arbeitsplatzes wie z.B. die exzellenten Möglichkeiten der Lehrpersonen, frei und selbstgestaltet zu lehren und sich persönlich weiterzuentwickeln.

Aufgrund des Befunds der Studie darf man weiter schlussfolgern, dass die Lehrer und Lehrerinnen an den Rudolf Steiner Schulen die gewünschte pädagogische Wirkung gut zu erzielen vermögen.

5.6.   Konservatives Schulprofil

Die Studie zeigt ein etwas progressiver und mehr nach inneren Werten ausgerichtetes allgemeines Profil der Steinerschulelternschaft, als dies vermutlich beim Durchschnitt der schweizerischen Wohnbevölkerung der Fall ist (siehe Kapitel 3.1.7.). Von den Steinerschulen selbst zeichnen die Schuleltern hingegen ein ziemlich konservatives Profil und stellen ab und an Veränderungsresistenz fest. Die quantitativen und die qualitativen Daten der Studie belegen das sichtbar. Dass je ein Drittel der Schuleltern die Steinerschule als eher dogmatisch, altmodisch und bewahrend empfindet, ist sicher ein Zeichen für eine weniger ausgeprägte Wandelbarkeit dieser Institution, welches beachtet sein will (siehe Kapitel 3.4., 3.9.4., 3.9.5.). Zusammenfassend bewerteten die Schuleltern die Erneuerungskraft der Rudolf Steiner Schule denn auch lediglich mit 6.6 von 10 Punkten (siehe Kapitel 3.9.1.). Diese Einschätzung ist ziemlich deckungsgleich mit anderen, inhaltlich in die gleiche Richtung weisenden Daten.

Dem als konservativ beschriebenen Schulprofil soll hinzugefügt sein, dass dem Konservatismus auch Positives abzugewinnen ist, nämlich: Sicherheit, Stabilität, Schutz des Bewährten, vielleicht Geborgenheit. Solche Werte sind für die Erziehung und das Aufwachsen junger Menschen wichtig, und auch darauf baut die Pädagogik an den Waldorfschulen. Anders Dogmatismus, er verschliesst sich dem kritischen Nachdenken, übernimmt starre Lehrmeinungen unhinterfragt und ohne sie aus unterschiedlichen Perspektiven zu reflektieren, übersieht Entwicklung, Kontext und Realität. Er schwächt den Geist und verhärtet das Herz, wie der Wiener Musiker und Feuilletonist Otto Weiss (1849–1915) aphoristisch bemerkte, und er führt zu Fanatismus. Steiner (1990) machte deutlich, dass nichts Dogmatisches in die Pädagogik kommen dürfe, denn „das Schlimmste im Leben und besonders in der Erziehung und im Unterricht ist der Fanatismus, wenn man sich in irgendeine Richtung hinein verrennt und nun nichts andres mehr kennt und nun durchdringen will mit seiner einen Richtung, die man in bestimmte Schlagwörter hineingebracht hat. ... Nur derjenige wird nicht fanatisch, sondern lebt sich ein in Allseitigkeit, in eine notwendige Universalität, der weiss, dass man die Dinge von den verschiedensten Seiten betrachten muss. ... das, was der Waldorflehrer haben muss, ist, dass von ihm jeder Fanatismus weg ist, dass er nur die Realität des werdenden Menschen, des Kindes, vor sich hat."

In der lehrerzentriert auf die Autonomie der einzelnen Schulen ausgerichteten Steinerschulbewegung in der Schweiz liegt die Verantwortung für die Zukunft bei den Kollegien und teilweise bei den Vorständen der jeweiligen Schule. Sie kann eigentlich nur von den dort tätigen Lehrpersonen pädagogisch weiterentwickelt werden. Die losen Verbundorganisationen wie z.B. die Arbeitsgemeinschaft der Rudolf Steiner Schulen in der Schweiz und Liechtenstein (ARGE) können impulsieren und versuchen, gemeinsame Interessen zu koordinieren. Sich daraus ergebende Regeln machen sich die Schulen, im Sinne einer Selbstverpflichtung, dann freiwillig zu eigen. Wieweit die Entwicklungsverantwortung von den einzelnen Schulen wahrgenommen wird und ob ein genügend starker Gestaltungswille in den Schulgremien vorhanden ist, der die Schulen zeitgemäss auf die Zukunft ausrichten kann, beantwortet die Studie nur teilweise und eher zurückhaltend. So sei hinterfragt, ob jede einzelne Schule überhaupt die Kapazität für pädagogische Weiterentwicklung hat und ob es nicht sinnvoller wäre, gewisse Curricula, Lehrmittel und die entsprechende Schulung der Lehrenden würden zentral, z.B. von der Koordinationsstelle der ARGE, der Akademie für anthroposophische Pädagogik (AfaP in Dornach) oder in einem anderen Center-of-excellence geschaffen und in den Schulen implementiert. Ein Beispiel dazu könnte vielleicht der Fachbereich Medienpädagogik und Digitalisierung sein.

Beurteilungen der Schuleltern weisen darauf hin, dass aus ihrer Sicht die erneuernden Kräfte noch ausgeprägter tätig werden könnten. 35% finden, die Schulen griffen neue gesellschaftliche Phänomene bescheiden auf. Das von den Eltern stets angeführte Paradebeispiel ist der pädagogische Umgang mit digitalen Entwicklungen, sozialen Netzwerken und künstlicher Intelligenz. Damit einher geht, dass ein Fünftel der Eltern sagt, pädagogische Entwicklung an den Schulen sei für sie nicht feststellbar. Das heisst nun nicht, dass es keine gibt. Sie wird von der Schule vielleicht einfach nicht kommuniziert und nicht an die grosse Glocke gehängt. Die Pädagogik jeder Lehrperson entwickelt sich in der Schule täglich, aus dem Kind heraus, in kurzen Schritten, für das Publikum sozusagen unsichtbar.

Einer kleinen Minderheit kommt der Unterricht, von ihrer Warte aus, als Eltern gesehen, teilweise etwas lebensfern vor. Andererseits findet die grosse Mehrheit der Eltern, dass die Lehrpersonen, mit denen sie zu tun haben, mitten im Leben unserer Zeit stehen. Die Ausnahme bildet ein Viertel der männlichen Elternteile, die dem nicht zustimmen. Worauf die Empfindungen dieser Väter gründen, wurde nicht diagnostiziert. Und inwieweit die obigen Ansichten von Eltern in der täglichen Schulrealität objektiv tatsächlich zutreffen, kann die Studie auch nicht enträtseln. Jedenfalls haben die Eltern zu den abgefragten Kriterien bezüglich Modernität der Steinerschulen und Zeitgenossenschaft ihrer Lehrpersonen differenzierte Meinungen (siehe Kapitel 3.9.4.). Die Ergebnisse zum Thema Zeitgemässheit der Waldorfpädagogik dürften zu tiefer schürfenden Betrachtungen in den Schulgremien führen.

Phänomene, die die Gesellschaft fördern, möglicherweise aber auch bedrohen, nehmen beschleunigt zu. Der richtige Umgang damit ruft auch nach fortschrittlichen pädagogischen Konzepten. Solche aus der Waldorfpädagogik heraus zu entwickeln, ist vielleicht eine Kulturaufgabe der heutigen und zukünftigen Kollegien an den Rudolf Steiner Schulen und der Waldorfschulbewegung insgesamt. Gelingt es, dazu öffentlich Zeichen zu setzen, wird die Aufmerksamkeit gegenüber der Waldorfpädagogik zunehmen und ihre weitere Verbreitung allenfalls stärker wachsen. Die Steinerschulbewegung könnte deshalb den Vorschlag prüfen, für die Ausbildung und Weiterbildung von Waldorf-Pädagogen wie auch für die Forschung ihre Kooperationen mit pädagogischen Hochschulen auszubauen. Nicht Verwässerung der einen Pädagogik durch die andere, sondern gegenseitiges Lernen voneinander wäre dabei das Ziel.

5.7. Entwicklungsfelder

Das Forschungsteam, Vorstand und Koordinationsstelle der Arbeitsgemeinschaft der Rudolf Steiner Schulen in der Schweiz und Liechtenstein (ARGE) besprachen die Ergebnisse dieser Studie intensiv und leiteten daraus mögliche Entwicklungsthemen ab. Diese wurden als Entwicklungsfelder zuhanden der schweizerischen Rudolf-Steiner-Schulbewegung formuliert und den Schulen bei den Präsentationen ihrer Umfrageresultate vorgestellt. Die Reaktionen der jeweils anwesenden Eltern, Lehrer und Lehrerinnen signalisierten grundsätzliches Einverständnis mit diesen Stossrichtungen für die weitere Entwicklung der Schulen. Die schulspezifischen, konkreten Aufgaben innerhalb der empfohlenen drei allgemeinen Entwicklungsfelder können allerdings nur durch jede Steinerschule selbst definiert und umgesetzt werden. Es wurde angeregt, dazu in den Schulen eine interdisziplinäre „Groupe de réflexion" einzurichten.

Die allgemeinen Entwicklungsfelder:

» Interaktion zwischen Lehrpersonen und Eltern (Kapitel 5.7.1.)
» Qualitätsmanagement mit drei Schwerpunkten (Kapitel 5.7.2.)
» Gestaltung der Waldorfpädagogik in der heutigen Zeit (Kapitel 5.7.3.)

werden im Folgenden begründet und dazu Handlungsvorschläge beschrieben.

5.7.1.   Erstes Entwicklungsfeld: Interaktion zwischen Lehrpersonen und Eltern

Mit verschiedenen Fragen beleuchtete die Studie die Kommunikation der Schulen. Im Besonderen wollte sie damit ergründen, wie die Schuleltern ihre Interaktion mit den Lehrerinnen und Lehrern erlebten. Die Daten zu beiden Bereichen wurden mit quantitativen (siehe Kapitel 3.9.2.) und qualitativen Methoden erhoben.

Diese Ergebnisse dürfen die Steinerschulen nicht ganz zufrieden stellen. Nur ein Fünftel der Schuleltern findet uneingeschränkt, dass sie von der Schule schnell und verständlich über Veränderungen an ihrer Schule informiert werden. Die Information durch die Schulen wird von Eltern beispielsweise als langsam, zu selektiv oder reaktiv beschrieben. Das hängt vielleicht auch damit zusammen, dass nur jedem fünften Antwortenden klar ist, wer in der Organisation der Schule wofür zuständig ist. Hier könnte Selbsthilfe der Eltern fruchtbar werden, indem z.B. Eltern, die den Betrieb gut kennen, sich der Neueintretenden annehmen und ihnen bei der Integration vertrauensvoll zur Seite stehen.

Die Verantwortung, dies zu organisieren, möchte vielleicht der Elternrat der jeweiligen Schule übernehmen. Die Studienresultate könnten jedenfalls die Schulen anregen, dem Informationsverhalten da und dort noch höhere Aufmerksamkeit zu schenken.

Weil die Waldorfpädagogik auf die Kooperation zwischen Lehrpersonen und den Eltern baut, ist eine vertrauensvolle Beziehung zwischen diesen Parteien für die Entwicklung der Schüler und Schülerinnen wichtig. Mit einigen qualitativen Elementen der Interaktion zwischen ihnen und den Lehrerinnen und Lehrern sind die Eltern nicht glücklich. Zum einen finden die Eltern, dass ihnen der Austausch mit den zuständigen Lehrpersonen nicht wirklich zur Förderung ihrer Kinder hilft. Zum anderen bemängeln sie, zu wenig gut über den jeweiligen Lernstand ihrer Kinder informiert zu sein. Tendenziell nimmt die Zufriedenheit mit der Interaktion mit längerdauernder Steinerschulelternschaft ab.

Die Ergebnisse deuten weder auf schlechten Willen noch auf Misstrauen hin, weder auf Seiten der Lehrpersonen noch auf Seiten der Eltern. Beiden Parteien ist daran gelegen, diese Zusammenarbeit fruchtbar zum Nutzen der Kinder zu gestalten. Die verständnisvolle Begegnung auf Augenhöhe ist dabei wichtig. Für manche Problemsituationen, die der schulische Alltag mit den Kindern mit sich bringt, haben weder die Eltern noch die Lehrpersonen sofort eine Lösung zur Hand. Sie sind für die Beteiligten meist neu, komplex und individuell. Lösungen werden im Dialog zwischen Lehrperson und Eltern gefunden, vereinbart und ausprobiert. Dazu braucht es intensive persönliche Kommunikation. Die ist oft einfacher und zielführender, wenn sich Lehrperson und Eltern gut kennen und das Gespräch beidseitig forderungs- und erwartungsfrei ist. Wenn beide Parteien zudem etwas über die grundlegenden Aspekte der Waldorfpädagogik wissen, ist das im Erziehungsgespräch hilfreich. Ein grundlegender Aspekt der Waldorfpädagogik ist z.B. ihr Menschenbild. Kenntnisse darüber sind bei den Lehrpersonen natürlich vorausgesetzt, da Waldorfpädagogik sonst kaum wahrhaftig möglich ist.

Gemäss Studie haben auch die Eltern Interesse an und das Bedürfnis nach entsprechenden Informationen, um die Waldorfpädagogik und deren Lehrplan besser verstehen zu können. Deshalb haben Lehrer und Lehrerinnen an einigen Schulen freiwillige Arbeitskreise mit den Eltern eingerichtet; dort werden waldorfpädagogische und anthroposophische Fragen besprochen. Solche Zusammenkünfte können zwei Ziele gleichzeitig erfüllen: Einerseits ermöglichen sie das gemeinsame, kritische, lernende Diskutieren, und andererseits befördern sie menschliche Wahrnehmung, gegenseitiges Kennenlernen und Integration.

Die Studie deckt also potenziellen Entwicklungsbedarf im kommunikativen Verhalten auf und belegt, bei welchen Elementen vermehrte Anstrengungen angezeigt sein könnten. Vielleicht ergibt sich daraus ein Wunsch zur weiteren Sensibilisierung für das Thema Eltern-Lehrer-Interaktion in der Eltern- und Lehrerbildung.

Die Zusammenarbeit mit den Eltern scheint auch in Deutschland schwierig. Eine Studie über Waldorfeltern in Deutschland kommentiert nämlich: „Mit Blick auf die Zukunft wird aus den in Deutschland gewonnen Daten klar, dass Waldorfschulen deutlich stärker die Bedürfnisse der Eltern ernst nehmen müssen, um ihre Zukunft zu sichern" (Zibell, 2017). Umgekehrt fanden Forscher auch, dass die Forderungen der Eltern und die Beziehungen zu ihnen für die Lehrer und Lehrerinnen ein gesundheitliches Belastungsrisiko darstellen (Peters, 2013).

Steiner (1980 d) hat die Wichtigkeit der Beziehung zwischen Elternhaus und Schule betont: „Der Waldorfschullehrer muss sich gewöhnen, nicht Kritik zu üben an dem Verhältnis zwischen Kind und Elternhaus, sondern es objektiv hinzunehmen, weil er gewissermassen von der Bekanntschaft mit den Eltern ein Licht ausgehen sieht, das ihm die Eigentümlichkeiten des Kindes beleuchtet. So ist es nicht ein Grundsatz, nicht irgendein pädagogisches Prinzip, das den Waldorfschullehrer auffordert, den Weg zu den Eltern zu finden, sondern das innerste Bedürfnis des Herzens, wie überhaupt die Waldorfschul-Pädagogik in ihrem innersten Wesen eine Herzenspädagogik ist." Und: „Es kann gar nicht innig genug das Band zwischen Schule und Elternhaus geknüpft werden."

5.7.2. Zweites Entwicklungsfeld: Qualitätsmanagement

Im weiten Bereich des Entwicklungsfeldes Qualitätsmanagement wurden als Schwerpunkte die drei folgenden Themen zur weiteren Vertiefung und Bearbeitung aus den Studienresultaten abgeleitet.

5.7.2.1. Die qualitative Weiterentwicklung des allgemeinen, betrieblichen Schulmanagements

Dieses Thema ist schon in Kapitel 5.3. und 5.4. diskutiert und dazu angemerkt worden, dass Potenzial für ein effizienteres Schulmanagement in der stärkeren Professionalisierung von Führung, Organisation, Kommunikation, Verwaltung und Administration liegt. Dieses Entwicklungsfeld wird deshalb hier nicht mehr weiter ausgeführt.

5.7.2.2. Die weitere Verstärkung des differenzierten und individualisierten Unterrichts für alle Schüler und Schülerinnen

Gemäss der Studie scheint aus Elternsicht, ab und an, eine Lücke bei der Förderung höher begabter Schüler und Schülerinnen zu bestehen. Ebenso wird da und dort der Wunsch nach mehr selbstbestimmtem Lernen der Schüler und Schülerinnen geäussert. Diese Ergebnisse können als eine Aufforderung an die Schulen, Lehrerinnen und Lehrer gedeutet werden, ihre Wahrnehmung dahingehend zu schärfen und didaktisch-methodisch auf diese Hinweise zu antworten.

5.7.2.3. Die Weiterentwicklung und konsequente Handhabung des pädagogischen Qualitätsmanagements

Das Controlling und die Entwicklung der Unterrichtsqualität ist in einer selbstverwalteten, von innen durch das Kollegium selbst beaufsichtigten und geführten Schule mit kollegialer Verantwortungsstruktur ein kritischer Punkt. Es geht dabei auch um die Selbstkontrolle des Kollegiums und die Förderung seiner Mitglieder durch gegenseitiges, objektives Auditing. Zum pädagogischen Qualitätsmanagement zählen auch die Aus- und permanente Weiterbildung sowie Rekrutierung, Integration (Onboarding) und Coaching neuer oder weniger routinierter Waldorf-Pädagoginnen und -Pädagogen.

Nur für 40% der Schuleltern, bei 39% Unentschlossenen, ist es ein wichtiges Qualitätsmerkmal der Steinerschule, dass die Schüler und Schülerinnen zu hohen Leistungen gefordert werden. Dies mag Überlegungen anregen, wie der Leistungsgedanke auf der adäquaten Schulstufe stärker sichtbar aktiviert werden könnte. Es darf ruhig spürbar werden, dass Lernen mit Leisten und Fleiss zu tun hat und anstrengend ist. Nachhaltiges Lernen hat weder mit unsinniger Testerei für alles und jedes, noch mit krankmachendem Leistungsdruck noch mit lascher und für die Lehrenden und Lernenden bequemer Befindlichkeits- oder Gemütlichkeitspädagogik zu tun. Dass die Schülerinnen und Schüler durch ihre Steinerschule schon zu überprüfbaren Leistungen gebracht werden, bestätigen sowohl die jeweils öffentlich präsentierten handwerklichen, forscherischen, literarischen oder künstlerischen Abschlussarbeiten als auch die erfolgreichen Qualifikationen der Absolventen und Absolventinnen (siehe Kapitel 3.3.3.). Zudem erleben die Steinerschuleltern ab der Oberstufe die wachsende Menge an Aufgaben, die ihre jugendlichen Söhne und Töchter zu erledigen haben.

Auch die Pflege möglichst direkter Anschlussmöglichkeiten an externe Mittelschulen und andere weiterbildende Schulen sowie das Sicherstellen öffentlicher Anerkennung der Abschlussdiplome der Steinerschulen gehören zum pädagogischen Qualitätsmanagement. Für die Eltern sind detaillierte Informationen über die von anderen Institutionen anerkannten Steinerschul-Abschlüsse für die Schulwahl, aber auch während der Schulzeit an der Steinerschule selbst zentral. Auch die Schüler und Schülerinnen wollen genau wissen, welche Wege ihnen offenstehen und was sie dafür tun müssen. Gemäss Studie scheinen die Eltern nicht immer ausreichend orientiert zu sein über Berufs- und Studienmöglichkeiten nach der Steinerschule.

Manchmal kommen die Schulen nicht darum herum, Anpassungen des idealen Waldorflehrplans an behördliche Bedingungen zu diskutieren. Rudolf Steiner berichtete dazu, dass er sich gleich zu Beginn der Waldorfschule gegenüber dem zuständigen Ministerium verpflichtete, dass die Schule die Kinder zu gewissen Zeitpunkten soweit habe, um an jede andere Schule übertreten zu können, „aber in der Zwischenzeit wollen wir für die Methodik vollkommene Freiheit haben. Das ist zwar ein Kompromiss, aber man muss eben mit vielen Gegebenheiten rechnen. Dennoch aber, in gewissen Dingen konnten wir das durchführen, was einfach für eine gesunde Pädagogik und Didaktik selbstverständlich ist ..." (Steiner, 1979).

In der Schweiz werden Steinerschulen das Projekt „Lehrplan 21" und viele andere Neuheiten pädagogischer Methodik wie z.B. selbstorganisiertes oder altersdurchmischtes

Lernen diskutieren und dessen mögliche Implikationen auf ihre Bildungspläne, allenfalls sogar Kompromisse abwägen müssen. Der Lehrplan 21 wird von den Befürwortern als grosser bildungspolitischer Durchbruch verkauft. Er bezweckt, die kantonalen Bildungsziele der öffentlichen Schulen kompetenzenorientiert, Fächer- und Schulstufen bezogen weitgehend zu harmonisieren. Wissen über den Einfluss solcher Unterrichtssysteme und anderer Novitäten auf den Lernerfolg steht noch aus. Gesichert ist hingegen die Erkenntnis, dass für den Lernerfolg der Lehrer und die Lehrerin entscheidend sind (Hattie, 2009). Denn die allermeisten Schulkinder brauchen die Führung, Unterstützung und Kontrolle ihrer Lehrerin und ihres Lehrers, um sich schulisch und persönlich zu entwickeln. „Was kann es besseres für ein Schulkind geben als eine Lehrperson, die dem Kind drei Dinge zeigt: Erstens, dass das, was gelernt werden soll, wichtig ist. Zweitens, dass der Schüler diesen Inhalt lernen kann. Drittens, dass der Lehrer dabei das Kind unterstützt" (Reichenbach, 2014).

Aus der Studie ergibt sich als Vorschlag für die Schulen bei der Entwicklung ihrer pädagogischen Qualität, noch stärker auf die Lehrerpersönlichkeit zu setzen und enge Kooperationen mit anderen Schulen zu suchen, z.B. bei der permanenten Weiterbildung ihrer Lehrpersonen und dem Coaching von Junglehrern. Weiter könnte geprüft werden, welche Schulen z.B. im Bereich Fremdsprachen, Medienpädagogik, Kunst etc. stufenbezogen besonders erfolgreich sind und Center-of-excellence-Qualität haben. Die entsprechenden Lehrpersonen könnten dann als Zukunftswerker für einige Monate vom Unterricht freigestellt werden, um ihr Fachgebiet weiter zu entwickeln, Best Practices zu verbreiten, andere Schulen zu inspirieren und allenfalls sogar entsprechende Lehrmittel zu publizieren. Weil alle Schulen von solchen Kompetenzzentren profitierten, sollten sie durch die Stiftungen der Schulbewegung finanziert werden. Wenn der Wille für wahrhaftige Kooperation entsteht, lassen sich viele neue Möglichkeiten erschliessen, um die Didaktik und Fachmethodik zu bereichern und das pädagogische Qualitätsmanagement weiter zu formen.

Zur Kultur der pädagogischen Qualitätspflege an einer Steinerschule gehört auch die konstante, kollegiale sowie individuelle Arbeit an der Menschenkunde und den Grundlagen der Waldorfpädagogik. Die kollegiale anthroposophische Arbeit ist meist integrativer Bestandteil der pädagogischen Lehrerkonferenzen. Zur Selbstentwicklung hat Steiner – gemäss Wember (2015, S. 65, 164) – den ersten Lehrern der Waldorfschule tägliches, kurzes Üben während der Unterrichtsvorbereitung vorgeschlagen, denn einerseits stellten sich durch konzentriertes Nachdenken über die Menschenkunde die pädagogischen Ideen in reicher Form ein (Steiner, 1972), andererseits bräuchte es etwa sieben Jahre Übung, um vom Lehrer an einer Waldorfschule zu einem wirklichen Waldorflehrer zu werden.

5.7.3.   Drittes Entwicklungsfeld: Waldorfpädagogik in der heutigen Zeit

Das ist das Generalthema, und es durchzieht die oben besprochenen strategischen Entwicklungsfelder. Es geht dabei einerseits um Fragen der pädagogischen Phantasie, um die didaktischen Antworten auf die heutigen und zukünftig erwarteten Herausforderungen geben zu können; andererseits darum, bei den dazu notwendigen Anpassungen an die Zeitumstände die Identität und die Einzigartigkeit der Waldorfpädagogik nicht preiszugeben. Denn auch aus der Perspektive der Bildungspolitik ist es wünschenswert, starke Schulen in freier Trägerschaft zu haben. Internationale Vergleichsstudien (Plickert, 2017) ergaben nämlich, dass ein höherer Anteil solcher Schulen zu mehr Wettbewerb und besseren Bildungsergebnissen führt.

Wandlungsfähigkeit hilft der Schulbewegung, mit der Waldorfpädagogik auf dem Weg zu bleiben und vielleicht verstärkt die pädagogische Entwicklung, auch ausserhalb der eigenen Schulbewegung, inspirieren zu können und sich selbst von Erkenntnissen und Erfahrungen anderer pädagogischer Richtungen inspirieren zu lassen. Fragen zu stellen und auch Eigenes in Frage zu stellen, gehört zur Wandlungsfähigkeit.

So wird z.B. bei Leitbildarbeiten in den Schulen oft gefragt: „Was macht uns zu einer Waldorfschule?" Das produziert vielleicht eher Antworten, die das Bestehende beschreiben und es so weiter tradieren. Stärker in die Zukunft gerichteter erweiterte sich die Fragestellung: „Welche Aufgaben können wir aus gesellschaftlichen und technologischen Veränderungen für die Rudolf Steiner Schule erkennen, und wie können wir sie an unserer Schule im Sinne der Waldorfpädagogik lösen?" Die Antworten darauf sind schwieriger zu finden, könnten aber pädagogische Wandlungsnotwendigkeiten sichtbar machen. Antworten auf solch prospektiv gestellten Fragen haben mehr Kraft, ins konkrete Tun zu führen, als eine statische Frage nach der eigenen Identität, nach dem

„Wer wir sind?". Natürlich ist es nicht falsch, zu versuchen, die Identität einer Schule zu beschreiben. Weil Identität in den fundamentalen Werten der Schule und in der Kultur, wie diese Werte gelebt werden, gründet, ist auch Identität wandelbar. Bleibender Teil der Identität einer Waldorfschule ist sicherlich, dass sie aus der Anthroposophie herausgewachsen ist. Daran schliesst sich die kaum schlüssig zu beantwortende Frage, wie viel Anthroposophie nötig ist, um die Waldorfschule am Leben zu erhalten und zu entwickeln.

Dazu führte die Internationale Konferenz der waldorfpädagogischen Bewegung in ihren Merkmalen der Waldorfpädagogik aus: „Inwieweit sich die Mehrheit der Lehrer eine innere Haltung der Offenheit und des Strebens nach Erkenntnis und Selbsterziehung mit Hilfe der Anthroposophie erarbeitet hat, prägt die Identität der Schule" (Haager Kreis). In der offiziellen Waldorfschulbewegung der Internationalen Konferenz lebt demnach die Erwartung, dass die Kollegien aus der anthroposophischen Menschenkunde schöpfen. Die hier besprochene Elternstudie bestätigt, dass praktisch alle antwortenden RSS-Lehrpersonen sich ausgeprägt für die Anthroposophie interessieren (siehe Kapitel 3.1.6.).

Einige quantitative Ergebnisse und qualitative Daten aus den Freitextfragen könnten da und dort auf etwas Selbstbezogenheit in den betroffenen Kollegien hindeuten. Beispiele dazu sind: die Beschäftigung des Kollegiums mit sich selbst, interne Konflikte, die oben diskutierte, manchmal anzutreffende Schwerfälligkeit hinsichtlich erneuernder Veränderungen, Kommunikationslücken und schliesslich illegitimes Pochen auf die Autonomie jeder Lehrperson. Im Sinne der Freiheit des Unterrichtenden muss seine Autonomie zwar geschützt werden. Man darf aber schon fragen, ob unflexibel oder streng ichbezogen darauf zu beharren, immer richtig ist. Selbstbezogenheit neigt dazu, sich abzuschotten, was das Potenzial, Phantasie für Innovationen freizusetzen und die Steinerschulen weiter zu entwickeln und voranzubringen, nicht gerade beflügelt.

Der darob gelegentlich abgeleitete Eindruck, die Schulen würden mehr verwalten als gestalten, ist allerdings oberflächlich und weitgehend falsch. Die Rudolf Steiner Schulen in der Schweiz stehen nicht still. Während der letzten Jahre haben sie wesentliche Neuerungen eingeführt oder erprobt. Als Beispiele einer langen Liste können aufgeführt werden: Regional entstandene, intensive Schulkooperationen, wie z.B. die

Atelierschule in Zürich als neuartige Mittelschule für Schüler und Schülerinnen von Steinerschulen und für Externe. Diese Schule wirbt mit dem sinnigen Slogan: „In der Atelierschule ist Leben Hauptfach" (Inserat „NZZ am Sonntag", 14.1.2018). Die Möglichkeiten, Maturitätsprüfungen abzulegen, wurde an verschiedenen Schulen erweitert, und neue Abschlüsse zur Erlangung der Hochschulreife werden erprobt. Das bewegte Klassenzimmer bereicherte die Methodik auf der Unterstufe (Schönherr-Dhom, 2014). Einige Schulen führten eine gemeinsame, standardisierte Verwaltungssoftware ein und erweiterten ihre Qualitätsmanagementsysteme. Für die Lehrerinnen und Lehrer wurden neue Pensionskassen gegründet. Manche Schulen realisierten bedeutende Erweiterungsbauten und professionalisierten das Management der Schulimmobilien. Eine neu entwickelte Didaktik und Methodik greift die Vermittlung des Themas menschliches Beziehungsleben künstlerisch auf (Breme, 2013). Vielfältige Bildungsinitiativen unterstützen permanent die Aus- und Weiterbildung der Lehrpersonen (z.B. Bohlen et al., 2018). Diese nicht abschliessende Aufzählung illustriert: Die Rudolf Steiner Schulen haben innovative Kraft und sind in steter Entwicklung.

Nach Randoll und Barz (2007) würden in der Schweiz 81% Ehemalige die Steinerschule für sich erneut wählen, und die Hälfte stimmte zu, ihre Kinder auch dorthin zu schicken. 50% derjenigen, die das nicht taten, sagten, die nächste Steinerschule sei örtlich zu weit weg gewesen, ein Viertel konnte sich die Schule nicht leisten, rund ein Drittel hatte Vorbehalte gegenüber den dort Lehrenden oder der Arbeitsqualität, und für 10% war der gewünschte Schulabschluss nicht angeboten worden (Mehrfachantworten möglich). Gewiss, die Studie liegt lange zurück. Trotzdem stützt sie die Einschätzung, dass für die Wahl einer privaten Schule die Qualität des pädagogischen Angebotes entscheidend ist. Es ist deshalb umso wichtiger, dass Waldorfschulen stets in der Lage sind, ihren hohen Qualitätsanspruch einzulösen, und dass sie die Besonderheiten ihres gesundenden, individuell fördernden Unterrichts erfolgreich darstellen können. Die Alleinstellungsmerkmale der Steinerschulen, z.B. ihr Menschenbild, Epochenunterricht, ihr künstlerischer Ansatz, die Eurythmie, sind heute wohl noch bedeutender als früher.

Waldorfpädagogik strebt eine Menschenbildung an, die, um mit dem politischen Pädagogen Heydorn (1919–1974) zu sprechen, versucht, „den Menschen zum Menschen zu begaben", also den Menschen bilden will, sich selbst zu finden, gesellschaftliche Beiträge zu leisten und ästhetische Erfahrungen zu machen. Das ist heute so zeitgemäss wie zur Ursprungszeit von Rudolf Steiners Pädagogik. Es ist auch eine Art Gegenthese zur nutzenorientierten, kompetenzbetonten Instruktion, die von computergestützten Unterrichtsmethoden begleitet wird und wo Lehrfächer für Computerbedienung und Programmiersprachen auf die Berufe der Zukunft vorbereiten sollen.

Es wird sich erst zeigen müssen, ob diese Vorbereitung auf das Leben den Schülern und Schülerinnen später tatsächlich längerfristig befriedigende Arbeit garantieren kann oder ob nicht auch humanistische Bildung, Kreativität, soziale Fähigkeiten, Selbständigkeit, persönliche Stärke und Resilienz wichtiger werdende Ingredienzien sind, um der Zukunft nicht ausgeliefert zu sein, sondern sich in ihr orientieren, sie als mündige Bürger mitgestalten und sich in ihr behaupten zu können. Damit dies in freiem Entschluss gelingen kann, muss der Jugendliche *natürlich* die Fähigkeit entwickeln, z.B. die Digitalisierung, den Umgang mit sozialen Medien, Multikulturalität und andere moderne Phänomene aus verschiedenen Perspektiven durchdringen zu können und deren Auswirkungen auf seine Individualität, die Gesellschaft und die Natur verstehen zu lernen. Eine andere gesellschaftliche Umwälzung – die zunehmend länger werdende Lebenszeit – bedeutet auch, dass schon im jungen Menschen die Förderung kreativer Fähigkeiten, des Lebenssinns und der Lebensphantasie bedeutend sind; denn ein langes Leben sinnvoll auszufüllen, gelingt nicht automatisch.

Dem offenen Blick in die Welt leuchtet ein, dass vor allem die Digitalisierung unaufhaltsam die Leistungs- und Arbeitsgesellschaft, wie wir sie heute kennen, ablöst oder zumindest völlig verändert. Damit entstehen auch für die Pädagogik neue Realitäten. Die staatlichen Schulen begegnen ihnen z.B. mit Unterricht in Informationstechnologie und Medienpädagogik. Die Jugendlichen sollen Sinn und Unsinn, Nutzen und Gefahren der Digitalisierung kennen lernen, erfahren, wie ihre individuellen Fähigkeiten damit erweitert werden und wo intelligente technische Hilfsmittel zu „digitaler Demenz" (Spitzer, 2012) führen können. Digitalisierung fordert auch die Steinerschulen heraus, zu erklären, was ihre Pädagogik für die Zukunft konkret anbietet, und dies für Aussenstehende verständlich darzustellen. Der hin und wieder gehörte Verweis, Waldorfpädagogik sei Willenspädagogik und dadurch schon Zukunftspädagogik, tönt zwar gut, ist aber für sich allein noch keine überzeugende Erklärung ihrer Zukunftsfähigkeit. Die Internationale Konferenz der Waldorfpädagogischen Bewegung hat nun zum Thema Digitalisierung in der Kindheit ein Papier verfasst (Haager Kreis, 2018).

Teilweise scheinen die modernen Neurowissenschaften mit Ergebnissen aus der Hirnforschung (Bernet, 2017) didaktische und methodische Ansätze der Waldorfpädagogik implizit zu stützen, z.B. das Vorhandensein altersabhängiger, unterschiedlicher Lernprozesse im Hirn, die lebenslange Fähigkeit des Hirns, zu lernen, die fördernde Wirkung vielseitiger Lernaktivitäten und die relative Nutzlosigkeit frühkindlicher wissensmässiger Bildung. Solche allgemeinen neurowissenschaftlichen Grundlagen sind natürlich auch für die Pädagogik hilfreich. Weil aber jedes Kind ein Einzelfall ist, stellt sich trotzdem die Frage, wie weit es einem Schul- und Erziehungsmodell möglich ist, auf den Einzelfall einzugehen, um die Schülerin und den Schüler individuell maximal zu fördern. Die Steinerschulen sind bestrebt, dies zu erreichen. Ob es jeweils gelingt, ist von vielen Faktoren abhängig.

Die Waldorfpädagogik setzt auf ganzheitliche Menschenbildung. Ihr Problem ist vielleicht, ihre Grundlagen, ihre Didaktik und Methodik allgemeinverständlich, begeisternd zu begründen und ihre Grenzen und Erfolge sichtbarer zu erklären. Wenn der öffentlichen Bildungsdiskussion vorgeworfen wird, sie argumentiere oft abstrakt, positivistisch und utilitaristisch, manchmal mit inhaltslosen Kompetenzbegriffen, so besteht für den Waldorfpädagogen die Gefahr, dass er eine anthroposophische Terminologie verwendet und von empirisch nicht nachgewiesenen oder schwer zu beweisenden Tatsachen spricht. Das kann für Aussenstehende unverständlich, ja sogar befremdlich wirken. Es kann das Gespräch mit den Eltern und mit externen Fachpersonen ungewollt beschwerlich machen und von ihnen auch als phrasenhaft empfunden werden.

Das ganze fünfte Kapitel interpretierte wichtige Studienergebnisse aus der Sicht des Autors als Forscher, als mehrfacher Steinerschulvater und aus der Erfahrung als Mitglied verschiedener Gremien der Steinerschulbewegung sowie als praktischer Ökonom. Es wurde versucht, die Forschungsresultate aus verschiedenen Perspektiven zu diskutieren, Schlussfolgerungen im Kontext realer Schulpraxis zu ziehen und Vorschläge zur Weiterentwicklung der Steinerschulen zu beschreiben. Zu entscheiden, welche davon realistisch und opportun für eine Umsetzung sind oder was zusätzlich nötig ist, muss den einzelnen Schulgremien vor Ort anheimgestellt bleiben. Das nächste Kapitel ist ein abschliessendes Fazit der Ergebnisse und der Besprechung der empirischen Elternstudie der Steinerschulen in der Schweiz und Liechtenstein.

6   Fazit

Das Folgende in Ichform, um den persönlichen Duktus des Zusammenzugs zu betonen. Die Studie und die Arbeit damit ergab meines Erachtens ein stimmiges und attraktives Bild der Steinerschulen. Müsste ich versuchen, für die Steinerschule eine Persona zu schreiben, so spiegelten mir die Ergebnisse der Elternbefragung die Rudolf Steiner Schule in der Schweiz als: Eine mit wachen Augen in die Welt blickende, sympathische und gestandene Persönlichkeit. Kantiges wie Fülliges fällt auf; das eine zeugt von bestimmter Eigenständigkeit, lieblich behütend strömt's im anderen. Rillen auf der Stirn betonen Ernsthaftigkeit, und Lachfältchen schaffen einladend Vertrauen. Vom Sturm in der Aussenwelt kräuselt eine erste Brise ihr Haar.

Ich bin von den Ergebnissen dieses Forschungsprojektes positiv überrascht. Als ehemaliger Präsident einer Steinerschule kam mir eher zu Ohren, was nicht immer so reibungslos lief. Manches davon spiegelt nun auch die Umfrage, was wiederum ihre anderen Resultate glaubhafter macht. Die Analyse dieser umfassenden, empirischen Forschung zur Elternzufriedenheit bestärkt mich darin, dass die Steinerschulen inhaltlich gut unterwegs sind.

Als Beleg dafür zählen unter anderem: Die Berufs- und Studienqualifikationen der Absolventen und Absolventinnen von Steinerschulen, die sehr hohe Bereitschaft der Eltern, die Steinerschule weiter zu empfehlen, und die grosse Zufriedenheit mit den charakterlichen, sozialen und intellektuellen Lernfortschritten ihrer Kinder. Dazu kommt das Lob, das die Eltern durch viele ihrer Beurteilungen den Lehrern und Lehrerinnen implizit und explizit zollen. Erfreulich ist auch das riesige Engagement, das mit den kritischen Kommentaren der Eltern konstruktiv ausgedrückt wird. Zusammen mit dem quantitativen und qualitativen Erfolg der Umfrage selbst deute ich das so: Den Eltern liegt die Steinerschule am Herzen. Sie interessieren sich stark dafür, was an der Schule geschieht und was sie will. Aus dieser Zuneigung erwächst auch die Sorge, ob sich die Schulen gründlich genug mit den möglichen Lebensbedingungen, die ihre heutigen und zukünftigen Schüler und Schülerinnen als Erwachsene antreffen werden, auseinandersetzen und ihre Pädagogik entsprechend entfalten. Elternzitate wie „Steiner wäre wohl nicht stehengeblieben" könnten solchen Zweifel suggerieren. Möglicherweise gründen sie aber auch nur im Umstand, dass die Eltern teilweise zu wenig über laufende Schulentwicklungen Bescheid wissen.

Nach hundert Jahren Waldorfpädagogik sind die Steinerschulen vielleicht tatsächlich an einem Wendepunkt. Die pädagogischen Herausforderungen sind heute andere als damals. Von den Gründungslehrern schweizerischer Steinerschulen ist kaum mehr einer aktiv. Es gibt keine Lehrpersonen mehr, die noch jemanden kennen, der Rudolf Steiner persönlich erlebte. Das heisst, die heute tätigen Lehrerinnen und Lehrer sind auf sich allein gestellt, müssen selbst aus der Quelle schöpfen und das Erbe für die jetzige Zeit ausgestalten und weiterentwickeln. Waldorfpädagogik entsteht gewissermassen aus den Kindern jeder Epoche. So gesehen, ist sie ein stetes Work in Progress. Wenn ich zudem zu verstehen versuche, was Steiner von seinen Lehrern alles verlangte, scheint mir die Aufgabe riesig.

Das Wachstum der Waldorfschulen in der Welt, der pädagogische Erfolg der hiesigen Steinerschulen und die zunehmenden wissenschaftlichen Arbeiten, welche Wirksamkeit und Richtigkeit der Waldorfpädagogik beschreiben, sind Hinweise, dass Waldorfpädagogik auch nach hundert Jahren berechtigt und notwendig ist und sich entwickelt. Der Waldorfpädagogik gelingt es anscheinend gut, ihre Schülerinnen und Schüler auf ein selbstbestimmtes Leben vorzubereiten, das sie kreativ zu gestalten vermögen und darin Sinn und Erfüllung finden. Das ist wohl das wichtigste Erziehungsziel, um in einer sich fundamental und stetig verändernden Welt bestehen zu können.

Die Eltern spiegelten mit ihren Antworten ein ziemlich umfassendes und im Wesentlichen positives Bild der Steinerschule. Der vorliegende Bericht zeichnete es detailliert nach. Die Studie ergab auch Wünsche nach Entwicklung und Veränderung. Veränderung ist nicht notwendigerweise Entwicklung hin zur Lösung von Herausforderungen in einer vermuteten Zukunft. Veränderung ist vorerst lediglich ein Zeichen von Lebendigkeit. Es ist auch wichtig.

Verschiedentlich habe ich in diesem Buch Ideen und konkrete, pragmatische Entwürfe für das weitere Gedeihen der Rudolf Steiner Schulen beschrieben, begründet und diskutiert. Sie sind oft nicht-pädagogischer, nicht-intellektueller, sondern eher praktischer Natur. Als Laie masse ich mir nicht an, pädagogische Ratschläge zu geben oder anthroposophische Inhalte zu kommentieren; aber mit Augenzwinkern erbitte ich Pardon dafür, dass diese Forschung die Lehrerinnen und Lehrer in die ungewohnte, hier aber unvermeidliche Rolle der Beurteilten gestellt hat.

Was aus den in diesem Buch präsentierten Erkenntnissen und Betrachtungen wird, ist nicht mehr Sache der Forscher, sondern liegt in der Verantwortung der einzelnen Schulen und ihrer Gremien. Es wurde klar, dass aus Sicht der Eltern die Rudolf Steiner Schulen sowohl ihr ökonomisches als auch ihr pädagogisches Modell sichtbar weiterentwickeln müssen. Die gemeinsame, sehr homogene Identität aller untersuchten Steinerschulen ist eine ideale Grundlage für die Schulen, um noch viel stärker zusammenzuarbeiten und den intensiven, schulübergreifenden, pädagogischen Austausch der Lehrpersonen zu ermöglichen. Aus meiner Beobachtung wird dies zu wenig getan.

Die Studie ruft zu Reformen in den oben beschriebenen Entwicklungsfeldern auf und macht Mut, Schwere abzulegen und mehr Leichtigkeit die Tür zu öffnen. Summa summarum sind meines Erachtens daraus die Ziele für die Zukunft klar: pädagogisches Wachstum und finanzielle Festigung. Wobei mit dem Erreichen des Ersteren das Letztere nicht automatisch, aber doch leichter zu erfüllen sein dürfte.

Strategisch bleibt den Rudolf Steiner Schulen nach wie vor die Herausforderung, verständlich darzustellen und attraktiv vorzuleben, was die Waldorfpädagogik für die Zukunft bereit hält, andernfalls wird ihr Potenzial wohl weiter erfolgreich, aber halt doch nur als Nischenschule realisiert werden können. Die Waldorfpädagogik für die Zukunft weiter im Heute zu verankern, so dass sie sich über ihre eigenen Schulhöfe hinaus ausbreitet und wirken kann, ist vielleicht die Kulturaufgabe der jetzt und zukünftig in dieser Schulbewegung tätigen Menschen.

Möge diese Arbeit zum Diskurs über die Waldorfpädagogik beitragen. Als Prüfstein auf dem Weg fortwährender Erneuerung darf den Steinerschulen das Goethe-Wort dienen: Das *Was* bedenke, mehr bedenke *Wie*. Es kann auch den Eltern bei der Entscheidung, welche Schule ihre Kinder ausbilden darf, helfen. Auf das *Wie* ist die Waldorfpädagogik eine mögliche Antwort; die hier besprochene Studie sagt: eine gute.

Forschungsteam und Danksagung

Die empirische Studie über die Eltern an schweizerischen Rudolf Steiner Schulen und an der liechtensteinischen Waldorfschule wurde durch ein interdisziplinäres Forschungsteam unter Mithilfe vieler Beteiligter aus der Sozialforschung, der Pädagogik und der RSS-Elternschaft geplant und durchgeführt.

Als kritische Begleiter und Unterstützer halfen Menschen der Arbeitsgemeinschaft der Rudolf Steiner Schulen in der Schweiz und Liechtenstein (ARGE): Rosmarie Blaser, Thomas Didden, Eva Maria Fahrni, Roswitha Iala, Bettina Mehrtens, Vanessa Pohl, Wilfried Späth, Franziska Spalinger und Gérard Stöckli.

Neben den oben Genannten standen für explorative, konzeptionelle Interviews im Vorfeld der Studie auch zur Verfügung: Cornelius Bohlen, Peter Metz, Regula Gantenbein, Daniel Hering, Ursula Remund, Dr. Thomas Stöckli und Christin Brodbeck. Sie half auch bei der Analyse qualitativer Daten mit.

Damit die Umfrage für alle Landesteile möglich wurde, übersetzte Thomas Stähli den deutschsprachigen Fragebogen in die französische und Federica Nieri in die italienische Sprache. Die Lektorin Christina Hubbeling Winter sorgte für korrekten Text. Donat Fulda gestaltete Layout und Grafiken und bereitete die Dateien zum Druck vor. Auch zum Forschungsteam im weiteren Sinne gehörten die vielen Menschen, welche die Fragen auf Verständnis geprüft und die Funktionen des Fragebogens am Bildschirm mehrmals live getestet haben.

Für den Erfolg der Umfrage waren die Schulleitungen und Sekretariate der beteiligten Steinerschulen wichtig. Sie betreuten die lokale Administration der Umfrage, haben den Fragebogen verteilt und bei den Probanden nachgefasst.

Im Kernteam arbeiteten mit:

» Prof. Dr. Lars Petersen, Alanus Hochschule für Kunst und Gesellschaft, Alfter bei Bonn (wissenschaftliche Beratung, Fragebogen Programmierung, Statistik auf deskriptiver und analytischer Ebene, Graphiken und Berichte, Begutachtung).
» Robert Thomas, Pädagoge, Mitglied der Internationalen Konferenz der Waldorfpädagogischen Bewegung und Präsident der ARGE RSS (pädagogische Beratung und Begutachtung, Koordination mit den Schulen, Motivator).
» Dr. Heinz Brodbeck, Betriebswirtschafter, Mitglied im Vorstand der ARGE (Konzeption, Fragenentwicklung, Pre-Tests, qualitative und quantitative Auswertungen, Projektleitung Forschung, Buchautor und Buchproduktion).

Allen genannten und vielen hier ungenannten Menschen sei für ihre Mitarbeit, die vielen Tipps, Hinweise und kritischen Bemerkungen gedankt; ebenso allen, die an der Umfrage teilgenommen haben. Dank gebührt auch den Institutionen, die das Forschungs- und Buchprojekt finanziell unterstützt haben.

Diese empirische Forschung hat das Wissen über die Steinerschul-Elternschaft vergrössert und kann zur weiteren Entwicklung der Rudolf Steiner Schulen oder Waldorfschulen beitragen und die fachliche Diskussion über pädagogische Konzepte informieren.

ANHANG I

Heinz Brodbeck

Steinerschuleltern in der Schweiz, Waldorfschuleltern in Deutschland – ein Vergleich

1   Zwei empirische Studien

Der Bund der freien Waldorfschulen in Deutschland beauftragte das Institut für Bildungsökonomie an der Alanus Hochschule in Alfter bei Bonn mit der Durchführung der landesweiten empirischen Studie „Waldorfeltern in Deutschland (WEiDE)". Zentrale Forschungsfragen waren: Wer sind die Waldorfeltern? Was treibt sie an? Wo wollen sie hin? Im 4. Quartal 2014 schickten 3'685, durch geschichtete Zufallsstichprobe ermittelte Elternteile einen verwertbaren Fragebogen in elektronischer oder schriftlicher Form zurück. Dies entspricht einer Ausschöpfungsquote von 54.4% der gezogenen Stichprobe. Koolmann et al. (2018) veröffentlichten einen vollständigen Ergebnisbericht der Studie. Die hier verwendeten Daten durften dem internen Statistikrapport entnommen werden (Koolmann et al., 2016).

Die Arbeitsgemeinschaft der Rudolf Steiner Schulen in der Schweiz und Liechtenstein (ARGE) liess sich von der WEiDE-Studie inspirieren und konzipierte 2015 ein ähnliches Forschungsprojekt. Es erhob die Struktur der Elternschaft und wollte vor allem die Erwartungen der Eltern an die Steinerschule und ihr Schulerleben kennen lernen.

Mit der gleichen Umfrage wurden Weiterbildungs- und Berufskarrieren der Absolventen und Absolventinnen ermittelt. Die Elternbefragung war als Vollerhebung angelegt. Im 1. Quartal 2016 schickten 2'471 Schuleltern verwertbare elektronische Fragebogen zurück. Das entsprach einer geschätzten Rücklaufquote von ca. 40% aller RSS-Schuleltern. Die Methodik der schweizerischen Elternstudie wurden in Kapitel 2, ihre Ergebnisse und die Konklusionen daraus in den Kapiteln 3 bis 6 dieses Buches dargestellt.

Im Folgenden werden einige Resultate der beiden Befragungen Seite an Seite präsentiert. Die Begriffe Waldorfschule, Steinerschule und Rudolf Steiner Schule werden synonym verwendet. In den Tabellen wird aus Platzgründen nur die männliche Form gebraucht.

2 Vergleichbarkeit der Studien

Die beiden Studien sind aus mehreren Gründen nur qualitativ vergleichbar. Einerseits waren die Fragen teilweise unterschiedlich formuliert und die Skalen nicht identisch, was zu Verzerrungen führen könnte. Andererseits sind die Datenstrukturen der Stichprobe sicher unterschiedlich. In der Schweiz waren z.B. die Frauen in der Stichprobe übervertreten. In der deutschen Stichprobe wurde die Übervertretung der Frauen postratifiziert und der Grundgesamtheit entsprechend umgewichtet. Die in beiden Studien errechneten Standardfehler, als mögliche mittlere Abweichung der gezeigten Resultate, sind hier nicht rapportiert. Trotz aller statistischer Vorbehalte und der Gefahr verzerrter Resultate vermögen die Vergleiche, tendenzielle Unterschiede zwischen den Beurteilungen der Waldorfeltern in den beiden Ländern aufzuzeigen. Grundsätzlich wird die von Kennern der Szene vermutete grosse Ähnlichkeit zwischen den Waldorfschulen in Deutschland und der Schweiz durch die nachfolgende Gegenüberstellung der Studienergebnisse unterstützt.

3 Ausbreitung der Waldorfschulen

Deutschland ist international das Land mit den meisten Waldorfschulen. Es hat die längere Waldorfschultradition als die Schweiz. Der grösste, den Zulauf zur Schule beein-

flussende Unterschied liegt in der Finanzierung. In Deutschland werden die Waldorfschulen von den Bundesländern finanziell unterstützt. Sie decken etwa drei Viertel der
gesamten Schulkosten. Die Schulkosten zulasten der Eltern sind, verglichen mit der
Schweiz, deshalb tiefer. Gemäss der deutschen Elternstudie wurde das Schulgeld pro
Haushalt im Schnitt auf ca. 260 Euro im Monat geschätzt. An den schweizerischen
Rudolf Steiner Schulen beträgt die Belastung pro Haushalt im Schnitt ca. 1'030 Euro
im Monat (Aebersold & Fahrni, 2015/2016). Zusätzlich fallen in den Familien Kosten
für Mensa, Lager, Klassenfahrten, Schulmaterial etc. an.

Grössenordnungen der Waldorfschulen in den Märkten Schweiz und Deutschland ver-
gleicht Abbildung 50.

Abbildung 50: Grössenvergleich

Quellen: DESTATIS, 2016/17; Bund c; BfS e; Aebersold & Fahrni, 2015/16	Schweiz	Deutschland
Anzahl Waldorfschulen	30	240
Anzahl Schüler an Waldorfschulen	5'190	82'940
Anteil Waldorfschüler an allen Schülern an allgemeinbildenden Privat-schulen	3.2%	16.9%
Anteil Waldorfschüler an allen Schülern in allgemeinbildenden Schulen	0.5%	1.0%

Waldorfschulen sind überall eher Nischenschulen. In Deutschland gehen gemäss den
neuesten Statistiken 2016/17 gerade mal 1% aller Schüler und Schülerinnen in eine
Waldorfschule. In der Schweiz ist der Anteil mit lediglich einem halben Prozent noch
geringer. Der schülerbezogene Marktanteil der Waldorfschulen von 3.2% am Privatschulmarkt ist in der Schweiz, in Anbetracht landesweit vorhandener Schulstandorte,
klein. In Deutschland ist der Marktanteil der Waldorfschule an den privaten Schulen
fünfmal grösser und erreicht 16.9%.

Die Durchdringung der Schullandschaft durch die Waldorfschulen und damit auch
die Verbreitung ihrer Pädagogik ist, trotz bald hundert Jahren Waldorfpädagogik, anteilsmässig unbedeutend geblieben. Trotzdem sind die Rudolf Steiner Schule und die
Waldorfschule in beiden Ländern wohl die bekanntesten traditionellen Marken im Pri-

vatschulmarkt auf der obligatorischen Schulstufe. Im Verhältnis zu ihrem Schüleranteil geniessen sie auch grosse mediale Aufmerksamkeit.

4   Soziodemographisches zur Elternschaft

Waldorfschulen in Deutschland sind nationaler verankert

Bezogen auf die Nationalität der Eltern gilt für Deutschland und für die Schweiz, dass Waldorfschulen sehr nationale Schulen sind. Menschen mit ausländischem Reisepass finden kaum Zugang zu diesen Schulen. So ergaben die Studien, dass 78% der Eltern an den schweizerischen Rudolf Steiner Schulen Schweizer und Schweizerinnen sind. Noch einseitiger scheint die Situation in Deutschland, gaben doch 95% der Waldorfeltern an, das deutsche Bürgerrecht zu besitzen.

Gebildete Elternschaften

Steinerschuleltern sind sehr bildungsaffin und gehören zum Bildungsbürgertum. Das gilt besonders für Deutschland, wo 74% der antwortenden Eltern von Waldorfschülern für sich die Fachhochschul- oder Hochschulreife reklamierten. An schweizerischen Rudolf Steiner Schulen gaben nur 56% der Eltern an, einen solchen Schulabschluss zu haben. Abbildung 51 zeigt, über welche Ausbildung die Waldorfschuleltern verfügen und wie sie zur Zeit der Umfrage erwerbstätig waren.

Abbildung 51: Ausbildung und Erwerbstätigkeit der Eltern

Ausbildungsabschluss der Steinerschuleltern	Schweiz	Deutschland
Berufsausbildung	38.3%	41.9%
Hochschulausbildung	48.1%	54.0%
Erwerbstätigkeit der Steinerschuleltern		
Selbständig erwerbstätig	25.1%	25.1%
Vollzeitlich erwerbstätig	48.3%	54.6%

Angesichts der statistischen Unsicherheiten darf nicht von signifikanten Unterschieden bezüglich Ausbildung und Erwerbstätigkeit ausgegangen werden. In Deutschland ist vielleicht die Akademisierung tendenziell stärker als in der Schweiz. Dass in der Schweiz weniger Steinerschuleltern angaben, vollzeitlich erwerbstätig zu sein, als in Deutschland, ist vermutlich auch durch den unkorrigierten Überhang der Frauen in der Schweizer Stichprobe beeinflusst. Die Mütter sind bekanntermassen weniger vollzeitlich erwerbstätig als die Väter.

Einheitliche Familienformen

Fast punktgenau gleich verbreitet ist Art der Erziehung der Kinder in ehelichen oder partnerschaftlichen Familienverhältnissen. Für 86.1% der Waldorfeltern in der Schweiz und für 86.5% in Deutschland traf dies zu. Aus Abbildung 52 kann die erhobene Familienstruktur der Waldorfschulfamilien abgelesen werden.

Abbildung 52: Familiengrössen

Kinder	1	2	3	4	5 und mehr
CH	16.2%	42.6%	27.2%	9.9%	4.1%
D	19.0%	43.5%	23.9%	9.6%	3.7%

Die Familiengrössen sind in beiden Ländern sehr ähnliche. Am häufigsten sind zwei Kinder. In der Schweiz scheinen die Familien zu leicht grösseren Kinderzahlen zu neigen. Drei und mehr Kinder zu haben, gaben 41.2% der Steinerschuleltern in der Schweiz und 37.2% in Deutschland an.

Alle Kinder auf der Waldorfschule

Für beide Länder gilt gleichermassen, dass die Waldorfschulen eindeutig Familienschulen sind. 84.9% der Schweizer Eltern gaben an, alle ihre Kinder auf der Rudolf Steiner Schule zu haben. Das trifft auch für 87.1% der deutschen Eltern zu.

Deutliches Interesse für Anthroposophie beidseits des Rheins

Etwa ein Zehntel aller Schuleltern an Waldorfschulen zeigte gemäss den Studien sehr starkes Interesse an der Anthroposophie (12.0% in der Schweiz) oder sagten, sie würden Anthroposophie praktizieren (11.6% in Deutschland). Als grundsätzlich an Anthroposophie interessiert bezeichneten sich 80.6% in der Schweiz, und in Deutschland bejahten die Anthroposophie 56.6% positiv. Nur Wenige zeigten gar kein Interesse daran (7.3% in der Schweiz) oder waren ihr gegenüber skeptisch oder ablehnend eingestellt (5.3% in Deutschland). Man darf wohl interpretieren, dass in beiden Ländern in der Steinerschulelternschaft grossmehrheitlich eine gewisse Affinität für anthroposophische Fragen besteht. Die Studien entschlüsseln nicht, wie weit die anthroposophische Orientierung der Waldorfschulen für nicht anthroposophisch interessierte Menschen eine Eintrittshürde bedeutet. Das könnte eine Fragestellung für zukünftige wissenschaftliche Forschungen sein.

Mehr Freiwilligenarbeit in Deutschland

Ein kontrovers diskutiertes Thema an den Waldorfschulen ist die ehrenamtliche Elternarbeit. Sie wird von den Schulen aus Kostengründen und für die Bildung von Schulgemeinschaft gewissermassen erwartet. Die meisten Eltern begrüssen die Möglichkeit zur Mithilfe an der Schule und finden sie persönlich bereichernd. Die Mitarbeit beschränkt sich allerdings meistens auf wichtige Hilfsarbeiten im Sozialen und Kulinarischen bei Veranstaltungen, in Reinigungs- oder Baudiensten und in Begleitungen bei Klassenfahrten und Lagern. Aus den Ergebnissen der Studien ergab eine Schätzung, dass 71% der Steinerschuleltern in der Schweiz und 64% in Deutschland Frondienste leisten. Allerdings mit stark variierendem zeitlichem Einsatz. In der Schweiz meinten 33% der mitarbeitenden Schuleltern, weniger als zwei Stunden im Monat in der Schule mitzuarbeiten. In Deutschland waren das nur 4%. Aber 73% der Waldorfeltern in Deutschland sagten, sie würden pro Monat ca. zwei bis sieben Stunden für die Schule gratis arbeiten. In der Schweiz fielen in diese Kategorie nur ca. 26% der Schuleltern.

Im nächsten Kapitel wird das allgemeine Profil der Rudolf Steiner Schulen in der Schweiz demjenigen der Waldorfschulen in Deutschland gegenübergestellt.

5   Profil der Waldorfschulen und Zukunftsfähigkeit

In beiden Studien wurden den Eltern gegensätzliche Begriffe zur Beschreibung des Profils der Waldorfschule vorgelegt. Abbildung 53 zeigt, wie die Eltern die Begriffe auf einer Fünferskala gewichteten. Es sind hier nur jene Begriffe rapportiert, die in beiden Ländern verwendet wurden.

Abbildung 53: Profile

		Schweiz	Deutschland		
unkooperativ 10.7%	kooperativ	74.4%	71,1%	kooperativ	9.2% unkooperativ
weltfremd 16.2%	weltoffen	63.4%	71.7%	weltoffen	9.7% weltfremd
rückschrittlich 11.1%	fortschrittlich	52.7%	53.7%	fortschrittlich	9% rückschrittlich
unbeweglich 25.2%	beweglich	51.3%	50.8%	dynamisch	22.3% träge
bewahrend 39.4%	innovativ	33.1%	33.3%	innovativ	31.1% bewahrend
altmodisch 26.3%	modern	30.2%	44.8%	modern	16.1% altmodisch

Legende zu Abbildung 53: Lesebeispiel: 74.4% der Schweizer Eltern und 71.1% der deutschen Eltern finden, die Waldorfschule sei kooperativ, für 10.7% in der Schweiz ist die Schule unkooperativ, für 9.2% in Deutschland. 14.9% in der Schweiz sind unentschlossen (10.7+74.4-100).

Abgesehen vom Umstand, dass die Waldorfeltern in Deutschland ihre Schule als etwas moderner respektive weniger altmodisch beurteilen als die Eltern in der Schweiz, sind die Unterschiede kaum signifikant. Gerade bei der Polarität „altmodisch – modern" gab es allerdings auch ca. 40% Unentschlossene (Weder-noch-Antwort).

Mit Ausnahme der Kooperationsbereitschaft und der Offenheit der Schulen ist das Profil der Waldorfschule in Deutschland und in der Schweiz in den hier rapportierten Dimensionen tendenziell negativ konnotiert. Nur ein Drittel der Eltern bezeichnete die Schulen z.B. als innovativ und nur die Hälfte als fortschrittlich, aber 10% fanden explizit, sie sei rückschrittlich. Dass die Empfindungen in beiden Ländern mit praktisch gleich hohen Skalenwerten ausgedrückt wurden, darf mindestens als qualitativer Hinweis an die Schulen gedeutet werden, diese Situation tiefschürfender zu analysieren und allenfalls zu versuchen, das Image der Rudolf Steiner Schulen, Waldorfschulen zu verändern.

Die Beurteilung der Zukunftsfähigkeit der Steinerschulen lässt sich vergleichsweise aus den Beurteilungen der Eltern nur grob abschätzen, weil in den Studien unterschiedliche Skalen und Fragestellungen verwendet wurden. In Deutschland schätzten 76.9% der Eltern die Zukunftsfähigkeit der Waldorfschule mit eher Ja oder definitiv Ja ein. In der Schweiz beträgt der entsprechende Schätzwert ca. 75%. (Ableitung: 25%-Perzentil 5.5 auf einer Skala 1 bis 10, 10=positives Ende. Damit liegen 75% der Antworten zwischen einem Skalenwert von 5.51 bis inklusive 10, was den Bereich „eher Ja bis definitiv Ja" umfassen dürfte.)

6 Schulwechsel und Gründe

In beiden Ländern hat ca. ein Drittel der Eltern an Rudolf Steiner Schulen Kinder, die von der Staatsschule in die Waldorfschule wechselten: 36.4% in der Schweiz und 31.3% in Deutschland. Wie Abbildung 54 zeigt, waren in beiden Ländern die gleichen Gründe dominierend für den Schulwechsel zur Steinerschule.

Abbildung 54: Wechselgründe zugunsten der Waldorfschule

Frage Schweiz / Frage Deutschland	Schweiz	Deutschland
Die besondere Pädagogik der Steinerschule / Die besondere Pädagogik mit anderen Schwerpunkten	93.1%	71.2%
Zu hoher Leistungsdruck an der Staatsschule / dito	57.9%	50.3%
Empfehlung von Eltern und Schulberatern / Positive Erfahrungen anderer Eltern mit der Waldorfschule	40.2%	36.2%
Mein Kind hatte Schulangst / dito	38.8%	33.2%

Legende zu Abbildung 54: Skalierung in der Befragung Schweiz: stark und sehr stark ausschlaggebend; Deutschland: zutreffend, unskaliert.

Es zeigte sich in beiden Ländern, dass die betroffenen Eltern bewusst die „Ingredienzien" der Waldorfpädagogik für die Lösung der Schulprobleme, die ihre Kinder in der Staatsschule hatten, suchten. Als vorrangige Begründungen für den Schulwechsel wurden zu hoher Leistungsdruck und sogar, bei einem Drittel der Fälle, Schulangst in der Staatsschule angeführt.

7   Beurteilung des Unterrichts

Abbildung 55 präsentiert die Ansichten der Waldorfeltern in der Schweiz und in Deutschland über wichtige pädagogische Kriterien Seite an Seite.

Abbildung 55: Empfindungen zum Unterricht

Frage Schweiz / Frage Deutschland	Schweiz	Deutschland
Die zuständigen Lehrpersonen an der RSS haben einen Blick für die Besonderheiten meines Kindes / Die Lehrkräfte erkennen die Stärken ihrer Schüler und fördern sie	85.7%	78.3%
Die zuständigen Lehrpersonen an der RSS erziehen/fördern mein Kind individuell	73.1%	
Den Lehrpersonen an der RSS gelingt es, im Unterricht "Aha-Erlebnisse" zu schaffen, welche bei den Schülern Interesse und Begeisterung für den Lehrstoff entfachen / Die Lehrkräfte können das Interesse ihrer Schüler wecken	85.1%	89.1%
Die Lehrkräfte können gut erklären		88.1%
Die Lehrpersonen, mit denen ich zu tun habe, sind den Anforderungen des Schulalltags gewachsen / Die Lehrkräfte sind fachlich kompetent	82.5%	90.6%
Die Lehrpersonen sind gute Vorbilder / dito	86.4%	85.4%
An der RSS setzen sich die Lehrpersonen, mit denen ich zu tun habe, ernsthaft und sachlich mit Kritik auseinander1/ Die Lehrkräfte nehmen Anliegen und Beschwerden ernst und gehen diesen nach	63.4%	82.6%

Frage Schweiz / Frage Deutschland	Schweiz	Deutschland
Ich sehe, dass sich die RSS pädagogisch weiterentwickelt (z.B. neue Unterrichtsmethoden, Fächer, Lehrmittel)1 / Die Lehrkräfte setzen neue Unterrichtsmethoden ein	48.1%	50.5%
Die RSS lehrt die Schüler den Umgang mit aktuellen, gesellschaftlichen Problemen (z.B. Medien, Genderfragen, Drogen). Stimme ÜBERHAUPT NICHT ZU und stimme NICHT ZU	35.2%	
In der Waldorfschule sollten mehr als bisher gesellschaftlich relevante und aktuelle Themen erörtert werden		70.7%

Legende zu Abbildung 55: Skalierung (4er-Skala). Die Prozentzahlen umfassen die Werte stimme eher zu bis stimme voll zu. 1 = Schweiz 5er-Skala.

Die Beurteilungen waren bei den meisten Kriterien wiederum sehr ähnlich. Insbesondere wurde den Lehrpersonen in beiden Ländern hohe pädagogische Qualität zugesprochen. In der Tendenz kongruent mit dem konservativen Schulprofil (Abbildung 53) fand etwa die Hälfte der Eltern nicht, dass sich die Unterrichtsmethoden an den Waldorfschulen weiterentwickeln würden. In beiden Ländern besteht der Wunsch, dass sich die Rudolf Steiner Schule im Unterricht vermehrt aktuellen, gesellschaftlichen Themen annehmen sollte. Die Kritikfähigkeit der Lehrpersonen scheint an den deutschen Waldorfschulen noch etwas besser entwickelt zu sein als in der Schweiz.

Mehr Nachhilfe in Deutschland

In der Schweiz nahmen gemäss der Umfrage Steinerschulkinder von 15.7% der antwortenden Eltern Nachhilfeunterricht, in Deutschland schickten 23.8% der Eltern eines oder mehrere ihrer Waldorfschulkinder zur Nachhilfe. Am häufigsten brauchten Kinder schweizerischer und deutscher Waldorfschulen Nachhilfe in Mathematik und in Fremdsprachen. Für die Schüler an Rudolf Steiner Schulen in der Schweiz scheint auch Deutsch schwierig, denn ein Viertel der Schuleltern gaben hier Nachhilfe an.

8   Eigenschaften der Schulen

In beiden Studien wurden viele Fragen über die Zusammenarbeit, das Klima in der Schulgemeinschaft und zu pädagogischen Besonderheiten gestellt. Abbildung 56 stellt jene Kriterien einander gegenüber, deren Beurteilung in beiden Ländern mit vergleichbaren Fragen erhoben wurden.

Abbildung 56: Eindrücke zum Schulerleben

Frage Schweiz / Frage Deutschland.	Schweiz	Deutschland
Ich habe den Eindruck, die Ideen der Waldorfpädagogik werden gut in die Schulpraxis umgesetzt[1] / Die Schule setzt die Grundsätze und Methoden der Waldorfpädagogik um	78.5%	92.0%
Die RSS fördert Schüler mit Lernschwierigkeiten / die Schule fördert gezielt leistungsschwache Schüler	72.3%	68.9%
Ich habe den Eindruck, die RSS gibt Schülern, die Mühe haben sich sozial einzufügen auch eine Chance	90.5%	
Die RSS fördert Schüler, die spezielle Begabungen aufweisen / die Schule fördert gezielt leistungsstarke Schüler	55.8%	44.0%
Ich erlebe die RSS als vertrauensvoll zusammenarbeitende Gemeinschaft von Eltern und Lehrpersonen[1] / An der Schule herrscht ein angenehmes menschliches Miteinander	63.9%	90.4%
Ich erlebe eine vertrauensvolle Erziehungspartnerschaft zwischen mir und den für mein Kind zuständigen Lehrpersonen[1]	75.5%	
Wenn ich das will, kann ich das soziale Leben an der RSS mitgestalten (z.B. Bazar, Kulinarisches, Veranstaltungen)[1]	90.7%	
Die Schule gibt Eltern die Möglichkeit zur Mitgestaltung		88.5%
Die Schulgebäude, die Räume und Anlagen der RSS sind in einem guten Zustand und machen insgesamt einen gepflegten Eindruck / In den Gebäuden der Schule fühlen sich die Schüler wohl	73.0%	96.2%
Die Unterrichtsräume sind gut ausgestattet		82.3%

Legende zu Abbildung 56: Skalierung (4er-Skala). Die Prozentzahlen umfassen die Werte trifft eher zu bis trifft voll zu. [1] *Schweiz 5er-Skala.*

Wiederum fällt auf, dass vermutlich in beiden Ländern die Förderung höher begabter Schülerinnen und Schüler nicht speziell ausgeprägt zu sein scheint. Sofern dies in Übereinstimmung mit der ausgeübten Pädagogik steht, wäre es für die Eltern hilfreich, die Begründungen dafür zu verstehen. Jedenfalls könnte für die Schulen der Umgang mit Höherbegabten eine Thematik zur weiteren Vertiefung und Kommunikation sein.

Das Vertrauensverhältnis zwischen den Menschen an der Schule sowie die Umsetzung der Waldorfpädagogik werden in Deutschland anscheinend noch etwas wohlwollender beschrieben als in der Schweiz. Ebenso scheint die Qualität der Gebäulichkeiten den Erwartungen der Eltern noch etwas mehr zu entsprechen als in der Schweiz.

9   Hohe Weiterempfehlung

94.9% der Waldorfeltern in Deutschland würden ihre Schule weiterempfehlen (58.7% antworteten mit definitiv Ja und 36.2% antworteten mit eher Ja). Auch die Schweizer Steinerschuleltern empfehlen die Rudolf Steiner Schule in sehr hohem Masse weiter. Auf einer Skala von 1 bis 10 (10=positives Ende) ergab sich ein Mittelwert von 8.3. Der 25%-Perzentil-Wert beträgt 7.4. Damit liegen 75% aller abgegebenen Werte für die Weiterempfehlung zwischen 7.41 bis inklusive 10. Dieser Bereich darf qualitativ als definitive oder eher Weiterempfehlung interpretiert werden.

Aufgrund der unterschiedlichen Messung ist nicht genau feststellbar, wie stark sich die Empfehlungsraten unterscheiden. Gemäss den Studien ist sie in beiden Ländern jedenfalls hoch.

10   Resümee

Rudolf Steiner Schulen und Waldorfschulen in der Schweiz und Deutschland erfreuen sich im Allgemeinen sehr guter Beurteilungen durch die heutigen Eltern. In Teilbereichen ergab der Vergleich Unterschiede zwischen den deutschen und schweizerischen Waldorfschulen. Allerdings müsste noch genauer überprüft werden, wie weit sie in der aktuellen Schulrealität tatsächlich bestehen und wie sie sich konkret äussern.

Die hier gezeigte grosse Ähnlichkeit in der Bewertung weist darauf hin, dass Charakteristika einer Waldorfschule in beiden Ländern gleich erlebt wurden und eine kohärente Schulkultur hervorbrachten. Das ist eine bedeutende, klare Identität prägende Eigenschaft der Waldorfschulgemeinschaft.

Stärken und Schwächen zeigten sich ansatzweise gleichermassen in beiden Ländern und deuten auf gleiche, potentielle Entwicklungsmöglichkeiten hin. Zu untersuchen, inwieweit das, was von den Eltern in den Studien kritisch beschrieben wurde, inhärent dem Konzept der Waldorfpädagogik ist und welche konzeptionellen Entwicklungen allenfalls erwogen werden könnten, wird sich aus dem weiteren Diskurs zur Zukunftsgestaltung der Rudolf Steiner Schulen ergeben müssen.

Quellenverweise siehe Literaturverzeichnis.

ANHANG II

Lars Petersen

Kommentar und Statistik zur Faktorenanalyse

Für die vorliegende Studie wurden aus den Antworten der befragten Schuleltern quantitative Grössen abgeleitet, mit denen die Einstellungen und Urteile der Eltern in prägnanter Form erfasst werden sollen. Der Bestimmung dieser latenten, also nicht direkt beobachtbaren Grössen liegt ein Modell zugrunde, demzufolge die erhobenen Faktoren – wie z.B. wahrgenommene Entwicklungsfähigkeit der Schule, Identifikation mit der Schule oder Qualität der Lehrer-Eltern-Interaktion – wesentlichen Einfluss auf die jeweiligen Antworten zu thematisch anknüpfenden Fragen bzw. Fragebogenitems – als so genannte Indikatorvariablen – haben, der lediglich von zufälligen bzw. unsystematischen Abweichungen überlagert wird. Die Gültigkeit dieses Modells wurde mittels der statistischen Methode der konfirmatorischen Faktoranalyse überprüft, die zugleich die statistischen Zusammenhänge zwischen den einzelnen Faktoren liefert. Die Überprüfung und ihre Ergebnisse werden im Folgenden dokumentiert.

Bei der Faktoranalyse ist zu berücksichtigen, dass eine inhaltliche Erklärung des Zustandekommens der Einzelantworten auf zwei Ebenen ansetzen muss: Die Antworten der Eltern unterschiedlicher Schulen variieren aufgrund unterschiedlicher Eigenschaften der Schulen; darüber hinaus aber variieren bereits die Antworten der Eltern an einer und derselben Schule allein aufgrund unterschiedlicher individueller Einstellungen und Wahrnehmungen. Der erste Aspekt, die Variation zwischen unterschiedlichen Schulen (Between- oder Schulebene), wird überlagert durch den zweiten Aspekt, die Variation innerhalb der Schulen (Within-, individuelle oder Elternebene).

Ein Ein-Ebenen-Modell, das diese beiden Aspekte nicht trennt, kann irreführende Ergebnisse liefern; sofern nicht die Variation zwischen Schulen allein auf zufällige Schwankungen in der Zusammensetzung der jeweiligen Elternschaft zurückgeht, ist ein Zwei-Ebenen-Modell zur Faktoranalyse erforderlich, das die beiden Aspekte – Variation zwischen den und innerhalb der Schulen – trennt (Raudenbush & Bryk, 2002; du Toit & du Toit, 2008; Hox, 2010; Snijders & Bosker, 2012).

Zum Vergleich wurden Faktoranalysen auf der Grundlage beider Modelltypen vorgenommen, wobei zunächst jeweils übereinstimmende Faktorstrukturen – im Zwei-Ebenen-Modell auf beiden Ebenen – zugrunde gelegt wurden. Die grundsätzlich ebenfalls gegebene Möglichkeit einer abweichenden Faktorstruktur auf Schulebene ist mit den vorliegenden Daten nicht testbar, da hierzu auf dieser Ebene die Stichprobengrösse, also die Anzahl der Schulen, nicht ausreicht.

1 Konfirmatorische Faktoranalyse für eltern- und schulbezogene Konstrukte

Im Einzelnen wurde für die folgenden Faktoren geprüft, inwieweit sich diese durch die jeweils zugehörigen Fragebogenitems als Indikatorvariablen erheben lassen.

» Allgemeine Entwicklungsfähigkeit der Schulen (Faktor ENTWI)
» Identifikation mit der Schule (Faktor IDENT)
» Lehrer-Eltern-Interaktion (Faktor LEINT)
» Loyalität gegenüber der Schule (Faktor LOY)
» Übereinstimmung der persönlichen Werte mit den Werten der Schule – Person-Organisation-Fit (Faktor POF)
» Freude der Kinder am Schulbesuch – Schulfreude (Faktor SFREU)
» Mundpropaganda – Word-of-Mouth (Faktor WOM)
» Zeitgemässheit (Faktor ZEGE)

Die den Faktoren zugehörigen Indikatorvariablen (Fragebogenitems) sind abgekürzt und definiert im Abkürzungsverzeichnis am Schluss des Buches gegeben.

Die Fragebogenitems waren jeweils auf fünfstufigen Likert-Skalen (bzw. vierstufigen bei den Items EINELTE, EINAKTU und EINWELT) zu beantworten, die als intervallskaliert interpretiert werden. Eine stärkere Zustimmung zu den angeführten Aussagen schlägt sich dabei in einem höheren numerischen Wert der Antwort nieder. Bei den Items PROBEWE bis PROWELT spiegeln die eher positiv konnotierten Skalenenden (beweglich, modern, undogmatisch, innovativ, weltoffen) jeweils höhere Zahlenwerte wider (im Fragebogen wurde die Anordnung teilweise vertauscht, um mögliche Verzerrungen durch generelle Antworttendenzen zu verringern).

Die Güte der Anpassung eines Modells der konfirmatorischen Faktoranalyse an die vorliegenden empirischen Daten lässt sich in der Regel nicht anhand eines einfachen induktiv-statistischen Tests beurteilen. Der hierfür in Frage kommende Chi-Quadrat-Anpassungstest zeigt bei Strukturgleichungsmodellen mit grossem Stichprobenumfang (wie im vorliegenden Fall) bekanntermassen eine signifikante Abweichung der Daten auch von einer korrekt spezifizierten Modellstruktur an (Bentler & Bonett, 1980; Hu & Bentler, 1998).

Die Werte der Prüfgrösse (χ^2) mit der zugehörigen Anzahl an Freiheitsgraden (df, degrees of freedom) werden im Folgenden daher nur der Vollständigkeit halber wiedergegeben, ebenso wie die zugehörigen Überschreitungswahrscheinlichkeiten (p). Für eine aussagekräftige Beurteilung der Modellanpassung wird aber stattdessen üblicherweise eine Reihe von Kennzahlen in Kombination herangezogen (Hu & Bentler, 1999).

Hierzu zählen der Root Mean Square Error of Approximation (RMSEA, Steiger & Lind, 1980), der Comparative Fit Index (CFI, Bentler, 1990), der Tucker-Lewis-Index (TLI, Tucker & Lewis, 1973; auch als Non-Normed Fit Index bzw. NNFI bezeichnet) und das Standardized Root Mean Square Residual (SRMR, Bentler, 1995). Für RMSEA und SRMR werden Werte unter 0.08 als akzeptabel und Werte unter 0.05 als gut angesehen, bei CFI und TLI gelten Werte über 0.90 als akzeptabel und über 0.95 als gut (vgl. weiterführend Hu & Bentler, 1999).

Zur Schätzung der Modellparameter mittels der Full-Information-Maximum-Likelihood-Methode mit robustem Standardfehlerausweis wird die Software Mplus in der Version 8 eingesetzt (Muthén & Muthén, 2017). Die ebenfalls hiermit berechneten Anpassungsgütekenngrössen sind in der folgenden Tabelle wiedergegeben.

Kriterien für Anpassungsgüte der konfirmatorischen Faktoranalyse-Modelle:

Modell	χ^2	df	p	CFI	TLI	RMSEA	SRMR (within)	SRMR (between)
1	3'365	565	<0.001	0.916	0.906	0.045	0.046	
2a	5'905	1'159	<0.001	0.902	0.893	0.041	0.046	0.186
2b	4'042	714	<0.001	0.911	0.900	0.043	0.046	0.220

Nach den oben angeführten, gängigen Kriterien erreicht das Ein-Ebenen-Modell (1) einen akzeptablen bis guten Fit, das Zwei-Ebenen-Modell (2a) hingegen weist einen TLI knapp unterhalb der Akzeptanzschwelle und einen erhöhten SRMR-Wert auf der Between-Ebene auf. Letzterer deutet darauf hin, dass auf Schulebene eine vom Modell abweichende Faktorstruktur vorliegen könnte. Allerdings erlaubt die im Vergleich zur Anzahl der Schulen grosse Zahl von Modellparametern auf Schulebene keine genauere, numerisch stabile Schätzung, zumal die Varianzanteile auf Schulebene bei einer Reihe von Indikatorvariablen und damit auch den zugehörigen Faktoren verschwindend gering sind.

Anstelle des Modells 2a wird daher ein reduziertes Zwei-Ebenen-Modell (2b) angesetzt, in dem diejenigen Faktoren, die gemäss Modell 2a keine signifikant positive Varianz auf Schulebene besitzen, lediglich auf individueller Ebene abgebildet werden. Es sind dies die Faktoren Identifikation mit der Schule (IDENT), Loyalität (LOY), Wertefit (POF), Schulfreude (SFREU) und Mundpropaganda (WOM), die mithin als reine Within-Faktoren modelliert werden. Dies ist auch inhaltlich zu rechtfertigen, da es sich um in hohem Masse auf die Einzelperson bezogene Merkmale handelt.

Die auch inhaltlich eher schulbezogenen Faktoren Entwicklungsfähigkeit (ENTWI), Lehrer-Eltern-Interaktion (LEINT) und Zeitgemässheit (ZEGE) besitzen dagegen signifikant positive Varianzbeiträge auf Schulebene, die gesondert (als ENTWIB,

LEINTB und ZEGEB – mit dem Zusatz B für Between-Ebene) ausgewiesen werden. Die Anpassungsgüte des entsprechenden Modells 2b, das den folgenden Auswertungen zugrunde liegt, ist mit Ausnahme des immer noch erhöhten SRMR-Wertes auf Schulebene akzeptabel. Letzterer Wert spiegelt sich auch in einigen wenigen nicht signifikanten Faktorladungen auf Between-Ebene wider, die aber im Interesse der Einfachheit des Modells hingenommen werden.

Die geschätzten Faktorladungen der einzelnen Indikatoren auf Within- (d. h. Individuen-) und Between- (d. h. Schul-)Ebene sind den folgenden beiden Tabellen zu entnehmen. Die betreffenden Parameter geben an, wie stark sich dem Modell zufolge die latenten Faktoren auf die beobachtbaren Item-Antworten auswirken. Die statistische Signifikanz der angegebenen Schätzwerte ist durch nachgestellte Sternchen (Signifikanzniveau * = 0.05, ** = 0.01, *** = 0.001) gekennzeichnet.

Faktorladungen der Within-Ebene im Zwei-Ebenen-Modell der konfirmatorischen Faktoranalyse:

Faktor	Item	Ladung		Ladung (standardisiert)	
ENTWI	ENTLTBI	1.000		0.666	***
ENTWI	ENTPAED	0.713	***	0.457	***
ENTWI	ENTVERW	1.054	***	0.680	***
ENTWI	ENTTRSP	1.184	***	0.691	***
IDENT	FITKRIT	1.000		0.644	***
IDENT	FITINTE	0.746	***	0.465	***
IDENT	FITSWIR	1.022	***	0.570	***
IDENT	FITERFO	1.164	***	0.746	***
IDENT	FITLOBT	1.238	***	0.730	***
LEINT	ENTGHVL	1.000		0.678	***
LEINT	ENTLERN	0.896	***	0.619	***
LEINT	ENTZPQA	0.963	***	0.692	***
LEINT	ENTELTA	0.843	***	0.640	***
LEINT	ENTPART	0.961	***	0.767	***
LEINT	ENTGEME	0.994	***	0.752	***

Faktor	Item	Ladung		Ladung (standardisiert)	
LEINT	EINELTE	0.728	***	0.680	***
LEINT	ENTZGNI	0.711	***	0.560	***
LOY	FITBISE	1.000		0.642	***
LOY	FITANDE	-1.474	***	-0.598	***
LOY	FITWIED	1.213	***	0.846	***
POF	FITWICH	1.000		0.774	***
POF	FITWERT	0.979	***	0.804	***
POF	FITKULT	0.957	***	0.828	***
SFREU	WOHGERN	1.000		0.813	***
SFREU	WOHFROH	1.021	***	0.824	***
SFREU	WOHWCHS	0.924	***	0.538	***
WOM	FITEMPF	1.000		0.841	***
WOM	FITGESP	1.007	***	0.856	***
WOM	FITSPVO	1.009	***	0.811	***
ZEGE	EINAKTU	1.000		0.572	***
ZEGE	ENTPAED	0.713	***	0.306	***
ZEGE	EINWELT	1.151	***	0.658	***
ZEGE	PROBEWE	1.418	***	0.657	***
ZEGE	PROALTM	1.151	***	0.608	***
ZEGE	PRODOGM	1.035	***	0.513	***
ZEGE	PROINNO	1.205	***	0.541	***
ZEGE	PROWELT	1.393	***	0.642	***

Faktorladungen der Between-Ebene im Zwei-Ebenen-Modell der konfirmatorischen Faktoranalyse:

Faktor	Item	Ladung		Ladung (standardisiert)	
ENTWIB	ENTLTBI	1		0.474	
ENTWIB	ENTPAED	1.053	*	0.423	*
ENTWIB	ENTVERW	2.969		0.831	***
ENTWIB	ENTTRSP	3.391		0.938	***

Faktor	Item	Ladung		Ladung (standardisiert)	
LEINTB	ENTGHVL	1		0.171	
LEINTB	ENTLERN	0.55		0.127	
LEINTB	ENTZPQA	10.219		0.999	***
LEINTB	ENTELTA	3.347		0.582	*
LEINTB	ENTPART	3.047		0.597	**
LEINTB	ENTGEME	8.424		0.809	***
LEINTB	EINELTE	6.59		0.876	***
LEINTB	ENTZGNI	4.024		0.887	**
ZEGEB	EINAKTU	1		0.572	**
ZEGEB	ENTPAED	1.513	*	0.722	***
ZEGEB	EINWELT	1.247	*	0.811	***
ZEGEB	PROBEWE	1.482		0.883	***
ZEGEB	PROALTM	0.836		0.626	
ZEGEB	PRODOGM	0.865		0.801	***
ZEGEB	PROINNO	1.215		0.977	***
ZEGEB	PROWELT	1.105		0.998	***

Die Faktorladungen sind zugleich Basis der Berechnung von Reliabilitätskennzahlen, die eine Aussage darüber ermöglichen, mit welcher Verlässlichkeit die nicht direkt beobachtbaren Faktor-Scores anhand der zugrundeliegenden Fragebogenitems als Indikatorgrössen geschätzt werden können. Neben der häufig (unter der Bezeichnung Cronbachs α) berichteten τ-äquivalenten Reliabilität werden hier die bei variierenden Faktorladungen eher adäquate kongenerische Reliabilität (McDonalds ω) sowie der Anteil der durchschnittlich erfassten Varianz (average variance extracted bzw. AVE) angeführt.

Da es sich bei den Reliabilitätskennzahlen ihrerseits um Schätzwerte handelt, enthält die nachstehende Tabelle zudem 95%-Konfidenzintervalle (95%-CI, jeweils in eckigen Klammern angegeben) für die ersteren beiden Grössen. Die zugehörigen Punktschätzungen genügen der verbreiteten Forderung nach Werten oberhalb von 0.7, die Konfidenzintervalle für LOY unterschreiten diesen Bereich allerdings teilweise. Die Schätzungen der Faktor-Scores auf Schulebene erreichen, wie aufgrund der breiteren statistischen Basis zu erwarten, deutlich höhere Reliabilitäten.

Reliabilitäten der Faktor-Scores auf Within- und Between-Ebene:

Faktor	τ-äquivalente Reliabilität (Cronbachs α mit 95%-CI)	kongenerische Reliabilität (McDonalds ω mit 95%-CI)	durchschnittlich erfasste Varianz (AVE)
ENTWI	0.767 [0.751; 0.781]	0.769 [0.754; 0.784]	0.429
IDENT	0.763 [0.748; 0.777]	0.768 [0.753; 0.782]	0.409
LEINT	0.867 [0.859; 0.875]	0.869 [0.861; 0.877]	0.458
LOY	0.700 [0.682; 0.717]	0.710 [0.689; 0.730]	0.495
POF	0.842 [0.831; 0.853]	0.843 [0.832; 0.853]	0.644
SFREU	0.730 [0.713; 0.747]	0.732 [0.714; 0.750]	0.543
WOM	0.874 [0.865; 0.882]	0.874 [0.865; 0.882]	0.699
ZEGE	0.817 [0.806; 0.828]	0.820 [0.809; 0.831]	0.345
ENTWIB	0.806 [0.793; 0.818]	0.848 [0.838; 0.858]	0.595
LEINTB	0.915 [0.910; 0.920]	0.878 [0.871; 0.885]	0.493
ZEGEB	0.920 [0.916; 0.924]	0.923 [0.918; 0.928]	0.688

Die angeführten Reliabilitätswerte bestätigen in Verbindung mit der Anpassungsgüte des zugrundeliegenden Modells die konvergente Validität, also die adäquate Messung der Faktoren durch die ausgewählten Items. Zur Prüfung der divergenten Validität, also der Frage, ob die unterschiedlichen Faktoren auch tatsächlich unterschiedliche Sachverhalte abbilden, kann auf die paarweisen Heterotrait-Monotrait-Verhältnisse der Faktoren zurückgegriffen werden (Henseler, Ringle & Sarstedt, 2015). Diese entsprechen den Quotienten aus den durchschnittlichen Korrelationen von Indikatoren unterschiedlicher Faktoren (Heterotrait) und den durchschnittlichen Korrelationen von Indikatoren eines und desselben Faktors (Monotrait). Werte unterhalb von 0.85 können als Beleg für die divergent valide Messung der beiden jeweils betrachteten Faktoren angesehen werden. Wie die nachfolgenden Tabellen erkennen lassen, ist die divergente Validität der hier erhobenen Faktor-Scores nach diesem Kriterium gegeben.

Heterotrait-Monotrait-Verhältnisse, Within-Ebene:

	ENTWI	IDENT	LEINT	LOY	POF	SFREU	WOM
IDENT	0.3149						
LEINT	0.8323	0.3379					
LOY	0.5931	0.3227	0.6873				
POF	0.5507	0.4666	0.6007	0.6723			
SFREU	0.3993	0.2284	0.5650	0.6448	0.4204		
WOM	0.5919	0.4631	0.6628	0.7785	0.6959	0.5076	
ZEGE	0.8158	0.3162	0.7187	0.6347	0.5999	0.4161	0.5543

Heterotrait-Monotrait-Verhältnisse, Between-Ebene:

	ENTWIB	LEINTB
LEINTB	0.3520	
ZEGEB	0.5378	0.4626

Auf der Grundlage des somit auf seine Validität hin geprüften Faktoranalysemodells können nunmehr konkrete Faktor-Scores für einzelne Respondenten und für die Schulen bestimmt werden. Letztere bilden die Grundlage für eine Reihe graphischer Darstellungen in der vorliegenden Studie (Abbildungen 36, 38, 39, 41, 43). Des Weiteren lassen sich die Zusammenhänge zwischen den Faktoren auf individueller Ebene und auf Schulebene schätzen. Entsprechende Varianzen, Kovarianzen und Korrelationskoeffizienten der Within- und Between-Faktoren sind in den folgenden beiden Tabellen zusammengefasst.

Varianzen (Hauptdiagonale), Kovarianzen (rechts oberhalb der Diagonalen) und **Korrelationskoeffizienten** (links unterhalb der Diagonalen; alle signifikant mit p < 0.001) der Faktoren auf Within-Ebene:

Faktor	ENTWI	IDENT	LEINT	LOY	POF	SFREU	WOM	ZEGE
ENTWI	0.492	0.178	0.455	0.245	0.264	0.180	0.299	0.224
IDENT	*0.331*	0.584	0.202	0.151	0.237	0.119	0.253	0.116

Faktor	ENTWI	IDENT	LEINT	LOY	POF	SFREU	WOM	ZEGE
LEINT	*0.829*	*0.337*	0.614	0.349	0.339	0.308	0.397	0.258
LOY	*0.547*	*0.310*	*0.700*	0.406	0.306	0.270	0.382	0.184
POF	*0.532*	*0.439*	*0.613*	*0.681*	0.499	0.208	0.371	0.200
SFREU	*0.360*	*0.219*	*0.552*	*0.596*	*0.414*	0.505	0.261	0.130
WOM	*0.566*	*0.439*	*0.673*	*0.797*	*0.697*	*0.487*	0.566	0.194
ZEGE	*0.680*	*0.324*	*0.701*	*0.614*	*0.602*	*0.389*	*0.548*	0.221

Varianzen (Hauptdiagonale), Kovarianzen (rechts oberhalb der Diagonalen) und *Korrelationskoeffizienten* (links unterhalb der Diagonalen; Signifikanzniveau * = 0.05) der Faktoren auf Between-Ebene:

Faktor	ENTWIB	LEINTB	ZEGEB
ENTWIB	0.010	0.002	0.003
LEINTB	*0.688**	0.000	0.002
ZEGEB	*0.267*	*0.625**	0.015

Beispielsweise besagt der hohe Korrelationskoeffizient von 0.797 zwischen LOY und WOM auf individueller Ebene, dass hohe Loyalität eines Schulelternteils mit einer starken Neigung zu positiver Mundpropaganda einhergeht.

Das Fehlen entsprechender Faktoren und zugehöriger Korrelationen auf Schulebene ist dadurch zu erklären, dass die Schwankungen der Merkmalsausprägungen weitestgehend individueller Natur sind. Unterschiede in der Loyalität und der Neigung zu positiver Mundpropaganda der Elternschaft verschiedener Schulen treten daher nur in dem Ausmasse auf, in dem es durch zufällige Schwankungen der Zusammensetzung der Elternschaft zu erwarten ist, nicht aber, wie es durch systematisch unterschiedliche, die Loyalität und Empfehlungsneigung der Elternschaft beeinflussende intrinsische Unterschiede der Schulen zustande käme. Eine Korrelation zwischen den schulbezogenen Mittelwerten dieser Faktoren lässt sich trotzdem formal berechnen, sie unterscheidet sich aber nicht von der Within-Korrelation und spiegelt aber im Wesentlichen Zufallsschwankungen und keine inhaltlich auf Schulebene zu verortenden Zusammenhänge wider.

Dagegen sind die Faktoren Entwicklungsfähigkeit und Lehrer-Eltern-Interaktion sowohl auf individueller als auch auf Schulebene messbar (ENTWI und LEINT bzw. ENTWIB und LEINTB) und korrelieren auch auf beiden Ebenen. Die Unterschiede zwischen Schulen im Hinblick auf deren jeweils im Mittel wahrgenommene Entwicklungsfähigkeit fallen also stärker aus, als es allein aufgrund zufälliger Unterschiede der Zusammensetzung der jeweiligen Elternschaft zu erwarten wäre. Dies deutet darauf hin, dass sich die Schulen auch tatsächlich – und nicht nur in der rein subjektiven Wahrnehmung einzelner Eltern – in ihrer Entwicklungsfähigkeit unterscheiden.

Entsprechendes gilt für die Qualität der Lehrer-Eltern-Interaktion an unterschiedlichen Schulen. Der Korrelationskoeffizient zwischen ENTWIB und LEINTB auf Schulebene in Höhe von 0.688 zeigt, dass eine – in diesem Sinne objektiv – höhere Entwicklungsfähigkeit einer Schule tendenziell mit besserer Lehrer-Eltern-Interaktion einhergeht. In Abgrenzung dazu kennzeichnet der Korrelationskoeffizient in Höhe von 0.829 auf individueller Ebene zwischen ENTWI und LEINT den – noch stärkeren – Zusammenhang zwischen den entsprechenden subjektiven Wahrnehmungen: Eltern, die ein überdurchschnittlich positives Urteil der Entwicklungsfähigkeit ihrer Schule abgeben, empfinden tendenziell auch deren Lehrer-Eltern-Interaktion subjektiv als besser.

Zwischen Faktoren wie LOY, die nur auf individueller Ebene variieren, einerseits und Faktoren wie ENTWI, die auch auf Schulebene angesiedelt sind, andererseits können ebenfalls Korrelationen bestehen, allerdings ausschliesslich auf individueller Ebene. Die Korrelation von 0.547 zwischen LOY und ENTWI beispielsweise besagt, dass Eltern mit höherer Loyalität gegenüber ihrer Schule diese subjektiv auch als überdurchschnittlich entwicklungsfähig – im Vergleich zu den anderen Eltern an derselben Schule – empfinden.

2   Konfirmatorische Faktoranalyse für das Konstrukt Offenheit

Eine Mehrebenen-Faktoranalyse zeigt, dass die zu den zugeordneten fünf Items abgegebenen Bewertungen sowohl auf individueller Ebene als auch auf Ebene der schulbezogenen Mittelwerte stark miteinander korrelieren, sodass davon auszugehen ist, dass sie wesentlich durch jeweils einen gemeinsamen Faktor beeinflusst sind. Dieser Faktor lässt sich auf individueller Ebene interpretieren als die wahrgenommene Offenheit für Neues, Beweglichkeit oder Fortschrittlichkeit der Schule, die sich in den Einzelempfindungen gemäss den fünf Items ausdrückt; dem entsprechenden Faktor auf Schulebene kommt eine Interpretation als intersubjektiv feststellbare Offenheit der Schule zu. Die dem Faktor Offenheit (OFFEN) zugehörigen Indikatorvariablen (Fragebogenitems) sind abgekürzt und definiert im Abkürzungsverzeichnis am Schluss des Buches gegeben.

Die gängigen statistischen Gütekriterien sprechen für eine sehr gute Anpassung des faktoranalytischen Modells an die vorliegenden Daten (χ^2 = 102.50 bei df = 23 Freiheitsgraden, $p < 0.001$; CFI = 0.978; TLI = 0.971; RMSEA = 0.037; SRMR = 0.022 auf individueller, 0.079 auf Schulebene). Die Faktor-Scores auf individueller Ebene (im Folgenden mit OFFEN abgekürzt) lassen sich auf der Grundlage dieses Modells aus den fünf einzelnen Items mit akzeptabler Reliabilität schätzen (τ-äquivalente Reliabilität bzw. Cronbachs α = 0.769, kongenerische Reliabilität bzw. McDonalds ω = 0.771, durchschnittlich erfasste Varianz bzw. AVE = 0.404), die schulbezogenen Faktor-Scores (OFFENB) sind sogar mit hervorragender Reliabilität ermittelbar (τ-äquivalente Reliabilität bzw. Cronbachs α = 0.925, kongenerische Reliabilität bzw. McDonalds ω = 0.913, durchschnittlich erfasste Varianz bzw. AVE = 0.770).

Gütekriterien (Modell 1: Ein-Ebenen-CFA zum Vergleich; Modell 2: Zwei-Ebenen-CFA):

Modell	χ^2	df	p	CFI	TLI	RMSEA	SRMR (within / between)	
1	64.16	9	0	0.981	0.968	0.050	0.020	
2	102.50	23	0	0.978	0.971	0.037	0.022	0.079

Faktorladungen (Modell 2, einheitliche Polung aller Items):

Faktor	Item	Ladung		Ladung (standardisiert)	
OFFEN	PROBEWE	1.000		0.709	***
OFFEN	PROALTM	0.811	***	0.656	***
OFFEN	PRODOGM	0.705	***	0.535	***

Faktor	Item	Ladung		Ladung (standardisiert)	
OFFEN	PROINNO	0.914	***	0.628	***
OFFEN	PROWELT	0.903	***	0.638	***
OFFENB	PROBEWE	1.000		0.832	***
OFFENB	PROALTM	0.811	***	0.746	***
OFFENB	PRODOGM	0.705	***	0.794	***
OFFENB	PROINNO	0.914	***	0.988	***
OFFENB	PROWELT	0.903	***	0.997	***

Reliabilitäten (Modell 2):

Faktor	τ-äquivalente Reliabilität (Cronbachs α)	kongenerische Reliabilität (McDonalds ω)	durchschnittlich erfasste Varianz (AVE)
OFFEN	0.769 [0.754; 0.783]	0.771 [0.757; 0.785]	0.404
OFFENB	0.925 [0.920; 0.929]	0.913 [0.907; 0.919]	0.770

Sowohl auf (Within- bzw.) individueller als auch auf (Between- bzw.) Schulebene weisen die Offenheits-Scores signifikante Korrelationen mit den Einschätzungen der pädagogischen Entwicklungsfähigkeit der Schule (Item „Sehen, dass sich die RSS pädagogisch weiterentwickelt", nachfolgend ENTPAED) auf. Die geschätzten Korrelationskoeffizienten betragen 0.535 auf individueller Ebene und 0.884 auf Schulebene (siehe Abbildung 41).

Korrelationskoeffizient (links unten), Kovarianz (rechts oben) und Varianzen des Items ENTPAED und des Konstruktes OFFEN, auf individueller Ebene (Modell 2; alle Schätzwerte signifikant mit p < 0.001):

Faktor	ENTPAED	OFFEN
ENTPAED	1.191	0.420
OFFEN	*0.535*	0.517

... sowie ENTPAED und OFFENB auf Schulebene (Modell 2; Signifikanzniveau * = 0.05, ** = 0.01, *** = 0.001):

Faktor	ENTPAED	OFFENB
ENTPAED	0.082**	0.039**
OFFENB	*0.884***	0.024*

Analog zum oben Ausgeführten lässt sich die Korrelation auf individueller Ebene als Zusammenhang zwischen den jeweiligen persönlichen Wahrnehmungen, diejenige auf Schulebene als Zusammenhang zwischen den intersubjektiv festgestellten Eigenschaften der Schule – Offenheit bzw. pädagogische Entwicklungsfähigkeit – interpretieren. Die starke Korrelation auf Schulebene legt somit nahe, dass progressiv oder weltoffen wirkende Schulen konsistent – also unabhängig von der mehr oder weniger kritischen Einstellung einzelner Personen – ein höheres Potenzial zur pädagogischen Weiterentwicklung zugemessen wird. Allerdings ist dabei auch zu bedenken, dass die intersubjektiv gemessenen Unterschiede zwischen den Schulen (Between-Ebene) erheblich geringer sind als die Schwankungsbreite der individuellen Wahrnehmungen (Within-Ebene): 95,6% der Varianz der Offenheits-Scores gehen auf individuelle Unterschiede zurück, Unterschiede zwischen den Schulen machen nur 4,4% aus. Bei dem Item ENTPAED verteilt sich die Gesamtvarianz zu 93,6% auf die individuelle und zu 6,4% auf die Schulebene. Das in der Abbildung 41 erkennbare Muster wird also durch starke individuelle Abweichungen überlagert.

Insgesamt lässt sich damit festhalten, dass ein positives Image der Schule, die positive Einstellung der Eltern ihr gegenüber sowie die Entwicklungsbereitschaft und -fähigkeit der Schule systematisch miteinander zusammenhängen. Dieser Zusammenhang ist aber stark von subjektiven Wahrnehmungen getrieben, in deren „Rauschen" das Muster der objektiven Eigenschaften und Leistungen der Schulen oft nur schwer auszumachen ist. Die einzelne Schule muss sich daher vorsehen, nicht vorschnell individuellen, möglicherweise irreführenden Impulsen zu folgen, sondern ihre Entwicklung auf Untersuchungen wie die vorliegende mit breiter Datengrundlage zu stützen

Quellenverweise siehe Literaturverzeichnis.

Über den Autor von Anhang II

Prof. Dr. rer. oec. Lars Petersen ist Lehrstuhlinhaber für Produktions- und Dienstleistungsmanagement am Fachbereich Wirtschaft der Alanus Hochschule für Kunst und Gesellschaft, Alfter bei Bonn, Deutschland. Habilitation und Doktorat an der Rechts- und Wirtschaftswissenschaftlichen Fakultät der Universität des Saarlandes, Saarbrücken. Auslandstudien an der J.L. Kellog Graduate School of Management, Northwestern University, Evanston (Illinois) und Ecole des Hautes Etudes Commerciales Paris, Jouy-en-Josas. Publikationen u.a. im Bereich der Prozess- und Pädagogikforschung.

ANHANG III

Heinz Brodbeck

Waldorfschulen und ihre Pädagogik als Forschungsobjekt

„Leider können wir nichts Wissenschaftliches über die Waldorfpädagogik sagen." Das war 1991 der lakonische Kommentar bei einer Expertenbefragung im Vorfeld des Kongresses der schweizerischen Rudolf Steiner Schulen anlässlich der 700-Jahr-Feierlichkeiten der Eidgenossenschaft. Dennoch haben dann am Kongress im Kursaal in Bern beinahe tausend an der Pädagogik Rudolf Steiners interessierte Menschen engagiert teilgenommen. Und heute, nach hundert Jahren Waldorf-Pädagogik, gehören Rudolf Steiner Schulen zu den weltweit meist verbreiteten Reform- oder Alternativschulen.

Wohl auch deshalb ist mittlerweile die Rudolf-Steiner-Pädagogik oder, wie sie auch genannt wird, die Waldorfpädagogik in den Fokus mannigfaltiger Forschung gerückt, und das wissenschaftliche Interesse an dieser alternativen Pädagogik ist seit der Jahrtausendwende grösser geworden.

Ihre Resultate zeigen, dass die Waldorfpädagogik die Inhalte für eine gute und zeitgemässe Schule in sich trägt und wie diese erfolgreich in der Schulpraxis wirken. Vermutlich wird es aber nie ein endgültiges Modell der Waldorfschule geben, denn die verantwortlichen Lehrpersonen sollen sie aus dem jeweils Individuellen des Kindes und den Erfordernissen der jeweiligen Zeit heraus stets neu konzipieren. Dies ist ein enorm hoher pädagogischer Anspruch. Die Analyse der Forschung ortet dementsprechend und glücklicherweise auch Potenzial zur weiteren Entwicklung dieser modernen Schulform. Nachfolgend werden einige wenige Beispiele abgeschlossener Forschungsprojekte aus drei Themenfeldern kurz beleuchtet und eine Zwischenbilanz gezogen. Die Waldorf-Forschung ist allerdings auch in diesen Themenfeldern breiter als hier angedeutet.

1 Lehrplanforschung

Eine kritische Auseinandersetzung mit der spirituellen Dimension der Waldorfpädagogik liefert Schieren (2015). Er beschreibt einerseits, wie die Schüler und Schülerinnen zum autonomen Denken aus sich selbst erzogen werden. Solch eigenständiges Denken und Urteilen vermittelt Sicherheit darin, Zusammenhänge verstehen zu lernen, und in der Realität der jeweiligen Zeit zu bestehen und tätig zu werden. Andererseits wird, als zweite spirituelle Ausrichtung, die Auffassung vertreten, dass der Mensch nicht vorherbestimmt ist, sondern in freiheitlicher Entwicklung das eigene Innere als leitend für den Lebensweg entdecken lernen soll. Ein wichtiges Element der Waldorfpädagogik ist diesbezüglich, dass dieses Innere durch selbständiges Tun erfahren werden kann. Darum stehen an Steinerschulen auch künstlerische und praktische Tun-Fächer gleichbedeutend neben intellektuellen Inhalten. Waldorfpädagogisch ausgedrückt, geht es den Rudolf Steiner Schulen, neben der Entwicklung von Fähigkeiten und der Wissensvermittlung, um die Erziehung zur Freiheit und um die Stärkung der Ich-Erfahrung der jungen Menschen.

Nicht als wissenschaftlicher Diskurs, sondern als Handreichung für die Klassen- und Fachlehrer und -lehrerinnen besprechen Röh und Thomas (2015) die Frage nach dem schöpferischen Umgang mit dem Waldorflehrplan aus heutiger Perspektive. Sie wollen damit die pädagogische Phantasie der Lehrperson, das persönliche und kollegiale Lehrplanforschen der Lehrer und Lehrerinnen impulsieren. Dazu werden die Struktur des Waldorflehrplans begründend erschlossen und illustrativ eine Fülle von stufen- und fächerbezogenen Unterrichtsbeispielen angeboten. Das Buch trägt ausdrücklich keine standardisierten, nach Stunden getakteten, allgemeingültigen Unterrichts- und Stoffpläne vor. Dies wäre das Gegenteil von Waldorfpädagogik, denn „Waldorflehrpläne sind nicht vom Stoff her, sondern vom Kind und seinen Bedürfnissen aus konzipiert" (Röh & Thomas, 2015). Dennoch, „das wirksame Wechselverhältnis von Inhalt des Unterrichts und Förderung des Kindes gehört zu den Fundamenten der Pädagogik Rudolf Steiners", wie auch die erzieherische Zusammenarbeit zwischen Lehrpersonen und den Eltern (Röh & Thomas, 2015). Die Autoren ergründen auch spirituelle Überlegungen in der Waldorfpädagogik und empfehlen „die permanente Beschäftigung mit den menschenkundlichen Ausführungen Rudolf Steiners". Das Buch hilft auch Steinerschuleltern, die Zusammenhänge und Hintergründe der Pädagogik, die sie für ihre Kinder gewählt haben, besser zu verstehen.

Die neueste, umfassendste Darstellung des Waldorflehrplanes wird von Richter (2016) vorgelegt. Das Werk nimmt gesellschaftspolitische und technologische Entwicklungen auf und berücksichtigt Forschungsergebnisse in den Erziehungswissenschaften. Der vorgelegte Lehrplan umfasst die Unterrichtsgegenstände und Entwicklungsstadien der zu Unterrichtenden von der 1. bis 12. Klasse. Seine Architektur ist einerseits horizontal angelegt und beschreibt Didaktik fächerübergreifend im Entwicklungszeitraum der Schüler und Schülerinnen. Die Grundlage dafür ist die spezifische Menschenkunde der Waldorfschulen. Andererseits wird der Lehrplan vertikal als Fächerrahmen präsentiert. Darin werden fächerbezogen Leitmotive und Unterrichtsmethoden vorgeschlagen.

Das Autorenteam versteht seine Beiträge explizit als Annäherungen an den sich stets aus der Individualität des Kindes und der Tätigkeit der Pädagogen entwickelnden Lehrplan der Waldorfschulen. Das Entscheidende des Lehrplans ist also nicht das Abschliessende, sondern das Work in Progress (Richter, 2016).

In der Bildung ist seit einigen Jahren Kompetenz zum Innbegriff pädagogischer Zielsetzung geworden. Inhaltliche Angaben zu den Unterrichtsfächern werden in den Lehrplänen durch Bildungsstandards ersetzt oder ergänzt. Der in der Schweiz verbindlich gewordene Lehrplan 21 listet Hunderte von in der staatlichen Schule zu erreichende Kompetenzen auf. Der Lehrplan der Waldorfschule ist nun von Götte et al. (2016) betrachtet worden unter der Fragestellung: Welche Entwicklungsaufgaben stellen sich in welchem Alter für die Kinder und Jugendlichen? Mit den Ergebnissen dieser Arbeit können Waldorflehrer und Waldorflehrerinnen gezielter unterrichten. Für den wissenschaftlichen Diskurs liefern die Autoren konkrete Argumente.

2   Aktionsforschung

„Aktionsforschung ist die systematische Untersuchung beruflicher Situationen, die von Lehrpersonen selbst durchgeführt wird in der Absicht, diese zu verbessern" (Altrichter & Posch, 2007). In der Schulpraxis wird Action Research auch als Teacher Learning, Lehrer-Lernen, bezeichnet „und beschreibt Lernprozesse, wodurch Lehrkräfte Expertise im Erkennen in der Praxis erwerben. ... Im Waldorfkontext gehört dazu auch die kontemplative und meditative Arbeit als Befähigung zur Intuition und zum pädagogischen Takt" (Rawson, 2015). Es geht also darum, dass die Lehrpersonen über ihre Lehrpraxis periodisch nachdenken, Rückschau halten. Wenn dieser Prozess systematisch durchgeführt wird, können sich daraus Hinweise zur Verbesserung des Unterrichts und zum Erkennen des Kindes ergeben. Solch reflektives Selbstlernen wird durch den von den Kollegien aller Schulen praktizierten Austausch von Erfahrungen und Erkenntnissen in den Lehrerkonferenzen verstärkt.

Die vielzitierte Metastudie Visible Learning (Hattie, 2009) betont denn auch, was für den pädagogischen Erfolg „wirklich von Bedeutung ist, ist das Bewusstsein bei den Lehrkräften, dass es ihre Rolle ist, ihre Wirkung auf das Lernverhalten der Schülerinnen und Schüler zu evaluieren" (Rawson, 2015). Damit wird auch die von Rudolf Steiner verlangte Vorbildfunktion der Lehrperson angesprochen. Beim Teacher Learning geht es also nicht um Statistik und Verallgemeinerung, sondern um die Steigerung des eigenen Wahrnehmungsvermögens und der pädagogischen Befähigung; kurz, um die pädagogische Qualitätsentwicklung in den Rudolf Steiner Schulen und Waldorfschulen. Wie diese methodisch konkret unterstützt und individualisiert werden könnte, stellt Stöckli (2012) in seinem Werkbuch für Praxisforschung steinerschulbezogen und pragmatisch dar.

Eine qualitative Untersuchung bei Waldorflehrern und -lehrerinnen aus vielen Ländern (Rawson, 2015) kommt zum Schluss, dass systematisches, reflexives „Lehrer-Lernen" noch nicht allgemein verbreitet ist und dass in kollegialen Zusammenhängen erst relativ wenig im Sinne der Praxisforschung evaluiert wird. Trotzdem erlebten fast 90% der Befragten ihre Unterrichtsvorbereitung und -nachbearbeitung für das eigene Lernen als hilfreich. Als sehr effektiv für das Teacher Learning wurden die folgenden Tätigkeiten genannt: Selbststudium, jährliche externe Fortbildung, wöchentliche

Schulführungskonferenzen, dynamische Delegation und einmal im Jahr eine Evaluation durch Kollegen und Kolleginnen, sogenannte Peer Evaluation. Ebenso wurde die Kinderbetrachtung als gute Möglichkeit für das Teacher Learning genannt. Die Studie ergab allerdings eine durchschnittliche Anzahl von lediglich drei bis vier Kinderbetrachtungen pro Jahr und Lehrperson. 42% der antwortenden Lehrpersonen bezeichneten Kinderbetrachtungen für das Selbstlernen als irrelevant oder meinten, dass sie keine solchen gemacht hätten. Angesichts der Wichtigkeit, welche die Waldorfpädagogik dieser Methode für das Erkennen der Individualität der Schüler und Schülerinnen beimisst, sind diese Zahlen enttäuschend. Es scheint, als ob kollegiale Kinderbetrachtungen vor allem zur therapeutischen Diagnose bei auffälligen Kindern gemacht werden. Damit wird das Potenzial dieser Methode aber bei Weitem nicht ausgeschöpft.

Eine wissenschaftliche Studie aus der Schweiz wendete die Methode der Aktionsforschung zur Untersuchung der Frage an: Welche Form einer Lebensschule entspricht den Bedürfnissen der heutigen Jugendlichen und unserer Zeit (Stöckli, 2011)? Diese Analyse begnügt sich nicht mit einer theoretischen Betrachtung, sondern demonstrierte auch, wie die Lösungsansätze als neuartiges Schulmodell für duales Lernen in einer Pionierschule umgesetzt werden. Kern solcher Lebensschulen sind das Tätigsein der Schüler und Schülerinnen in praktischen Lebensbezügen in und ausserhalb des engen Schulumfeldes. Die Arbeit zeigt auch, dass gerade die Waldorfpädagogik wichtige Beiträge für ein erfolgreiches Lebenslernen der Kinder und Jugendlichen leistet.

3 Theorieforschung

Den kleinen Theoriebestand über die waldorfpädagogische Methodik des Unterrichts hat Wiehl (2015) um eine grundlegende wissenschaftliche Arbeit erweitert. Sie stellt die Anthroposophie selbst als Erkenntniswissenschaft dar, die für die Unterrichtsmethoden der Waldorfpädagogik propädeutische Funktion hat. Die Anthroposophie also als vorbereitende und begleitende Schulung für den praktischen Unterricht der Lehrpersonen an Waldorfschulen. Aus dieser Perspektive ist die Waldorfpädagogik nicht starr, sondern für Entwicklung offen, und diese Auffassung könnte den Dialog zwischen der Allgemeinen Pädagogik und der Waldorfpädagogik befruchten. Wegen ihrer anthroposophischen Prägung verschliesst sich die Methodik der Waldorfschulen verallgemeinerbarer Theorie und verbleibt deshalb in einer Sonderstellung. Trotzdem können Praxiserfahrungen in Waldorfschulen mit wissenschaftlichen Studien zur Methodik begleitet werden (Wiehl, 2015), hilfreich dafür wäre, wenn die Bereitschaft der Waldorfschulen und der dort tätigen Pädagogen und Pädagoginnen für empirische Forschungen zunähme. Dazu gehörten auch Beiträge aus systematischer, lehrereigener Praxisforschung (Stöckli, 2012). Sie könnten eventuell aus applikatorischer Perspektive und pragmatisch für den Theorienachweis herangezogen werden und vielleicht sogar zu weiterer Theoriebildung führen.

Wenn Wiehl (2015) Anthroposophie als Geisteswissenschaft auch als Propädeutik für die praktische Waldorfpädagogik sieht, schliesst sich die Frage an, wie Anthroposophie zur akademischen Esoterikforschung steht. Den damit zusammenhängenden Problemen, Paradigmen und Perspektiven geht Schmidt (2008) nach. Er beschreibt die akademische Esoterikforschung in Europa anhand von drei universitären Lehrstühlen – in Amsterdam, Paris und Exeter –, die Esoterik erforschen und wo Anthroposophie und Rudolf Steiner Teil des Lehrplans sind. Weil dort Anthroposophie aus der Wertungsperspektive der Theosophie und historisch dargestellt wird, sind die Besonderheiten der Anthroposophie und die heutige gesellschaftliche Bedeutung ihrer Wirkfelder – z.B. Pädagogik, Landwirtschaft oder Medizin – an diesen Lehrstühlen wissenschaftlich noch nicht besonders gewürdigt worden. Dennoch, schreibt Schmidt, charakterisieren die Denkformen dieser Esoterikforschung das Werk Rudolf Steiners. Denn auch die Anthroposophie „hat eine Lehre vom Zusammenhang des Menschen mit dem Makrokosmos, spricht vom Lesen im Buch der Natur, beansprucht höhere Erkenntnis, geht von der Erde als Organismus aus".

Diese Merkmale identifizieren die Anthroposophie aus der Perspektive der akademischen Esoterikforschung als Erkenntnisweg, was überhaupt das Anliegen der Anthroposophie selbst ist, und begründen damit ihre Zuordnung in den Bereich der Esoterik. Dies ist eine Chance, das Spezifische der Anthroposophie zu erkennen; „sie wird damit vergleichbar mit anderen Formen und Praktiken europäischer Esoterik. Vergleichbarkeit ist eine Vorbedingung jedes Verstehens." Esoterik, aber auch rationale Wissenschaft beziehen gemäss Schmidt „ihre Identität jeweils aus der Negation des Anderen". Das führte zu einem polemischen Diskurs der Ausgrenzung. Das Andere wird z.B. als Irrtum, irrational, hässlich, krank, böse oder Gefahr konstruiert. Solch polemische Diskussion verbessert nicht die Ergebnisse der Auseinandersetzung, sondern zielt auf die Verunglimpfung des Andersartigen und will es unwirksam machen.

Für Schmidt steht allerdings gar nicht fest, was Anthroposophie war, ist und was sie sein kann: Sie ist immer neu eine Forschungsfrage. Schmidt (2008) plädiert dafür, dass Anthroposophen die akademische Methodenentwicklung so mitprägen, dass sie dem Werk Steiners gerecht werden. Das schliesst beispielsweise auch mit ein, sich der Frage anzunehmen, wie Forschung unter der Bedingung von Meditation und Zusammenarbeit aussehen könnte.

Die analytische Auseinandersetzung mit der etablierten, universitären Erziehungswissenschaft und den Vertretern der Waldorfpädagogik bearbeiten Frielingsdorf (2012) und seine Mitautoren. Danach nimmt der Austausch zwischen den pädagogischen Strömungen zwar zu, bleibt aber noch kontrovers und manchmal ausgrenzend. Er stellt u.a. fest, dass die Ursachen des trennenden weltanschaulichen Dissens kaum eigens untersucht wurden, trotzdem scheint sich Waldorfpädagogik geöffnet zu haben und der Diskurs entwickelt sich.

Ein zentrales Ziel der Waldorfpädagogik ist, Schüler und Schülerinnen zu befähigen, sich in ihrem Menschsein zu entwickeln, ihre individuellen Fähigkeiten zu entdecken und zu fördern. Aus seiner Beobachtung und Sorge heraus, dieser Aspekt des Lernens verliere in den oberen Klassen der Waldorfschulen zugunsten von Prüfungslernen an Bedeutung, nimmt Rawson (2018) eine neue Perspektive in der waldorfpädagogischen Theorieforschung ein. Mit qualitativen Methodenansätzen untersuchte er, wie Waldorfschüler Lernen und persönliche Entwicklung in schulischen Lernsituationen erlebten. Seine Ergebnisse bestätigen für ein erfolgreiches Lebenslernen u.a. die grosse Bedeutung von nicht-formalisiertem Lernen, Arbeitspraktika, Projektarbeiten wie z.B. Theaterproduktionen sowie die über diese Lernprozesse geführte Reflexion.

4   Organisationsforschung

„Lernen ist wie Rudern gegen den Strom. Hört man damit auf, treibt man zurück." So lautet ein Laotse zugeschriebenes chinesisches Sprichwort. Diese Weisheit gilt auch für die Waldorf- und Rudolf Steiner Schulen als Lerninstitutionen. Diese Schulen haben erkannt, dass sie selbst zu lernenden Organisationen werden müssen, die sich stets weiterentwickeln. Gerade für Steiner- und Waldorfschulen mit ihren tiefen, inneren Überzeugungen ist es anspruchsvoll, die Balance zwischen diesen und den vielfältigen, wechselnden äusseren Anforderungen zu finden.

Eine Untersuchung bei den Schulleitungen deutscher Waldorfschulen identifizierte denn auch als wichtigste Herausforderung die Gewinnung von Lehrpersonen und deren Ausbildung, insbesondere das Fördern ihrer Kompetenzen und ihrer Vertrautheit mit den Besonderheiten der Waldorfpädagogik. Zweitens müsse, mit Bezug auf die gesellschaftlichen und technologischen Veränderungen, das Augenmerk auch auf der ständigen Weiterentwicklung der Waldorfpädagogik liegen. Als dritte Herausforderung sieht die Studie das Schaffen moderner, flexibler Strukturen der Führung und Organisation zur effizienten Gestaltung der Selbstverwaltung. Diesbezüglich wird auch der konfliktreiche Spagat zwischen basisdemokratischer Entscheidung und effektiver, personifizierter Übernahme von Verantwortung angesprochen. (Koolmann & Nörling, 2015)

Ähnliche Schlussfolgerungen zog Graudenz (2013) in seiner Analyse von 3'700 Aussagen von Waldorflehrerinnen und Waldorflehrern. Darin bringt etwa ein Viertel der Lehrpersonen „ein ausgeprägtes Bewusstsein für die Notwendigkeit eines Wandlungsprozesses in der Waldorfpädagogik und ihrer Umsetzung zum Ausdruck, ohne die Wurzeln des anthroposophisch pädagogischen Fundaments einfach über Bord werfen zu wollen". Die Lehrpersonen formulieren als Zukunftsaufgaben auch mehr öffentliche Aufklärung über die Waldorfpädagogik und einen stärkeren Einbezug der Eltern, um eine vertrauensvolle, den Lehrpersonen und den Eltern mehr Sicherheit gebende Erziehungspartnerschaft zu gestalten. Die Einzigartigkeit des Waldorf-Bildungskonzeptes soll aber weiterhin vor staatlichem Einfluss geschützt werden.

Einen zweiteiligen Sammelband mit zehn Forschungs- und Diskussionsbeiträgen zur heutigen waldorfpädagogischen Praxis und zur Waldorflehrerausbildung haben Randoll und da Veiga (2013) vorgelegt. Darin ist – im Zusammenhang mit den Konklusionen der in diesem Buch besprochenen Elternforschung (siehe Kapitel 5.7.) – insbesondere der Beitrag von Michael Brater "Zur Qualität von Waldorfschulen, ihrer

Entwicklung und Sicherung" beachtenswert. Brater (2013) diskutiert schonungslos aber hilfreich Zeitgemässheit und Herausforderungen der Waldorfschulen. Manche Punkte in seinem Diskurs sind empirisch belegt, andere gründen auf anekdotischer Evidenz. Nichtsdestotrotz sind seine Anmerkungen und Vorschläge für die Qualitätsentwicklung, Führung und (Re-)Organisation der Waldorfschule sehr bedeutungsvoll. Sie sollten von den gestaltenden Menschen in der Waldorfschulbewegung ernst genommen und bei ihren Reformarbeiten bedacht werden.

5   Bilanz

Die erste umfassende Zusammenstellung wissenschaftlicher Forschungsbeiträge zum Thema Waldorfpädagogik und ihre Beziehungen zu den Allgemeinen Erziehungswissenschaft gab Schieren (2016) heraus. Er sieht, dass trotz der weltweit erfolgreichen Praxis der Waldorfpädagogik deren theoretische Basis nach wie vor umstritten und sie weltanschauungsbelastet ist.

Sein Werk greift dieses Problem auf „und diskutiert die Grundlagen der Waldorfpädagogik als wissenschaftlich zu erschliessendes Konzept innerhalb der Kerndisziplinen der Erziehungswissenschaft: Erkenntnistheorie, Anthropologie, Entwicklungspsychologie, Lerntheorie, Professionalität und Didaktik". In Schierens als Handbuch betitelten Anthologie über Waldorfpädagogik und Erziehungswissenschaft wird deshalb auch der kritischen Besprechung der anthroposophischen Grundlagen und dem Menschenbild der Waldorfpädagogik Raum gegeben.

Gemäss Boettger (2015) listet allein die Pädagogische Forschungsstelle beim deutschen Bund der Freien Waldorfschulen 318 Projekte, die in den letzten 10 Jahren im Bereich der Waldorfpädagogik durchgeführt wurden. Zu diesen Projekten zählen u.a. empirische Forschungen, Buchprojekte, methodische und didaktische Fragestellungen, Diskurse zum Thema Erziehungswissenschaften und Waldorfpädagogik. Die durchschnittliche Dauer der Projekte betrug 3.3 Jahre.

Die in diesem Anhang präsentierten Forschungsbeispiele basieren grösstenteils auf Daten aus der Waldorfschulbewegung in Deutschland. Man darf aber annehmen, dass die Resultate grosso modo auch für andere europäische Länder, insbesondere für die Rudolf Steiner Schulen in der Schweiz und Liechtenstein, plausibel sind. Ausserdem sei angemerkt, dass dieser Anhang zum Haupttext des Buches lediglich einige Aspekte der zitierten Forschungsprojekte beleuchtet und sie weder in kritischem Disput bespricht noch beurteilt. Der Autor glaubt auch, dass für den Erfolg der Schüler und Schülerinnen die praktisch gelebte Pädagogik der Lehrperson und ihr Vorbild entscheidender sind als die wissenschaftliche Theorie. Umso mehr sich fundamentale Theorien der Waldorfpädagogik wie z.B. ihr Menschenbild kaum abschliessend durch herkömmliche, empirische Methoden erforschen lassen.

Die Versuche zur wissenschaftlichen Darstellung der Ansichten und Methoden der Waldorfpädagogik werden trotzdem allgemein begrüsst. Eltern und Erziehungswissenschaftler billigen der Waldorfschul-Praxis Erfolge zu, wünschen aber vermehrt nachvollziehbare, wissenschaftlich fundierte Begründungen dafür (Boettger, 2015). Dieses Sichtbarmachen der Wirkungen der Waldorfpädagogik ist einerseits zur Festigung des guten Rufs der Waldorf- und Rudolf Steiner Schulen wichtig und unterstützt den konstruktiven Dialog mit anderen pädagogischen Richtungen. Andererseits zeigt es der Schulbewegung Entwicklungspotentiale und den tätigen Pädagogen und Pädagoginnen weitere Perspektiven auf. Die positive, öffentliche Wahrnehmung und der Einfluss der Waldorfschule als mögliche Zukunftspädagogik kann durch ihre forscherischen Beiträge gefördert werden. Das wiederum verbessert die Situation aller für diese Pädagogik engagierten Menschen und nützt insbesondere den heutigen und zukünftigen Schülerinnen und Schülern.

Was bei diesem kleinen Literaturreview auffiel war, dass die Elternschaft in den Untersuchungen über die Waldorfschulen und die Rudolf Steiner Schulen - mit Ausnahme von Liebenwein et al. (2012) - noch wenig zu Wort gekommen ist. Diese Lücke wurde 2015 in Deutschland mit einer umfassenden Elternbefragung (Koolmann et al., 2018) und in der Schweiz 2016 mit einer ähnlichen Studie (Brodbeck & Petersen, 2016), deren Ergebnisse in diesem Buch besprochen wurden, teilweise geschlossen.

Quellenverweise siehe Literaturverzeichnis.

VERZEICHNISSE

Abkürzungs-, Symbole- und Begriffsverzeichnis

*	$0{,}01 \leq p < 0{,}05$; Unterschied ist signifikant
**	$0{,}001 \leq p < 0{,}01$; Unterschied ist hoch signifikant
***	$0 \leq p < 0{,}001$; Unterschied ist höchst signifikant
3.2/4	3.2=Mittelwert / 4=positives Ende einer 4er-Skala
4.4/5	4.4=Mittelwert / 5=positives Ende einer 5er-Skala
6.6/10	6.6=Mittelwert / 10=positives Ende einer 10er-Skala
Abb.	Abbildung
CFA	Confirmatory Factor Analysis, konfirmatorische Faktorenanalyse. Statistische Methode
global	bedeutet hier: alle Antwortenden aller Schulen zusammen
kA	keine Antwort (kA in % bedeutet: % der Befragten, welche die jeweilige Frage nicht beantwortet haben; die Prozentangabe bezieht sich ggf. auf die Teilgesamtheit derjenigen, an die sich die Frage richtete, z.B. nur Kindergarten-Eltern bei entsprechend spezifischen Fragen)
LP	Lehrperson, Lehrpersonen
M	Lagemass. Der Mittelwert M ist der Durchschnitt aller erhaltenen Einzelwerte. M ist gleichbedeutend mit dem Symbol μ.

Median	Lagemass. Der Median ist der Wert in der Mitte einer geordneten Zahlenreihe. Gleichbedeutend mit 50%-Quantil und 50%-Perzentil. Der Medianwert ist hier manchmal in eckiger Klammer angegeben.
n	Anzahl der antwortenden Personen (Respondenten). Z.B.: Haben Sie Kinder an anderen Schulen? Die Angabe „Nein" 15% (n=2'400) bedeutet: 2'400 Eltern haben die Frage beantwortet, und 15% davon haben mit Nein geantwortet.
N	Umfang der Grundgesamtheit, Befragungs-Universum
p	p-Wert gibt die Wahrscheinlichkeit an, mit der die in der Stichprobe beobachteten Unterschiede zwischen Mittelwerten oder Verteilungen allein aufgrund rein zufälliger Schwankungen hätten entstanden sein können. Geringe Werte sprechen dafür, dass diese Unterschiede nicht rein zufällig, sondern statistisch signifikant sind, d.h. auf reale Unterschiede in der Grundgesamtheit zurückzuführen sind. Signifikante Unterschiede sind mit *, ** oder *** gekennzeichnet; d.h. die Nullhypothese – der Unterschied ist zufällig – trifft nicht zu.
Quantil, Perzentil	Lagemass. Hier als 0%-Quantil, 25%-Quantil, 50%-Quantil (=Median), 75%-Quantil, 100%-Quantil berechnet. Vereinfachtes Beispiel: bei einer Skala von 1 bis 10 bedeutet ein 25%-Quantil von 7.6, dass mindestens 75% der Befragten mit Werten von 7.6 oder grösser, mindestens 25% mit Werten von 7.6 oder kleiner geantwortet haben. D.h., die Verteilung der Antworten ist schief rechtslastig; tendiert zu höheren Werten.
r, Korrelation allgemein	Korrelationskoeffizient. Je grösser die Zahl, desto stärker ist der lineare Zusammenhang zweier Variablen. Ist r grösser als Null (positive Korrelation), bedeutet das, dass grössere Werte der einen Variablen mit grösseren Werten der anderen Variablen einhergehen. Ist r kleiner als Null (negative Korrelation), bedeutet das, dass niedrigere Werte der einen Variablen mit grösseren Werten der anderen Variablen zusammen auftreten und umgekehrt.
rt	Gesamtkorrelationskoeffizient, darin sind die Korrelationen rb und rw vermischt.
rb	Korrelationskoeffizient auf der Ebene der Schulen, d.h. zwischen den schulbezogenen Mittelwerten der Variablen („Between"-Ebene). Bei der Berechnung wird berücksichtigt, dass die Mittelwerte der Schulen mit mehr Rückläufen zuverlässiger geschätzt werden können.

rw	Korrelation der jeweiligen Abweichungen der individuellen Werte vom zugehörigen Mittelwert („Within"-Ebene)
Respondenten, Probanden	Befragte Personen, die eine Frage des Fragebogens beantwortet haben. Hier werden diese Begriffe synonym verwendet.
Signifikanz, p	Vereinfachtes Erklärungsbeispiel: Ist der Unterschied der Mittelwerte zweier Stichproben-Gruppen signifikant, so beruht er mit hoher Wahrscheinlichkeit nicht allein auf der Unsicherheit der Stichprobenziehung, sondern darauf, dass die Mittelwerte der beiden Gruppen tatsächlich auch in der Grundgesamtheit unterschiedlich sind. Das Signifikanzniveau wird mit Sternchen angezeigt.
SEM	Structural Equation Modelling, Strukturgleichungs-Analyse. Statistische Methode.
SuS	Schüler und Schülerin, Schüler und Schülerinnen
vs.	versus; gegen, gegenüber, verglichen mit
Waldorfpädagogik, Rudolf Steiner Pädagogik	Synonyme Begriffe. Sie bezeichnen die von Rudolf Steiner 1919 inaugurierte, ganzheitliche Reformpädagogik auf der Grundlage seiner anthroposophischen Menschenkunde.
Waldorfschule, Rudolf Steiner Schule, RSS, Steinerschule	Synonyme Bezeichnungen für Schulen auf der Grundlage von Rudolf Steiners Pädagogik
μ	My (Mü), Symbol für den arithmetischen Mittelwert („Durchschnitt"). Siehe auch M.
$\pm$	Zahl hinter $\pm$ gibt den Standardfehler des zugehörigen Schätzwertes an (je kleiner, desto genauer, zuverlässiger ist der Schätzwert). Bei Schätzwerten, die in Prozent angegeben sind, ist der Standardfehler als absolute Abweichung in Prozentpunkten dargestellt.

Abkürzungen der Faktoren und Indikatorvariablen mit den entsprechenden Fragen aus dem Fragebogen (siehe auch Anhang II)

ENTWI   Wahrgenommene Entwicklungsfähigkeit der RSS

Indikatoren:

ENTLTBI	Die RSS macht regelmässig Leitbildarbeit
ENTPAED	Die RSS entwickelt sich pädagogisch weiter
ENTVERW	Die Verwaltung der RSS arbeitet professionell
ENTTRSP	Die Organisation der RSS ist transparent

IDENT   Identifikation, emotionale Bindung der Eltern mit der Schule

Indikatoren (Mael & Ashforth, 1992):

FITKRIT	Kritik an der RSS nehme ich persönlich
FITINTE	Bin interessiert an dem, was andere über die RSS sagen
FITSWIR	Wenn ich über die RSS spreche, sage ich meistens wir
FITERFO	Erfolge der RSS betrachte ich als meine Erfolge
FITLOBT	Wenn jemand positiv über die RSS spricht, dann empfinde ich das als Kompliment für mich

LEINT   Zusammenarbeit, Interaktion zwischen Lehrpersonen und Eltern

Indikatoren (teilweise Koolmann et al., 2016):

ENTGHVL	Der Austausch Lehrer-Eltern über die Entwicklung meines Kindes ist gehaltvoll
ENTLERN	Werde immer gut über den Lernstand meines Kindes informiert
ENTELTA	Die Elternabende an der RSS sind gehaltvoll
ENTPART	Vertrauensvolle Erziehungspartnerschaft Eltern-Lehrer
ENTGEME	Erlebe RSS als vertrauensvoll zusammenarbeitende Gemeinschaft von Lehrern und Eltern
EINELTE	Elternanliegen werden von den Lehrpersonen ernsthaft behandelt
ENTZGNI	Die schriftlichen Leistungszeugnisse sind aussagekräftig
ENTZPQA	Kollegium bemüht sich, für die pädagogische Qualitätsentwicklung mit den Eltern zusammenzuarbeiten

LOY	Loyalität gegenüber der Schule	
	Indikatoren (inspiriert durch Boselie & van der Wiele, 2002):	
	FITBISE	Gerne möchte ich mein Kind bis zum Ende der Schulpflicht in die RSS schicken
	FITANDE	Ich habe schon einmal darüber nachgedacht, mein Kind auf eine andere Schule zu schicken als die RSS (negativ gepolt)
	FITWIED	Ich würde mein Kind wieder auf die RSS schicken

OFFEN	Offenheit der Schule	
	Indikatoren (teilweise Koolmann et al., 2016):	
	PROALTM	Ich empfinde die RSS als altmodisch
	PROBEWE	Ich empfinde die RSS als beweglich
	PRODOGM	Ich empfinde die RSS als dogmatisch
	PROINNO	Ich empfinde die RSS als innovativ
	PROWELT	Ich empfinde die RSS als weltoffen

POF	Person-Organisation-Fit	
	Indikatoren (Cable & DeRue, 2002):	
	FITWICH	Was mir im Leben wichtig ist, ist dem ähnlich, was der RSS wichtig ist
	FITWERT	Meine persönlichen Werte stimmen mit den Werten der RSS überein
	FITKULT	Die Werte und Kultur der RSS passen gut zu dem, was ich im Leben schätze

SFREU	Freude der Kinder am Schulbesuch – Schulfreude	
	Indikatoren:	
	WOHGERN	Mein Kind geht meist gern zur Schule
	WOHFROH	Mein Kind kommt meist fröhlich aus der Schule
	WOHWCHS	Mein Kind hat noch nie ernsthaft gesagt, dass es die Schule wechseln möchte

WOM	Mundpropaganda durch die Eltern	
	Indikatoren (Arnett et al., 2003):	
	FITEMPF	Ich schildere Leuten, die ich kenne, die RSS lobend
	FITGESP	In Unterhaltungen bringe ich die RSS positiv ins Gespräch
	FITSPVO	In Gesellschaft spreche ich häufig vorteilhaft über die RSS

ZEGE	Zeitgemässheit, Modernität der RSS

Indikatoren (teilweise Koolmann et al., 2016):

EINAKTU	Habe den Eindruck, die RSS lehrt die Schüler und Schülerinnen den Umgang mit aktuellen gesellschaftlichen Problemen
ENTPAED	Die RSS entwickelt sich pädagogisch weiter
EINWELT	Die Lehrpersonen an der RSS stehen mitten im Leben unserer Zeit, so dass ihnen nichts Weltfremdes anhaftet
PROBEWE	Empfinde die RSS als beweglich
PROALTM	Empfinde die RSS als modern
PRODOGM	Empfinde die RSS als dogmatisch
PROINNO	Empfinde die RSS als innovativ
PROWELT	Empfinde die RSS als weltoffen

Abbildungsverzeichnis numerisch

Abbildung 1: Berufsstruktur der Schuleltern   32

Abbildung 2: Ausbildungsabschluss der Schuleltern   34

Abbildung 3: Wirtschaftliche Situation der Schuleltern   35

Abbildung 4: Haushaltseinkommen der Schuleltern   36

Abbildung 5: Schulwegzeit   38

Abbildung 6: Zeitaufwand für die freiwillige Elternmitarbeit   39

Abbildung 7: Einstellungen zur freiwilligen Elternmitarbeit   40

Abbildung 8: Anthroposophie-Interesse   42

Abbildung 9: Psychologische Positionierung der Elternschaft   44

Abbildung 10: Identifikation und Loyalität   46

Abbildung 11: Präferenzen finanzielles Beitragssystem   50

Abbildung 12: Zufriedenheit der Schulkinder   53

Abbildung 13: Wechselgründe Staatsschule zur Steinerschule   55

Abbildung 14: Zufriedenheit mit dem Schulwechsel an die Steinerschule   56

Abbildung 15: Weiterbildungen von Steinerschülern   59

Abbildung 16: Wie stark, denken Sie, hat die RSS dazu beigetragen, dass Ihr Sohn oder Ihre Tochter, die eine RSS abgeschlossen hat ...   61

Abbildung 17: Profil der Steinerschule   62

Abbildung 18: Profil der Steinerschule bei verschiedenen Elterngruppen   63

Abbildung 19: Reputation der Steinerschulen bei externen Bezugsgruppen   65

Abbildung 20: Wichtigkeit von Schulabschlüssen und Förderung   69

Abbildung 21: Wichtigkeit pädagogischer Merkmale I   73

Abbildung 22: Wichtigkeit pädagogischer Merkmale II   74

Abbildung 23: Wichtigkeit pädagogischer Merkmale III   76

Abbildung 24: Unterrichtsqualität I   80

Abbildung 25: Unterrichtsqualität II   81

Abbildung 26: Unterrichtsqualität III   82

Abbildung 27: Unterrichtsqualität IV   83

Abbildung 28: Beurteilung der Unterrichtsqualität nach Elterngruppen   84

Abbildung 29: Kompetenzentwicklung   88

Abbildung 30: Beurteilung der Kompetenzentwicklung nach Elterngruppen   89

Abbildung 31: Zusammenarbeit von Lehrpersonen und Eltern I   92

Abbildung 32: Zusammenarbeit von Lehrpersonen und Eltern II   93

Abbildung 33: Zusammenarbeit von Lehrpersonen und Eltern III   94

Abbildung 34: Zusammenarbeit von Lehrpersonen und Eltern IV   95

Abbildung 35: Empfinden über die Zusammenarbeit nach Elterngruppen   97

Abbildung 36: Entwicklungsfähigkeit der Schule und Qualität der Lehrer-Eltern-Interaktion   102

Abbildung 37: Elemente der Erziehungspartnerschaft   104

Abbildung 38: Entwicklungsfähigkeit der Schule und Identifikation   107

Abbildung 39: Schulentwicklung und Zeitgemässheit der RSS   109

Abbildung 40: Elemente der Zeitgemässheit   110

Abbildung 41: Offenheit und pädagogische Entwicklung   112

Abbildung 42: Kritisch kommentierte Schulbereiche   115

Abbildung 43: Mundpropaganda und Identifikation der Eltern mit der Schule   120

Abbildung 44: Empfehlungs- und Zufriedenheitsrate   122

Abbildung 45: Themen zur Zukunftssicherung   123

Abbildung 46: Gründe für die Wahl der Steinerschule   129

Abbildung 47: Beurteilung der pädagogischen Leistungen im Kindergarten   136

Abbildung 48: Profil der Steinerschule aus Sicht der Kindergarten-Eltern   137

Abbildung 49: Transitionsneigung vom Kindergarten in die 1. Klasse   138

Abbildung 50: Grössenvergleich   182

Abbildung 51: Ausbildung und Erwerbstätigkeit der Eltern   183

Abbildung 52: Familiengrössen   184

Abbildung 53: Profile   186

Abbildung 54: Wechselgründe zugunsten der Waldorfschule   187

Abbildung 55: Empfindungen zum Unterricht   188

Abbildung 56: Eindrücke zum Schulerleben   190

Stichwortverzeichnis

Abkürzungen: LP=Lehrpersonen, SuS=RSS-Schüler und Schülerinnen, RSS=Rudolf Steiner Schule, Einf=Kapitel Einführung

Stichwort	Kapitel
Abschlüsse, Anschlüsse, Abschlussdiplome	3.3.3 / 3.5.2 / 3.5.3 / 3.7 / 5.7.2.3
Achtsamkeit	5.5
AfaP	5.6
Alleinerziehende	2.5
Anpassungen	5.7.2.3
Anschluss, sozialer im Quartier	3.3.1
Anthroposophie / Dreigliederung	Einf / 3.1.6 / 3.11 / 4.1 / 5.2 / 5.7.3
Anthroposophie, Interesse an	3.1.6
Arbeitskreise	5.7.1
Atelierschule	5.7.3
Ausbildung der Eltern	3.1.2
Ausbildung der RSS-Lehrer	3.6 / 3.10.1 / 5.5 / 5.6 / 5.7.1 / 5.7.2.3
Ausbildung, SuS, höchste	3.3.3
Autodidaktisch	3.8 / 3.10.1 / 5.1 / 5.6 / 5.7.2.3 / 5.7.3
Autonomie	5.6 / 5.7.3
Baccalaureate	3.3.3
Befindlichkeit der SuS	3.3.1
Begabtenförderung	3.5.3 / 3.7
Berufe Eltern	3.1.1
Berufsberatung	3.7
Berufslehre, Quote SuS	3.3.3
Best Practices	5.7.2.3
Betreuungsangebote	3.5.5
Betriebsbuchhaltung	5.2.2
Bewusste Wahl, für RSS	3.11
Bildungsbürgertum, Schule des	5.1
Bildungsdiskussion	5.7.3
Bildungskarrieren, Absolventen RSS	3.3.3
Bildungssystem, öffentlich	5.1
Buchhaltung	5.3.4
Center of excellence, Kompetenzzentren	5.6 / 5.7.2.3
Charakter, Stärkung des	3.7

Charakteristika, RSS, allgemeine	3.4.1
Co-creation	5.4
Coaching	5.5
Controlling	5.7.2.3
Definitionen statistische Gruppen	2.4
Defizit	5.2.1
Digitalisierung, Medienpädagogik	3.7 / 3.10.1 / 3.10.4 / 3.11 / 5.6 / 5.7.3
Dogmatismus	3.4.1 / 5.6
Durchmischung	5.1
Einkommen der Eltern	3.1.3
Einmischung, pädagogische	3.9.1
Einschulung	4.4
Einstellung der Eltern	3.1.7
Eltern-Lehrpersonen	5.7.1
Elternabende	3.9.2 / 3.9.2.1 / 3.10.4
Elternbeiträge, finanzielle	3.2 / 3.10.1 / 3.10.4 / 5.2 / 5.2.1
Elternbildung	3.5.4 / 3.9.1 / 3.9.2.1 / 3.10.4 / 5.7.1 / 5.7.2.3
Elternmitarbeit, Freiwilligenarbeit	3.1.5 / 3.5.4 / 3.9.1 / 3.9.2 / 5.3. / 5.3.1 / 5.3.4 / 5.4
Elternrat	3.5.4 / 3.9.1 / 3.9.2.1 / 5.4
Enttäuschungen	3.11
Entwicklungsberichte	3.9.1 / 3.9.2.1
Entwicklungsfelder	5.7
Entwicklungsprozesse	3.3.2.2
Entwicklungsverantwortung	5.6
Erfahrungspotenzial	5.4
Erhebungskonzept	2.2
Erneuerungskraft	3.9.1 / 5.6
Erwerbstätigkeit Eltern	3.1.1
Erziehungsgespräch	5.7.1
Erziehungspartnerschaft	3.9.2.1
Erziehungsziel	6
Expertengespräche	2.4
Faktorenanalyse	3.9.2 / 3.9.3 / 3.9.4 / 3.9.5 / Anhang II
Familienschule	2.5
Fazit	5. / 6.
Finanzierung	3.2 / 3.10.4 / 5.2 / 5.2.1
Förderung, ganzheitliche	5.1
Fortschritte, schulische	3.7
Fragebogen	2.2
Freitext Kommentare	2.3

Fremdsprachen	3.10.4
Führung	5.3.1
Ganztagesangebot	3.5.5
Gemütlichkeitspädagogik	5.7.2.3
Gestaltungswille	5.6
Glück	3.1.7
Governance	5.3.2 / 5.3.3 / 5.3.4
Grundgesamtheit	2.2 / 2.3
Grundlagenarbeit, pädagogische	3.1.8
Gruppen, statistisch	2.4
Haager Kreis	5.7.3
Handlungsmöglichkeiten	5.3.1 / 5.3.2 / 5.3.4
Hausaufgaben	3.10.1 / 3.10.4
Herausforderung für die RSS	6
Historisches RSS	Einf
Höherbegabte	3.5.3 / 5.5
Homepage	5.3.4
Hort	3.5.5
Identifikation und Mundpropaganda	3.1.8 / 3.10.2
Identifikation und Schulentwicklung	3.9.3
Identifikation, Identität	3.1.8 / 3.9.1 / 3.9.3 / 5.2.1. / 5.3.3 / 5.3.4 / 5.7.3 / 6
Identitätsforschung	3.1.8
Image, RSS	3.4.1
IMS Abschluss	3.3.3
Individualisierung	3.10.4 / 5.7.2.2 / 5.7.3
Informatik	5.7.3
Ingredienzien	5.7.3
Innovation, innovativ	3.4.1 / 3.9.1 / 5.3.3 / 5.3.4 / 5.7.3
Integration	5.5 / 5.7.1
Interviews explorative	2.2
Jahrsiebt	3.6
Kinderbesprechung, Kinderbetrachtung	3.6 / Anh III 2.
Kindergarten, Vorschule	3.5.2 / 4. / 4.5
Klassen, Durchmischung	3.6
Klassen, heterogene	5.1
Klassen, Schüleranteile	2.5
Klassengrösse	5.2.1
Klassenlehrerprinzip, Klassendurchmischung	3.6
Klassenstufen	3.5.1
KMU	5.3.2

Kollegiumsaufwand, finanzieller	3.2
Komfortzone	5.3.3
Kommunikation	3.9.1 / 3.10.4
Kommunikation, Kindergarten	4.4 / 4.5
Kompetenzentwicklung der Schüler	3.8 / 5.7.2.3 / 5.7.3
Konflikte	3.9.1
Konservatismus	5.6
Kooperation	3.2 / 5.3.4 / 5.7.2.3 / 6
Kosmos	5.3.4
Kosten	3.1.3 / 3.2 / 5.2 / 5.2.2
Krisen, Kritik	3.4.2 / 3.9.1 / 3.10.1
Kritik der Eltern	3.10.1
Kulturaufgabe	5.6 / 6
Lebensfähigkeit, Beitrag der RSS	3.3.4 / 3.7
Lebensglück der Eltern	3.1.7
Lebensschule, Lebenssinn, Lebenszeit	3.3.4 / 3.7 / 5.7.3
Lehrer-Eltern-Interaktion	3.9.1 / 3.9.2 / 3.10.4 / 5.7.1
Lehrer-Schüler-Verhältnis	3.3.2.2 / 3.7
Lehrerpersönlichkeit, Lehrpersonen	3.10.4 / 5.3.1 / 5.5 / 5.7.2.3
Lehrervorbild	3.7 / 3.10.4
Lehrplan	3.3.2.2 / 3.6 / 3.9.1
Lehrplan 21	3.8 / 5.7.2.3
Leistung, -Berichte, -Prinzip	3.6 / 3.9.1 / 3.9.2.1 / 3.10.4 / 5.7.2.3
Leitbild, Leitbildarbeit	3.9.1 / 5.7.3
Lernfortschritt, Information	3.9.1 / 3.9.2.1
Lernschwierigkeiten	3.7
Leserschaft	Einf
Loyalität	3.1.8
Macht	3.10.4. / 5.3.3 / 5.3.4
Management	5.2.2 / 5.3.1
Marketing	5.3.4
Marktanteil RSS	Einf / 5.1
Marktanteile, Schweiz Deutschland	Anh II
Matura, Quote SuS	3.3.3
Maximen der RSS	3.6
Medienpädagogik	3.7 / 3.10.4 / 5.6 / 5.7.3
Medienpädagogik, Digitalisierung	3.7 / 3.10.1 / 3.10.4 / 3.11 / 5.6 / 5.7.3
Meisterung des Lebens, Beitrag RSS	3.3.4
Menschenbild, Menschenbildung	Einf / 3.6 / 3.10.4 / 5.7.1 / 5.7.3 / 5.7.2.3
Mentalität der Eltern	3.1.7

Mentorieren	5.5
Methode der Datenanalyse	2.4
Modernität	3.7 / 3.9.4 / 3.9.4.1 / 5.6
Motivation für die RSS	3.11
Nachhilfeunterricht	3.5.3
Nationalität der Eltern	2.5
Neurowissenschaft	5.7.3
Nichteinmischung, der Eltern	3.1.5 / 3.9.1
Nichteinschulung	4.4
Nischenschule	6
Notenzeugnisse	3.9.2.1
Offenheit	3.5.9 / 3.10.1 / 6
Organisation, Organigramm	3.10.4 / 4.4 / 5.3. / 5.3.2 / 5.3.3
Outsourcing	5.3.4
Pädagogische Entwicklung	3.5.9 / 3.9.1 / 3.10.4 / 5.2.2 / 5.6 / 5.7.2.3 / 5.7.3 / 6
Pädagogische Leistung, Kindergarten	4.2.
Pädagogische Leistung, RSS	3.6 / 3.7
Penetrationsrate	4.4
Persona	6
Personalwesen	5.3.4
Perspektiven für die Zukunft	3.10 / 5 / 6
Phänomene, zeitgenössische	3.7
Praktika, Üben	3.5.3
Präsentation in den Schulen	2.4
Privatschulen	3.2 / 5.1
Professionalität, Professionalisierung	5.2.2 / 5.3.4
Profil RSS, Sicht Kindergarteneltern	4.3
Profil, RSS, Sicht der Schuleltern	3.4.1 / 5.6
Programmiersprachen	5.7.3
Qualität des Unterrichts	3.7 / 3.10.4 / 5
Qualitätsmanagement, betrieblich	5.7.2.1
Qualitätsmanagement, pädagogisch	3.10.1 / 5.7.2.3
Rechnungs- und Finanzwesen, Kosten	5.2.2
Reformen	5.3.3 / 5.7 / 6
Reputation, RSS	3.4.1 / 3.4.2
Resilienz	5.7.3
retardierend	5.3.3
Retensionsrate	4.4
Risikomanagement	5.2.2
ROJ	3.5.3

Rücklauf der Fragebogen 2.3
Rudolf Steiner, Kurzbiographie, Originalzitate Einf / 3.9.4.1 / 5 / 5.4 / 5.6 / 5.7.1 / 5.7.2.3
Ruf 3.4.1 / 3.4.2
Sanierung 5.3.4
Schlussfolgerungen 5 / 6
Schulangebote, erwartete 3.5
Schulautonomie 3.2
Schulentwicklung, Variablen 3.9
Schulerleben der Eltern 3.9.1 / 3.10.1
Schulleitung 3.10.4 / 5.3.1
Schulschliessung 5.3.4
Schulwahl, freie 3.11 / 5.2
Schulwechsel, -Erwartungen, -Gründe 3.11 / 3.3.2
Schulweg, Zeit, Transport 3.1.4
Schulzeitung 3.5.4
Selbständigkeit, Erziehung zur 3.7 / 3.11
Selbstbezogenheit 5.7.3
Selbsterziehung 5.5 / 5.7.2.3 / 5.7.3
Selbsthilfe 5.7.1
Selbstlernen der Schüler 3.8 / 3.10.1 / 5.1 / 5.6 / 5.7.2.3 / 5.7.3
Selbstverwaltung 3.10.4 / 5.3 / 5.3.1 / 5.7.2.3
Soziale Dreigliederung 5.2
Spaghetti 5.3.2
Spartenrechnung 5.2.2
Spielgruppe 3.5.2
Staatsschule 3.2 / 5.1 / 5.2
Stabilität 5.3.4
Standardisierung 5.3.4
Statistik, R. Steiner zur Statistik 5
Steuerabzug 5.2.1
Stichprobenstruktur 2.5
Stiftung 5.2
Stipendien 5.2
Strategie 5.3.1
Struktur Stichprobe, Kindergarteneltern 4.1
Struktur Stichprobe, Schuleltern 2.5
Strukturen, Prozesse 3.10.4 / 5.3.2
Talentspektrum 5.5
Tertiärausbildung, Definition 3.1.2
Tertiäre Ausbildung 3.1.2 / 2.5

Transitionsrate	4.4
Transparenz	3.10.4 / 4.5 / 5.2.1 / 5.3 / 5.3.2
Treue zur RSS	3.1.8
Überforderung	3.7
Übertritt Kindergarten RSS in 1. Klasse	4.4
Übertrittsrate	5.5
Unsicherheit statistisch	2.2
Unterforderung, Überforderung	3.7 / 3.8 / 3.10.4
Unternehmungsführung	5.3.4
Unterrichtsqualität	3.7.3.8
Validierung der Resultate	2.4
Veränderung	5.3.3 / 5 / 5.6 / 6
Verantwortung	3.1.8. / 3.10.1 / 5
Verdienst, Honorierung LP	3.1.3
Vertrauen	3.9.1 / 3.10.1 / 3.11
Vollerhebung	2.1
Vorbildfunktion	3.6 / 3.10.4 / 5.5
Vorstand	3.2 / 5.2.1 / 5.3.1 / 5.3.2 / 5.3.4
Waldorf-Astoria	Einf
Waldorfpädagogik, 100 Jahre	6
Waldorfpädagogik, Umsetzung, Inhalte	3.6 / 3.9.1 / 3.11 / 5.5 / 5.7.3 / 6
Waldorfschulen, in Deutschland	Anhang II
Wandelbarkeit, Wandlungsfähigkeit	3.9.1 / 3.10.4 / 5.6 / 5.7.3
Weiterbildung, Absolventen RSS	3.3.3
Weiterempfehlung	3.10.3
Werteübereinstimmung	3.1.8
Wettbewerb	3.6 / 5.7.3
Wiederwahl der RSS	3.1.8
Wohlfühlen der SuS	3.3.1
Wohnort, Stadt - Land	3.1.4
Wohnsituation	3.1.3
Work in progress	6
Zeitgemässheit, Zeitgenossenschaft	3.7 / 3.9.4 / 3.9.4.1 / 5.6
Zeugnisse	3.9.1 / 3.9.2.1
Zufriedenheit der SuS	3.3.1
Zufriedenheit, allgemeine	3.7 / 3.7.1 / 3.10.1 / 3.10.3
Zukunftssicherung	3.9.1 / 3.10.4 / 5 / 6
Zukunftswerker	5.7.2.3
Zusammenarbeit	3.9.1 / 3.10.4 / 5.3.2 / 5.4 / 6
Zusammenschluss	5.3.4

Literaturverzeichnis

Aebersold, R. und Fahrni, E.M., 2015/2016. Statistikbericht: Entwicklung der Rudolf Steiner Schulen in der Schweiz und Liechtenstein 2015/2016. Herausgeber: Stiftung zur Förderung der Rudolf Steiner Pädagogik in der Schweiz und Arbeitsgemeinschaft der Rudolf Steiner Schulen in der Schweiz und Liechtenstein (ARGE). [Internes Dokument]

Aebersold, R. und Fahrni, E.M., 2014/2015. Statistikbericht: Entwicklung der Rudolf Steiner Schulen in der Schweiz und Liechtenstein 2014/2015. Herausgeber: Stiftung zur Förderung der Rudolf Steiner Pädagogik in der Schweiz und Arbeitsgemeinschaft der Rudolf Steiner Schulen in der Schweiz und Liechtenstein (ARGE). [Internes Dokument]

Altrichter, H. und Posch, P., 2007. Lehrerinnen und Lehrer erforschen ihren Unterricht. Bad Heilbrunn: Klinkhardt

Amacker, M., Wenger, N. und Funke, S., 2015. Alleinerziehende und Armut in der Schweiz. Bern: Uni Bern, Interdisziplinäres Zentrum für Geschlechterforschung (IZFG). Online. Verfügbar auf https://goo.gl/cLoLh5 [aufgerufen 26. Februar 2018]

ARGE a - Arbeitsgemeinschaft der Rudolf Steiner Schulen in der Schweiz und Liechtenstein (ARGE). Treffpunkte. Online [internes Dokument]. Verfügbar auf http://www.steinerschule.ch/login/treffpunkte/ [aufgerufen 28. Juni 2017]

ARGE b - Arbeitsgemeinschaft der Rudolf Steiner Schulen in der Schweiz und Liechtenstein (ARGE), 2017. Kompass - Weiterführende Ausbildungen für Schülerinnen und Schüler der Rudolf Steiner Schulen. Ausgabe März 2017. Online. Verfügbar auf http://www.steinerschule.ch [aufgerufen 30. Juni 2017]

ARGE c - Arbeitsgemeinschaft der Rudolf Steiner Schulen in der Schweiz und Liechtenstein (ARGE), 2014. Ausbildungsumfrage 2014. [Internes Dokument]

Armstrong, J.S. and Overton, T.S., 1977. Estimating nonresponse bias in mail surveys. Journal of Marketing Research, 14, pp. 396-402

Arnett, D.B., German, S.D., & Hunt, S.D., 2003. The Identity Salience Model of Relationship Marketing Success: The Case of nonprofit Marketing. Journal of Marketing, 67 (2), pp. 89-105

Arnold, U., 2014. Sozialmarketing. In U. Arnold, K. Grunwald und B. Maelicke, Hrsg., 2014. Lehrbuch der Sozialwirtschaft, S. 650ff. Baden-Baden: Nomos Verlag

Bentler, P.M., 1990. Comparative fit indexes in structural models. Psychological Bulletin, 107 (2), pp. 238-246

Bentler, P.M., 1995. EQS structural equations program manual, Multivariate Software. Encino (CA)

Bentler, P.M. and Bonett, D.G., 1980. Significance tests and goodness of fit in the analysis of covariance structures. Psychological Bulletin, 88 (3), pp. 588-606

Bernet, W., 2017. Hirnforschung allein macht keine Schule. In: Neue Zürcher Zeitung, Nr. 258 vom 6.11.2017, S. 15

BfS a - Bundesamt für Statistik, BfS, Stand 2014/15. Online. Verfügbar auf www.bfs.admin.ch/bfs/portal/de/index/themen/15/03/key/blank/obligatorische-r/schuelerinnen-und.html [aufgerufen 28. Juni 2016]

BfS b - Bundesamt für Statistik, BfS, Stand 2015. Online. Verfügbar auf http://goo.gl/R4UYyy [aufgerufen 8. August 2016]

BfS c - Bundesamt für Statistik, BfS, Erhebungszeitraum 2009–2011. Wir sind so reich – und doch so arm. Blick, 1.9.2014. Online. Verfügbar auf https://goo.gl/hQDPhG [aufgerufen 19. Juni 2017]

BfS d - Bundesamt für Statistik, BfS, Bildungsausgaben pro SchülerIn in der obligatorischen Schule 2014. Online. Verfügbar auf www.bfs.admin.ch [aufgerufen 18. Juni 2017]

BfS e -Bundesamt für Statistik, BfS, Bildung und Wissenschaft, Basistabellen 2015/16. Online. Verfügbar auf www.bfs.admin.ch [aufgerufen 19. August 2017]

BfS f - Bundesamt für Statistik, BfS, Wohlfahrt, Lebenszufriedenheit, Tabellen 2015. Online. Verfügbar auf www.bfs.admin.ch [aufgerufen 15. November 2017]

Boettger, C., 2015. Aus der Arbeit der Pädagogischen Forschungsstelle. In Lehrerrundbrief – Sonderthema: Pädagogische Forschung, März 2015, S. 6 ff. Stuttgart: Bund der Freien Waldorfschulen

Bohlen, C., Bräutigam, K., Brodbeck, H., Pohl, V., Thomas, R., und Zingg, C., 2018. Empfehlungen Förderziele Lehrerbildung. Herausgeber: Stiftung zur Förderung der Rudolf Steiner Pädagogik in der Schweiz. [Internes Dokument]

Boselie, P. and van der Wiele, T., 2002. Employee Perceptions of HRM and TQM, and the Effects on Satisfaction and Intention to leave. Managing Service Quality, 12 (3), pp. 165-172

Brater, M., 2013. Zur Qualitätsentwicklung von Waldorfschulen, ihrer Entwicklung und Sicherung. In Randoll, D. und da Veiga, Hrsg., 2013. Waldorfpädagogik in Praxis und Ausbildung. Wiesbaden: Springer Fachmedien

Breme, C., 2013. Plastisch erarbeitete Embryologie – Ein Erfahrungsweg in 7 Schritten. Basel: AAP Verlag und Christian Breme. (Vom gleichen Autor sind weitere Bücher zum Thema Beziehungs- und Lebenskunde erschienen.)

Brodbeck-Berger, C., 2018. Der Siebenjahresrhythmus in der Waldorfpädagogik. Sihlau Mitteilungen, 1/18, Winter 2017/18, S. 5 ff. Adliswil, Schweiz: Rudolf Steiner Schule Sihlau

Brodbeck, H., 2013. Values In Internal Marketing – Living the Brand in Sustainable Banking. Baden-Baden: NOMOS Verlag. Siehe auch https://strathclyde.academia.edu/HeinzBrodbeck [aufgerufen 6. Juli 2017]

Brodbeck, H. und Fahrni E.M., 2017. Analyse Übertritte KiGa in 1. Klasse. ARGE DV 18.11.2017. [Internes Dokument]

Brodbeck, H. und Petersen, L., 2016. Auswertung der RSS-Studie 2016, Ausgabe 15. Juli 2016. [Internes Dokument]

Bund a - Bund der Freien Waldorfschulen. Weltschulliste 2017. Online. Verfügbar auf http://www. waldorfschule.de/service/schulen/schulverzeichnisse/ [aufgerufen 14. Juli 2017]

Bund b - Bund der Freien Waldorfschulen. Was kostet der Schulbesuch an einer Waldorfschule? Online.

Verfügbar auf http://www.waldorfschule.de/eltern/schulgeld/ [aufgerufen 26. August 2017]

Bund c- Bund der Freien Waldorfschulen. Vergleich. Online. Verfügbar auf http://www.waldorfschule.de/ [aufgerufen 4. Oktober 2017]

Burri, A., 2017. Die Schonzeit an unseren Schulen ist vorbei. NZZ am Sonntag. Online. Verfügbar auf https://goo.gl/xyUTSV [aufgerufen 19. Juni 2017]

Cable, D.M. and DeRue, D.S., 2002. The congruent and discriminant Validity of subjective Fit Perceptions. Journal of Applied Psychology, 87 (5), pp. 875-884

Demoscope, 2013. Das psychologische Klima der Schweiz 2013. Medienmitteilung 9.7.2013. Online. Verfügbar auf https://goo.gl/wUvaR2 [aufgerufen 9. Januar 2018]

DESTATIS Statistisches Bundesamt Deutschland. Homepage: Bildung, Forschung, Kultur. Online auf https://www.destatis.de [aufgerufen 4. Oktober 2017]

Donzé, R., 2017. Lehrerverband fordert mehr Unterstützung für Einsteiger – Mentoren könnten verhindern, dass Lehrer früh ausbrennen. NZZ am Sonntag. 23. Juli 2017, S. 8

du Toit, S.H.C. and du Toit, M., 2008. Multilevel structural equation modeling. In J. de Leeuw and E. Meijer (Eds.), Handbook of multilevel analysis. New York (NY): Springer

Esterl, D., 2012. Emil Molt, 1876–1936 – Tun was gefordert ist. Stuttgart: Mayer

Fields, A., 2009. Discovering Statistics Using SPSS. London: Sage

Filion, F., 1976. Exploring and Correcting for Nonresponse Bias Using Follow Follow-ups on Non Respondents. Pacific Sociological Review, 19, pp. 401-408

Frey, B.S., 2011. Glücksforschung aus Sicht der Ökonomie. In Soziale Sicherheit, CHSS 6/2011, S. 294ff. Bern: Eidgenössisches Departement des Innern, BSF

Frielingsdorf, V., 2012. Waldorfpädagogik in der Erziehungswissenschaft – Ein Überblick. Weinheim: Beltz Juventa

Goetheanum a - Homepage. Anthroposophie. Online. Verfügbar auf http://www.goetheanum.org/anthroposophie/anthroposophie/ [aufgerufen 29. Juli 2017]

Goetheanum b - Homepage. Anthroposophie. Online. Verfügbar auf https://www.goetheanum.org/anthroposophie/rudolfsteiner/ [aufgerufen 23. Januar 2018]

Götte, W.M., Loebell, P. und Maurer, K.-M., 2016. Entwicklungsaufgaben und Kompetenzen – Zum Bildungsplan der Waldorfschule. Stuttgart: Verlag Freies Geistesleben

Graudenz, I., 2013. Die Waldorfschule der Zukunft aus der Perspektive der Lehrer. In D. Randoll und M. da Veiga, Hrsg., 2013. Waldorfpädagogik in Praxis und Ausbildung, S. 83 ff. Wiesbaden: Springer Fachmedien

Grunder, H-U., Gross, N., Jäggi, A. und Kunz, M., 2013. Nachhilfe - Eine empirische Studie zum Nachhilfeunterricht in der deutschsprachigen Schweiz. Bad Heilbrunn: Julius Klinkhardt

Haager Kreis - Internationale Konferenz der Waldorfpädagogischen Bewegung (Haager Kreis), Wesentliche Merkmale der Waldorfpädagogik. Online. Verfügbar auf http://www.waldorf-international.org/ [aufgerufen 22. November 2017]

Hastings, G., 2008. Social Marketing. Oxford: Butterworth-Heinemann

Hattie, J.A.C., 2009. Visible learning: A synthesis of over 800 meta-analyses relating to achievement. London: Routledge

Helliwell, J., Layard, R., and Sachs, J., 2017. World Happiness Report 2017. New York: Sustainable Development Solutions Network

Henseler, J., Ringle, C.M., and Sarstedt, M., 2015. A new criterion for assessing discriminant validity in variance-based structural equation modeling. Journal of the Academy of Marketing Science, 43 (1), pp. 115-135

Hox, J.J., 2010. Multilevel analysis. New York (NY) and Hove (UK): Routledge

Hu, L. and Bentler, P.M., 1998. Fit indices in covariance structure modeling: Sensitivity to underparameterized model misspecification. Psychological Methods, 3 (4), pp. 424-453

Hu, L. and Bentler, P.M., 1999. Cutoff criteria for fit indexes in covariance structure analysis: Conventional criteria versus new alternatives. Structural Equation Modeling: A Multidisciplinery Journal, 6 (1), pp. 1-55

Kindt, R., 2014. Die Länge der Klassenlehrerzeit an den Waldorfschulen Europas. Master Dissertation. Stuttgart: Freie Hochschule, Waldorfpädagogik

Klingler, W., 1989. Gestalt der Freiheit – Das Menschenbild Rudolf Steiners. Stuttgart: Verlag Urachhaus

Koolmann, S., Petersen, L. und Ehrler, P. (Hrsg.), 2018: Waldorf-Eltern in Deutschland: Status, Motive, Einstellungen, Zukunftsideen. Weinheim: Beltz

Koolmann, S., Petersen, L. und Ehrler, P., 2016. Auswertungen zur WEiDE-Studie – Bericht. Institut für Bildungsökonomie, Alanus Hochschule für Kunst und Gesellschaft, Alfter b. Bonn. [Interner Bericht, März 2016]

Koolmann, S. und Nörling, J.E. (Hrsg.), 2015. Zukunftsgestaltung Waldorfschule – Ergebnisse einer empirischen Untersuchung zu Kultur, Management und Entwicklung. Wiesbaden: Springer Fachmedien

Largo, R., 2018. Eltern reichen als Vorbilder nicht aus. Interview mit Remo Largo von C. Tragler in „derStandard.de", 21.1.2018. Online. Verfügbar auf derstandard.de [aufgerufen 22. Januar 2018]

Largo, R., 2017. Das Passende Leben – Was unsere Individualität ausmacht und wie wir sie leben können. Berlin: S. Fischer. Interview zum Buch mit Remo Largo von M. Leutenegger in „Lesen", 2/2017, Orell Füssli, Zürich

Lawton, P., 2016. The Transition Experience of Waldorf Elementary Graduates Attending Non-Waldorf High Schools. RoSE Research in Steiner Education, 7 (2), pp. 44-65. Online. Verfügbar auf www.rosejourn.com [aufgerufen 15. September 2017]

Lehmann, K., 2014. Wechsel in die Privatschule – Weshalb Eltern ihre Kinder aus der öffentlichen Schule nehmen. Masterarbeit. Universität Bern, Institut für Erziehungswissenschaft, Abteilung Pädagogische Psychologie

Liebenwein, S., Barz, R. und Randoll, D., 2012. Bildungserfahrungen an Waldorfschulen – Empirische Studie zu Schulqualität und Lernerfahrungen. Wiesbaden: Springer Fachmedien

Loebell, P. (Hrsg.), 2011. Waldorfschule heute – eine Einführung. Stuttgart: Freies Geistesleben

Mader, G., 2017. Gestärkt durch Nachqualifikation. Der Schulkreis – Die Zeitschrift der Rudolf Steiner Schulen in der Schweiz. Sommer 2017, S. 12. Online. Verfügbar auf http://www.schulkreis.ch/ [aufgerufen 20. August 2017]

Mael, F. and Ashforth, B.E., 1992. Alumni and their alma mater: A partial Test of the reformulated Model of organisational Identification. Journal of organisational Behaviour, 13 (103), pp. 103-123

Maurer, M., 2015. Nur über das Elternhaus. Erziehungskunst – Waldorfpädagogik heute. Oktober 2015. Online. Verfügbar auf http://www.erziehungskunst.de/artikel/eltern-und-die-schule/nur-ue-ber-das-elternhaus/ [aufgerufen 27. Juli 2017]

Mosmann, J., 2015 in Rudolf Steiner Was ist eine „freie" Schule. Berlin: Institut für soziale Dreigliederung

Muthén, B.O. and Muthén, L.K., 2017. Mplus: Statistical analysis with latent variables: User's guide. Los Angeles (CA): Muthén & Muthén

Nachlassverwaltung. Homepage. Rudolf Steiner Archiv. Online. Verfügbar auf http://www.rudolf-steiner.com/edition/gesamtausgabe/ [aufgerufen 23. Januar 2018]

Pädagogische Forschungsstelle beim Bund der Freien Waldorfschulen. Online. www.forschung-waldorf.de

Peters, J., 2013. Arbeitsbezogene Verhaltens- und Erlebensmuster von Waldorflehrern im Zusammenhang mit Arbeitsbelastung und Berufszufriedenheit. Doktor Dissertation. Alfter (D): Alanus Hochschule für Kunst und Gesellschaft, Fachbereich Bildungswissenschaft

Pfister, S., 2017. Es wird sehr viel an Leistungspotenzial vertan. Gespräch mit Andreas Schleicher. deutschlandfunk.de, Campus und Karriere, 21.12.2017. Referenziert in Presseschau Nr. 1157, 22.12.2017, Bund der Freien Waldorfschulen

Plickert, P., 2017. Bildungsökonom Wössmann: „Mehr Ausgaben je Schüler bringen nichts." Frankfurter Allgemeine Zeitung. Online. Verfügbar auf https://goo.gl/mcHVJ2 [aufgerufen 5. September 2017]

Randoll, D. und Barz, H. 2007. Bildung und Lebensgestaltung ehemaliger Schüler von Rudolf Steiner Schulen in der Schweiz – Eine Absolventenbefragung. Frankfurt a.M.: Peter Lang Verlag der Wissenschaften

Randoll, D. und da Veiga (Hrsg.), 2013. Waldorfpädagogik in Praxis und Ausbildung. Wiesbaden: Springer Fachmedien

Randoll, D., 2013. Waldorfpädagogik aus Sicht der Empirischen Bildungsforschung. In D. Randoll und M. da Veiga, Hrsg., 2013. Waldorfpädagogik in Praxis und Ausbildung, S. 51 ff. Wiesbaden: Springer Fachmedien

Raudenbush, S.W. and Bryk, A.S., 2002. Hierarchical linear models: Applications and data analysis methods. Thousand Oaks (CA) and others: Sage

Rawson, M., 2015. Reflexives Lernen bei Lehrkräften in kollegialen Zusammenhängen in Waldorfschulen – Ergebnisse einer qualitativen empirischen Studie. In Lehrerrundbrief – Sonderthema: Pädagogische Forschung, März 2015, S. 47 ff. Stuttgart: Bund der Freien Waldorfschulen

Rawson, M., 2018. Learning to become a subject: A hermeneutic phenomenological study of students in a Waldorf (Steiner) school in Germany. Doktor Dissertation (EdD), Plymouth University, UK.

Online. Verfügbar auf https://goo.gl/VGvU5F [aufgerufen 15. Februar 2018]

Reichenbach, R., 2014. Leider gibt es an den Schulen eine Neo-Manie. Interview von Lucien Scherrer. Neue Zürcher Zeitung, 26.7.2014. Online. Verfügbar auf www.nzz.ch [aufgerufen 8. Januar 2018]

Richter, T. (Hrsg.), 2016. Pädagogischer Auftrag und Unterrichtsziele – vom Lehrplan der Waldorfschule. 4. Auflage. Stuttgart: Freies Geistesleben

Richtel, M., 2011. A Silicon Valley School That Doesn't Compute. In The New York Times, Technology, October 22, 2011. Online. Verfügbar auf http://www.nytimes.com/ [aufgerufen 17. November 2017]

Robinson, K., 2006. Do schools kill creativity?, How to escape education's death valley (filmed talks at TED conferences). Online. Verfügbar auf https://www.ted.com [aufgerufen 25. September 2017]

Röh, C.-P. und Thomas, R. (Hrsg.), 2015. Unterricht gestalten – im 1. bis 8. Schuljahr der Waldorf-/ Rudolf Steiner Schulen. Dornach: Verlag am Goetheanum

RoSE - Research on Steiner Education. Peer-reviewed academic journal. Online. www.rosejourn.com

Schieren, J. (Hrsg.), 2016. Handbuch Waldorfpädagogik und Erziehungswissenschaft – Standortbestimmung und Entwicklungsperspektiven. Weinheim: Beltz Juventa

Schieren, J., 2015. Die spirituelle Dimension der Waldorfpädagogik. In P. Loebell und P. Buck, Hrsg., 2015. Spiritualität in den Lebensbereichen der Pädagogik, S. 221–242. Opladen: Budrich

Schöchli, H., 2015. Berufslehre oder Gymnasium? Online, 14.1.2015. Neue Zürcher Zeitung. Verfügbar auf https://goo.gl/y7BNne [aufgerufen 20. Juli 2017]

Schönherr-Dhom, R., 2014. Lernen im bewegten Klassenzimmer. Stuttgart: Verlag Freies Geistesleben

Schulkreis, 2017. Abschluss mit Anschluss. Der Schulkreis – Die Zeitschrift der Rudolf Steiner Schulen in der Schweiz. 3/2017, S. 7–11. Online. Verfügbar auf http://www.schulkreis.ch/Archiv_Ausgaben.html [aufgerufen 20. August 2017]

Schmidt, R. 2008. Anthroposophie und akademische Esoterikforschung. In K.M. Dietz, Hrsg., 2008. Esoterik verstehen – Anthroposophische und akademische Esoterikforschung. Stuttgart: Freies Geistesleben

Snijders, T.A.B. and Bosker, R.J., 2012. Multilevel analysis: An introduction to basic and advanced multilevel modeling. Los Angeles (CA) and others: Sage

Spitzer, M., 2012. Digitale Demenz – Wie wir uns und unsere Kinder um den Verstand bringen. München: Droemer

Steiger, J.H. and Lind, J.C., 1980 May. Statistically based tests for the number of common factors. Paper presented at the annual meeting of the Psychometric Society, Iowa City, IA, pp. 424-453

Steiner, R., 1996. Nationalökonomischer Kurs. Nationalökonomisches Seminar. GA 340, TBA. Dornach: Rudolf Steiner Verlag

Steiner, R., 1990. Die geistig-seelischen Grundkräfte der Erziehungskunst – Spirituelle Werte in Erziehung und sozialem Leben. 9. Vortrag, Oxford, 25.8.1922. GA 305, S. 178 ff. Dornach: Rudolf Steiner Verlag

Steiner, R., 1982. Die pädagogische Praxis vom Gesichtspunkte geisteswissenschaftlicher Menschenerkenntnis. 6. Vortrag, Dornach, 20. April 1923. GA 306, S. 130 ff. Dornach: Rudolf Steiner Verlag

Steiner, R., 1981. Erziehungskunst Methodisch-Didaktisches. 9. Vortrag, Stuttgart, 30.8.1919. GA 294, TBA. S. 124. Dornach: Rudolf Steiner Verlag

Steiner, R., 1980 a. Allgemeine Menschenkunde als Grundlage der Pädagogik. Ansprache am Vorabend des Kurses, Stuttgart, 20. August 1919. GA 293, S. 206. Dornach: Rudolf Steiner Verlag

Steiner, R., 1980 b. Allgemeine Menschenkunde als Grundlage der Pädagogik. Aus der Ansprache zur Eröffnungsfeier der Freien Waldorfschule. GA 293, S. 15. Dornach: Rudolf Steiner Verlag

Steiner, R., 1980 c. Rudolf Steiner in der Waldorfschule – Vorträge und Ansprachen für die Kinder, Eltern und Lehrer in der Waldorfschule Stuttgart, 1919–1924. GA 298, S. 211, S. 216. Dornach: Rudolf Steiner Verlag

Steiner, R., 1979. Erziehungskuns- und Unterrichtsmethoden auf anthroposophischer Grundlage. Vortrag, Aarau, 11.11.1921. GA 304, S. 127. Dornach: Rudolf Steiner Verlag

Steiner, R., 1972. Erziehung und Unterricht aus Menschenerkenntnis. Dritter Vortrag, Stuttgart, 21.9.1920. GA 302a, S. 51 ff. Dornach: Rudolf Steiner Verlag

Steiner, R., 1969. Die Erziehung des Kindes vom Gesichtspunkte der Geisteswissenschaft. Dornach: Rudolf Steiner Verlag

Stöckli, T., 2012. Pädagogische Entwicklung durch Praxisforschung – Ein Handbuch. Solothurn: Institut für Praxisforschung. www.institut-praxisforschung.ch

Stöckli, T., 2011. Lebenslernen: Ein zukunftsfähiges Paradigma des Lernens als Antwort auf die Bedürfnisse heutiger Jugendlicher. Doktor Dissertation. Berlin: Technische Universität, Fakultät I Berlin

Stockmeyer, E.A.K., 1992. Angaben Rudolf Steiners für den Waldorfschulunterricht. Stuttgart: Pädagogische Forschungsstelle

Tages-Anzeiger. Jeder dritte Schüler braucht Nachhilfe. Online 9.11.2014. Verfügbar auf https://goo.gl/5bsw8r [aufgerufen 10. Juli 2017]

The Waldorfs. The international list of famous alumni. Online. Verfügbar auf http://thewaldorfs.waldorf.net/ [aufgerufen 14. Juli 2017]

Tucker, L.R. and Lewis, C., 1973. A reliability coefficient for maximum likelihood factor analysis. Psychometrika 38 (1), pp. 1–10

VCS - Verkehrs-Club der Schweiz. Zu Fuss zur Schule. Online. Verfügbar auf http://www.schulwege.ch/zu-fuss-zur-schule/ [aufgerufen 17. April 2018]

Von Ah, M., Nachhilfe für die Katz? Studie H.-U. Grunder. Wir Eltern. Online. Verfügbar auf https://goo.gl/mfoYcD [aufgerufen 27. Dezember 2017]

Von Bernuth, F.J., 2016. Lösungsvorschläge für die pädagogisch wertvolle Medienerziehung an Waldorfschulen – evaluiert durch quantitative und qualitative Forschungsprojekte. Bachelorarbeit, BA Waldorfpädagogik. Mannheim: Alanus Hochschule für Kunst und Gesellschaft (Alfter b. Bonn)

Von Heydebrand, C., 1994. Vom Lehrplan der Freien Waldorfschule. Stuttgart: Freies Geistesleben

Wember, V., 2012. Wille zur Verantwortung – Eine neue Organisationsführung durch Lehrer, Eltern und Schüler an Waldorfschulen. Stuttgart: Stratosverlag

Wember, V., 2015. Die fünf Dimensionen der Waldorfpädagogik im Werk Rudolf Steiners. Tübingen: Stratosverlag

Wiechert, C., 2012. „Du sollst sein Rätsel lösen" – Gedanken zur Kunst der Kinder- und Schülerbesprechung. Dornach: Verlag am Goetheanum

Wiechert, C., 2010. Lust auf Lehrersein?! Eine Ermutigung zum (Waldorf)-Lehrerberuf. Dornach: Verlag am Goetheanum

Wiehl, A., 2015. Propädeutik der Unterrichtsmethoden in der Waldorfpädagogik. Frankfurt am Main: Peter Lang Verlag der Wissenschaften

Wiesmann, M., 2017. Eintopf und Eliten, weshalb unser Staat Alternativen braucht. Basel: Futurum Verlag

Wilhelm, M., 2015. Die Lehrer, die Ferien und der Lohn. Tages-Anzeiger. Online. Verfügbar auf https://goo.gl/jbw9cr [aufgerufen 6. Februar 2018]. Dazugehörige Quellen: Deutschschweizer Erziehungsdirektorenkonferenz, 2014. Lohndatenerhebung der Lehrkräfte. Online. Verfügbar auf https://goo.gl/yi5L2s. Landert, C., 2014. Berufszufriedenheit der Deutschschweizer Lehrer und Lehrerinnen. Online. Verfügbar auf https://goo.gl/NoQLaz

Ziebell, T., 2017. Jetzt kommt es auf die Schulen an – WEiDE-Studie und BEST-TAG. Erziehungskunst – Waldorfpädagogik heute, 81 (09), S. 48-49

Zimmermann, H. und Thomas, R., 2007. Die Rudolf Steiner Schulen in der Schweiz. Zürich: Geschäftsstelle ARGE p.a. Rudolf Steiner Schule Aesch bei Basel

Homepages Schulen und Waldorfpädagogik

Rudolf Steiner Schulen in der Schweiz und Liechtenstein, Standort	Internet Homepage
Adliswil bei Zürich	steiner-schule.ch
Aesch bei Basel	steinerschule-birseck.ch
Basel Stadt	steinerschule-basel.ch
Bern Stadt	steinerschule-bern.ch
Biel	steinerschule-biel.ch
Genève	ersge.ch
Ittigen bei Bern	steinerschule-bern.ch
Kreuzlingen TG	steinerschulekreuzlingen.ch
Langenthal BE	rsso.ch
Langnau BE	steinerschule-bern.ch
Lausanne Crissier	ecolesteiner-lausanne.ch
Locarno Minusio	scuolasteinerlocarno.ch
Lugano Origlio	scuolasteiner.ch
Ebikon bei Luzern	steinerschule-luzern.ch
Münchenstein bei Basel	rssm.ch
Muttenz bei Basel	fosbl.ch
Pratteln bei Basel	mayenfels.ch
Schaan Fürstentum Liechtenstein	waldorfschule.li
Schaffhausen	waldorfschule-sh.ch
Schafisheim bei Aarau	steinerschule-aargau.ch
Scuol GR	scoulasteiner-scuol.ch
Solothurn	steinerschulesolothurn.ch
St. Gallen	steinerschule-stgallen.ch
Steffisburg bei Thun	steinerschulebo.ch
Tarasp GR	bergschule-avrona.ch
Wetzikon bei Zürich	rsszo.ch
Wil bei St. Gallen	steinerschule-wil.ch
Winterthur	rssw.ch
Yverdon Ependes	ecolesteiner-yverdon.ch

| Zürich Stadt, Mittelschule | atelierschule.ch |
| Zürich Stadt | steinerschule-zuerich.ch |

Informationen Waldorfpädagogik

Rudolf Steiner Schulen Schweiz & Liechtenstein, Arbeitsgemeinschaft	steinerschule.ch
Verzeichnis der Weiterbildungsmöglichkeiten für AbsolventInnen	steinerschule.ch/kompass
Alumni Netzwerk Adliswil, Winterthur, Zürich	alumnirss.ch
Koordinationsstelle Elementarpädagogik (Vorschulstufe)	elementarpaedagogik.ch
Waldorfschulen - International	freunde-waldorf.de
Waldorf Alumni - International	thewaldorfs.waldorf.net
Konferenz der Waldorfpädagogischen Bewegung (Haager Kreis)	waldorf-international.org
Pädagogische Sektion am Goetheanum	paedagogik-goetheanum.ch
Bund der freien Waldorfschulen in Deutschland	waldorfschule.de
100 Jahre Waldorfpädagogik	waldorf-100.org
Erziehungskunst Fachmagazin Waldorfpädagogik	erziehungskunst.de

Ausbildungen für Waldorflehrer und -lehrerinnen (Auswahl)

Dornach bei Basel: Akademie für anthroposophische Pädagogik	afap.ch
Genève, Lausanne: Formation pédagogique Anthroposophique, FPAS	fpas.ch
Alfter bei Bonn: Alanus Hochschule, Fachbereich Bildungswissenschaft	alanus.edu
Stuttgart: Freie Hochschule Stuttgart, Seminar für Waldorfpädagogik	studium-mit-sinn.de
Weitere Ausbildungsstätten Deutschland siehe Rubrik WaldorflehrerIn	waldorfschule.de

Über den Autor

Diese empirische Forschung wurde vom Autor initiiert und in seiner Funktion als Vorstandsmitglied der Arbeitsgemeinschaft der Rudolf Steiner Schulen in der Schweiz und Liechtenstein durchgeführt. Vor seiner ehrenamtlichen Tätigkeit in der Steinerschulbewegung und anderen Institutionen arbeitete Heinz Brodbeck u.a. in internationalen Führungspositionen als Betriebswirtschafter im Bereich Marketing bei Royal Dutch Shell. Er startete seine berufliche Tätigkeit als gelernter Bankkaufmann und schloss ein Studium der Betriebsökonomie, einen MSc in Communications Management und einen MBA ab. Im Pensionsalter doktorierte er mit einem Forschungsprojekt über markenwertebezogenes Mitarbeiterverhalten. Die Arbeit erschien unter dem Titel „Values in Internal Marketing – Living the Brand in Sustainable Banking" in einer peer-reviewed Buchserie im Nomos Verlag, Baden-Baden. *Kontakt: buch-elterntest@brodbeck.cc*

Robert Thomas und Heinz Brodbeck (Hrsg.)

Vademekum zur Waldorfpädagogik

Winter 2018/19 im Zbinden Verlag, Basel.

ISBN 978-3-85989-454-9

Verschiedene Autoren aus der Rudolf Steiner Schulbewegung besprechen in Kurzform wichtige Themen aus der Waldorfpädagogik und ordnen sie ein. An Steinerschulen oft gehörte Begriffe werden allgemeinverständlich erklärt. So erfahren die Leserin und der Leser u.a., was es denn mit dieser Schule ohne Noten auf sich hat, welches Menschenbild ihr zugrunde liegt, was Eurythmie ist und wie sie wirkt, wie unterrichtet wird, warum Kunst- und Handwerkfächer für Knaben und Mädchen wichtig sind, was Klassenlehrer-, Jahrsiebt- und Epochenunterricht-Prinzip bedeuten, welche Abschlüsse man an den Steinerschulen machen kann, wie die Schulen verwaltet werden, was sie kosten und wie die Eltern mitgestalten. Es geht auch darum, die Grundlagen dieser weltweit praktizierten Pädagogik für alle nachvollziehbar zu machen.

Das Vademekum ist als Nachschlagwerk und Orientierung gedacht für Eltern und zukünftige Eltern an Rudolf Steiner Schulen/Waldorfschulen, für neue Lehrpersonen, Studierende der Waldorfpädagogik und für alle an der von Rudolf Steiner begründeten Erziehungskunst interessierten Menschen.